河南省哲学社会科学研究重大课题攻关项目"中国当代重要作家年谱的编制与出版"(WZ01)阶段性成果

国家社会科学基金重大招标课题"期刊史料与20世纪中国文学史"（11&ZD110）阶段性成果

河南省高等学校哲学社会科学创新团队支持计划"报刊史料与20世纪中国文学史"（2012–CXTD–02）阶段性成果

河南大学中国现代文学研究中心项目资助

黄河文明传承与现代文明建设河南省协同创新中心资助

中国当代重要作家年谱丛书

韩少功年谱

武新军 王松锋 著

中国社会科学出版社

图书在版编目（CIP）数据

韩少功年谱/武新军，王松锋著 . —北京：中国社会科学出版社，2017.4

（中国当代重要作家年谱丛书）

ISBN 978 – 7 – 5203 – 0229 – 6

Ⅰ. ①韩…　Ⅱ. ①武…②王…　Ⅲ. ①韩少功（1953—）—年谱　Ⅳ. ①K825.6

中国版本图书馆 CIP 数据核字（2017）第 071894 号

出 版 人	赵剑英
责任编辑	王　曦
责任校对	周晓东
责任印制	戴　宽

出　　　版	中国社会科学出版社
社　　　址	北京鼓楼西大街甲 158 号
邮　　　编	100720
网　　　址	http：//www. csspw. cn
发 行 部	010 – 84083685
门 市 部	010 – 84029450
经　　　销	新华书店及其他书店

印刷装订	北京君升印刷有限公司
版　　　次	2017 年 4 月第 1 版
印　　　次	2017 年 4 月第 1 次印刷

开　　　本	710 × 1000　1/16
印　　　张	20.5
插　　　页	2
字　　　数	323 千字
定　　　价	99.00 元

凡购买中国社会科学出版社图书，如有质量问题请与本社营销中心联系调换
电话：010 – 84083683

总　序

武新军

任何种类的历史研究，都离不开史料的积累，编订各类"年谱"则是积累史料的一种最好的方法。唯其如此，许多著名的学者才会把"年谱"视为史学研究的重要基础。梁启超曾把年谱视为"国史取材之资"，王瑶先生在新时期之初，也曾提出"由年谱入手，钩稽资料，详加考核，为科学研究提供必要的条件"的设想与规划。

在中国当代文学研究领域，史料建设和作家年谱编撰工作的整体滞后，严重影响着文学史研究整体水平的提高。几年前，我在《关于中国当代重要作家年谱的编制的几点想法》一文中曾指出：充分借鉴古代、现代作家年谱编撰的经验，有计划地推进当代重要作家年谱的编制工作，编撰出版一批高质量的作家年谱，可以突破制约当代文学史料建设的"瓶颈"，使其进入良性发展的轨道，可以为中国当代文学史研究的进一步深化奠定坚实的史料基础，并深入论证了系统地编撰作家年谱对于中国当代文学学科发展的意义。

近几年来，也有一些学者开始意识到编撰当代作家年谱的重要性，林建法先生在《东吴学术》杂志持续不断地推出当代作家、批评家年谱，并与复旦大学出版社合作，先后出版了苏童、余华、阎连科、范小青、阿来等一些当代作家的文学年谱。尽管这些已出版的年谱还存在不少问题，但无疑是中国当代文学史料建设工作的一个突出的亮点。

我们是在2011年开始着手"中国当代重要作家年谱丛书"的编撰工作的。在课题组反复沟通的过程中，我们逐渐达成了一些基本的共识：作家年谱应该是高水平的研究论著，是在长期梳理、消化史料的基础上浓缩的精华。作家年谱首先应该是对作家本人的研究成果，要通过对史料的精心编排，较为完整地复原作家的生平与创作经历，清晰地呈现出作家思想、文学观念发展转变的轨迹，准确地把握不同时段作家的生活方式、精神状态与写作方式，从而推进和深化对于作家作品的理解。同时，年谱又不仅是对谱主本人的研究，好的作家年谱应该是了解一个时代文学整体风貌的窗口，应该能够通过一个作家的成长环境与成长经历、社会活动和文学活动，整理出尽可能多的文学史发展演变的信息，复原当时文坛复杂的网络结构。只有如此，才能确保本丛书的学术质量和文献参考价值。

围绕上述目标，课题组经过几年的努力，多次聚集开封，召开年谱改稿会，终于完成"中国当代重要作家年谱丛书"（第一辑）的编撰工作。由于研究者学术个性、兴趣的差异，几本年谱在个性和风格上虽略有不同，但在研究内容、方法和整体目标上，却有着以下几个共同的基本特征：

（1）尽可能地拓展了年谱史料采集的来源。章学诚曾说：年谱是"有补于知人论世之学，不仅区区考一人文集已也"，征引史料的范围狭小，容易导致年谱的内容贫乏。在编制年谱时，我们除了遍寻作家本人的著述外，还广泛查阅与其关系密切的人物（家人、亲友、同事、编辑、研究者）的论著和回忆文章。条件许可的，还围绕相关问题对知情者进行采访，把书面与口述材料结合起来。同时把作家生活、工作所在地的地方史志、文学年鉴、地方文学发展文献、地方文学研究成果等，也纳入了史料采集的范围。面对庞大而散乱的著述，我们也有所侧重：重视作家自述与访谈、书信和日记，这里面有着更多的有价值的历史细节和闪光的碎片；更为重视文章发表的原始刊物和初版本，而不是简单地抄录选集、文集、回忆录、研究论著等。一方面，可以避免以讹传讹，最大限度地减少史料的错误；另一方面，也是为了能有新的发现，发表在刊物上的作品和初版本，带有更多的原初形态，它们是与诞生时的复杂的社会语境联系在一起的，在刊发作品时往往会附有编者按、作家创作谈、批评家与读者评价等，从中更容易发掘出有价值的文学史的信息。

我们也看重各类电子文本，充分利用"中国知网""维普""报刊目录索引""超星发现系统""读秀学术搜索""全国报刊索引数据库"等现代电子检索工具，可以使史料的检索工作事半功倍。但也不能过分依赖电子检索，因为 20 世纪 90 年代之前的大量图书文献、许多地方文学报刊，甚至某些名刊大刊，尚未录入上述检索系统。有些"作家传略""作品目录""作品系年"包括部分已经出版的当代作家年谱，更多依赖上述电子检索系统，收入检索系统的篇目，大多被收目，而未录入检索系统的，则只能付之阙如。许多年谱或"准年谱"，20世纪90年代之后的材料较为充分，而此前的材料较为薄弱。因此，在编撰当代作家年谱时，要处理好翻阅原始报刊与借用电子检索的关系，使其相互补充，相互资益。

（2）在描述作家的个人行迹和著述时，力求做到"详尽细致""选精择粹"。所谓"详尽细致"，就是在"考订事迹之详""排定年月之细"上见功力。特别是对于作家重要的成长经历，对于作家思想和文学观念的重大转换的过程，要想尽一切办法，逐年逐月乃至逐日进行排查，尽量使其完整，不留重要的空白。作家早年的经历，一般材料比较少，可以简要交代人文、地理、语言环境对作家的影响。对于作家的重要经历，也有穷尽了一切办法，还是不能解决问题的情况，这就需要按照统一的规范"存疑"：具体日期考订不清者，则列于该月之末；具体月份不详者，则列于季节之末；季节考订不清者，则列于该年之末。细致地排定年月日，是为了有利于后继者的拾遗补阙。

"详尽细致"并非"巨细靡遗"，有些不成功的年谱，过分罗列生活起居等琐碎的事实，反而淹没了作家思想、文学观念变迁的次序。为了避免这一缺陷，我们突出强调对史料要"选精择粹"：不能反映作家成长经历的材料，要尽量舍弃；在辑录作家、评论者的著作时，除非具有珍贵的史料价值，一般不做大段的引述；对能够反映出作者思想、文学观念变革的重要文章，则坚持"择要摘录，分年编入"的原则。在摘录时，或仅摘取其一两段，或只摘录几个精彩的句子，旨在深化对作家的理解，并保证年谱不失钩玄提要的功效。

（3）高度重视作家与同时代的作家、批评家的关系。考究师友渊源、生徒授受，是传统年谱编撰工作的重中之重，我们对此也有所借鉴。在录用同时代作家、批评家的材料时，尽可能简短精练，力避"喧宾夺主"。凡有所征引，必须有助于理解谱主本人成长的环境、社会风气和文学风尚，或者能展示作家、批评家与谱主相互影响、相互促进的关系。为更清晰地呈现谱主思想、文学观念演进的轨迹，当年刊发的重要研究论著，以存目的方式列于该年之末，并遴选最具褒贬之意的观点，摘要录于该年年谱之中。

（4）高度重视重大政治、历史、文化事件，尤其是文学事件对作家的影响。"文变染乎世情"，在作家的生存方式、精神状态、文学观念与时代潮流之间，存在着相互影响、相互制约与相互促进的复杂的纠缠关系，要想清理作家思想和文学观念演变的轨迹及其原因，必须对"时事"与"作家"关系进行全方位的深度挖掘。中国古代和现代作家年谱，凡具有较高史料价值与文献价值的，往往都能够把政治史、文化史与文学的整体风貌勾连起来，使其他研究领域的学者，也能从作家年谱中受益。

（5）高度重视作家与各类文学传媒的关系。如今有过 30 年以上创作经历的作家，在创作起步、发展乃至成名之后，都对文学出版和文学报刊这类传统媒体有着强烈的依赖关系，出版社和文学报刊的约稿、改稿、刊稿行为，以及他们所召开的笔会、改稿会、研讨会、座谈会以及评奖等文学活动，都会对作家的文学观念、写作方式、文学文体、表达方式等产生极其深刻的影响，对此我们予以高度关注，期盼能从这个角度打捞出更多的有意义的历史碎片，为研究者重建文学史的整体性提供重要的材料。当然，我们也没有忽视新兴媒体对作家的影响：在 20 世纪 90 年代之前，广播电台是一种强势媒体，许多作家是通过广播而扬名立万的，许多作品是通过空中电波而被广泛认可的。90 年代以后，影视网络的迅猛发展，深刻地改变了作家的生存方式与写作方式。在年谱丛书的编撰中，我们对各类传媒与作家的关系进行了深入的发掘，期望能够积少成多，在广泛搜求这一类史料的基础上，揭示出文学传媒结构的变革与文学历史发展之间的内在关联。

在整理当代重要作家年谱时，我们都会遭遇一个难题：在 20 世纪 90 年代中后期媒体批评崛起之后，作家们频繁地对各类媒体发言，往往会"新见"与"旧识"杂陈，而各类媒体对作家的"访谈"，不顾"创新"而相互"套用"几成普遍现象。对此我们既不能回避，也不能简单地套用，我们更需要在泥沙俱下的媒体批评中"披沙拣金"，寻找作家思想、文学观念发展演变的轨迹。媒体批评的泛滥给史料整理工作所带来的挑战，我们必须认真地面对。

作家年谱的编撰是件非常艰苦的工作，要想一下子做到翔实完整、无所错讹，是非常困难的。许多成功的年谱，都是在反复补充和修订中完成的。唯其如此，中国古代和现代的年谱编撰，才会不断地出现"年谱补编""年谱新编""年谱改编"之类的著作。因此，呈现在大家面前的这套年谱丛书，都可以说是年谱"初稿"或"初编"，遗漏或者失误之处在所难免，我们热忱地欢迎学界同人批评指正，欢迎在此基础上钩沉补遗，考订错讹，增益完善。就中国当代文学学科而言，作家年谱编撰是一项最基础的工作，只有具有一定的规模，才能够产生良好的效益，我们也期待能够有更多的朋友加入到这项工作中来。

2016 年 2 月 18 日

目　　录

一九五三年　出生年

1月1日　韩少功出生在长沙，取小名四毛。排行第四，有两个姐姐，一个哥哥。何立伟在朋友面前提到韩少功时，也总是喊他"韩四毛"。

父亲韩克鲜，出生于湖南省澧县一个地主家庭，中学毕业后曾当过教师、地方报纸记者。抗战爆发后，毕业于中央军校第二分校（前身为黄埔军校武汉分校），先后任中校参谋、自卫独立大队长等，参加浙西、浙北的抗日游击战。抗战结束后，他回到家乡，任长沙市政府财政科长，加入共产党地下组织"进步军人民主促进社"。1949 年加入解放军 21 兵团 214 师，在西南地区的剿匪战斗中，曾因生擒敌方桂绥游击队支队司令官林秀山等四人，获记大功一次。1949 年成为解放军军官，随军南下参加西南地区的剿匪战斗，负责政治宣传与民众动员。1954 年转业长沙，先后在省教育厅和省干部文化教育委员会任职。母亲张经星，出生于湖北省石门县一个大户人家，受过西式教育，毕业于北京一所美术专科学校，修过西洋画，曾给学生上过绘画课和书法课。

儿童时代，韩家居住在长沙市经武路古城墙内侧，住房条件较好，有独立的前庭后院，可以种瓜种豆，养鸡养鸭。20 世纪 60 年代中期，搬入湖南省直属机关干部教育委员会大院。

11月　湖南省第一次文艺工作者代表大会召开，正式成立湖南省文艺工作者联合会，主任委员魏猛克，副主任委员宋扬。

一九五八年　五岁

5月　湖南省文艺工作者第二次代表大会召开，湖南省文艺工作者联合会改名为湖南文学艺术界联合会，周立波任主席，陈曦、蒋牧良、魏东明、铁可任副主席。

一九五九年　六岁

9月　进乐古道巷小学读书，正值全国大饥荒。韩少功后来回忆说："我上小学后不久，正碰上困难时期，碗里的食物越来越少了。到处都有人议论粮食短缺的问题，说有些人饿死了，有些人被饥饿逼得出外逃荒，更多的人被饿出水肿病——父亲就患了这种病。他脸色苍白，全身浮肿，用指头在肌肤上随意戳一下，就戳出一个小肉窝，久久不能恢复原状。"①

就读小学期间，参加过声援古巴的游行。

---

① 韩少功：《我家养鸡》，《漫长的假期》，上海文艺出版社 2012 年版，第 121 页。

一九六二年　九岁

11月　湖南省文联第三次代表大会召开，周立波任主席，蒋牧良、康濯、胡青坡、铁可、魏东明、蒋燕任副主席。

一九六三年　十岁

　　全国推行"阶级路线"教育，韩少功的父亲因在国民党军队中的"历史污点"、与台湾的亲戚关系等受到批判，韩少功因此被免去班干部职务。童年时期的韩少功对政治与人性的关系充满好奇。在短文《那年的高墙》里，记述小男孩"四毛"眼中难以捉摸的世界：爷爷曾经是地主，他和父亲歧视同样是"剥削阶级"出身的邻居。在小说《兄弟》中，韩少功细致描写了"阶级""血统"对小学生的影响：在父母的教育下，家庭出身不好的同学，必须疏远阶级出身不好的同学，只能与工农兵子弟交朋友。童年的生活经历，对韩少功的人格及创作产生了深远的影响。

　　本年　蒋子丹随父亲蒋牧良居住于长沙。

一九六五年　十二岁

9月　考入长沙市第七中学，七中的前身是广雅和行素中学。广雅中学成立于1916年，后与行素中学合并，1952年更名为长沙市第七中学，周扬、张扬、贺大田、邓启东等曾就读于该中学。韩少功考中学时语文很差，对数学和物理最感兴趣。在初一时，就自学三年级数学，翻破好几本苏联版的趣味数学书。参加数学竞赛，只需一半时间就能获得高分。自己动手制作的晶体管收音机，越来越具有技术含量。"我当年就读的中学，有一中型的图书馆。我那时不大会看书，只是常常利用午休时间去那里翻翻杂志。《世界知识》上有很多好看的彩色照片。一种航空杂志也曾让我浮想联翩。"[1] 韩少功在初中真正读书的时间只有一年，后两年忙于参加各种"革命"活动。

读中学期间，到火车站参加过援越物资的搬运。

---

[1]　韩少功：《漫长的假期》，《钟山》2008年第6期。

一九六六年　十三岁

5月16日　政治局扩大会议通过毛泽东主持起草的关于"文化大革命"的纲领性文件，中共中央发出关于"文化大革命"的通知。此后，湖南文联解散，周立波、康濯、蒋牧良、柯蓝被作为湖南的"四家村"受到冲击，湖南省文艺创作陷入低谷。

9月27日　与中学同学结束支农回家，发现父亲失踪。后经韩母辨认找到父亲的遗体。父亲的含冤自沉，成为韩少功的创伤性记忆。韩少功对父亲只有些零碎的记忆：有一次，因为愤恨父亲没有带他们去游泳，姐弟们趁他午睡时在他头上扎了个小辫子，父亲迷迷糊糊醒来便出门上班去。还有一次，父亲骑单车回家时摔倒在地，他的大儿子从围观人群中悄悄退出去走了。这让父亲很伤心，但仍然很疼爱儿子。

韩少功在情感上很难认同父亲的离世，父亲的死活成了他心中的疑案。在小说《鞋癖》里，他详细描写母亲寻找父亲的过程，而"我"断定父亲还活着，就在某个神秘的角落注视着自己的家人，"我寻找父亲说过的一个小屋。他说他到过那里……他说那简直是神仙的去处，他真想一辈子都住在那里。他现在是不是隐居到那个小屋里去了？该到哪里去寻找它？"韩少功的姑母曾做过资本家的老婆，处境更为艰难，迫于政治压力，韩少功的父母不得不疏远姑母。韩少功在《走亲戚》《火花亮在夜空》中，曾表达对姑妈的依恋和同情。

秋　在母亲带领下，逃到二姐韩刚工作的江永县桃川农场避难，后被执行场长遣送出场。韩刚的《重返茅草地》曾详细叙述弟弟坚决不愿离开农场和依依不舍的场景。韩少功后来曾记述过这段艰难的日子：

> 当时父亲死于迫害，全家一夜之间沦为政治贱民。母亲要我在初中办理退学，带上我去投奔乡下亲戚。一辆破破烂烂的长途汽车

上，母亲病了，大呕大吐，面色苍白，还抽搐和昏迷。一个才十三岁的少年，面对这样的病人完全手足无措。幸好有一位同车的军人从人群里挤过来，给母亲灌水和喂药，到了汽车站，还一肩挑起我们乱七八糟的行李，把我们送到小旅店。他请来医生给母亲打针，一直等到母亲清醒和病情缓解，一直等到我们与亲戚通上长途电话，才在深夜离去。

我母亲后来经常念叨这位军人。我知道，母亲当时已落入绝望的漩涡几近灭顶，如果没有这一束微光的投照，她很难恢复希望。

我们在乡下没有得到收留，走投无路之际还是只得返城，回到了高音喇叭喧嚣着恐怖和狂热的老地方。我们适应着父亲背影失去后的岁月，守着小屋里宁静、简朴、清洁的每一刻，母子俩相依为命。为了让母亲高兴一点，我每天黄昏拉着她出去散步，走到很远的街道，很远的广场，很远的河岸和码头——我们真希望能在陌生人群里永远走下去，避开机关院子里那些敌视和轻蔑的目光。我就是在那时突然长大，成了一家之长，替父亲担起责任，替离家求学的哥哥姐姐担起责任，日夜守护着多病的母亲。在没有任何亲人知道的情况下，我试图去工厂打工……①

找工作碰壁的情况下，韩少功去找父亲生前单位的领导，要求给父亲之死一个明确结论，并按政策给予生活补助，父亲的问题被定为"人民内部矛盾"，韩家也得到生活补助，韩少功才得以继续读书。

11 月　参加红卫兵造反派组织，参加步行串联和乡下劳动。"'文革'时我们从铺天盖地的大字报中发现了还是读初一的韩少功，见他的文章有思想，文笔又好。我们就把他拉入我们组织。以后他就成了我们刻钢板、办小报的主力。"②

---

① 韩少功：《山南水北》，作家出版社 2006 年版，第 301—303 页。
② 刘杰英：《重回母校》，《随风而去》，湖南人民出版社 2007 年版，第 278 页。

一九六七年　十四岁

夏　湖南省武斗激烈，长沙闹得最凶，许多红卫兵参加武斗。韩少功回家路遇混战，一粒子弹在他大腿上钻出了两个洞，躲入民房的韩少功被送入医院，近五十年后，韩少功曾把这件往事写入小说《枪手》（刊《收获》2016 年第 4 期，被《小说选刊》《新华文摘》等转载）。

停课"闹革命"期间，韩少功曾与同学到校图书馆"偷书"，"作为初中生，我读书毫无品位，有时掘一书坑不过是为了找一本《十万个为什么》。青春寄语，趣味数学，晶体管收音机，抗日游击队故事，顶多再加上一本青年必读的《卓娅与舒拉的故事》，基本上构成了我的阅读和收藏，因此我每次用书包带出的书，总是受到某些大同学取笑。"韩少功等曾到两位本校老师家去"抄家"。韩少功家也被"抄"过，"他们抄走了我的篮球和书——都是这一段我精心挑选私留的几十件精品。其中包括鲁迅、巴金、叶圣陶、高尔基、莫泊桑、海明威、托尔斯泰的小说，还有《革命烈士诗抄》和《红旗飘飘》文丛等红色读物。"①

10 月 14 日　中共中央、国务院、中央军委、"中央文革"小组联合发出《关于大、中、小学校复课闹革命的通知》。

因父亲的悲剧，韩少功厌恶红卫兵的武斗，从中看到了政治与人性的微妙关系："我能清楚地记得，当时我参加过很多下厂下乡的义务劳动，向最穷的农民捐钱，培养自己的革命感情。但为了在谁最'革命'的问题上争个水落石出，同学中的两派可以互相抡大棒扔手榴弹，可以把住进了医院的伤员再拖出来痛打。我还记得，因为父母的政治问题，我被众多的亲人和熟人疏远。我后来也同样对很多有政治问题的人或者父母有政治问题的人，小心地保持疏远，甚至积极参与对他们的监视和

---

①　韩少功：《漫长的假期》，《钟山》2008 年第 6 期。

批斗——无论他们怎样帮助过我，善待过我。正是那一段段经历，留下了我对人性最初的痛感。"①

---

① 韩少功:《完美的假定》,《天涯》1996 年第 1 期。

一九六八年 十五岁

年初 韩少功等中学生瞒着父母，试图到新疆参加军垦，韩少功在起草给新疆生产建设兵团首长的信中表示：湖南二十几个中学生强烈要求到新疆参加最艰苦的劳动，在反修防修的斗争中奉献青春。因省知青办卡下相关手续，新疆之行未能成功。

12月21日晚 中央人民广播电台播出毛泽东的"最新指示"："知识青年到农村去，接受贫下中农再教育，很有必要。要说服城里的干部和其他人，把自己初中、高中、大学毕业的子女，送到乡下去，来一个动员。各地农村的同志应当欢迎他们去。"次日，《人民日报》在《我们也有两只手，不在城里吃闲饭》的编者按中传达了这一指示。随即在全国掀起轰轰烈烈的知识青年上山下乡运动，十年中有近2000万知青上山下乡。

12月 "文化大革命"造成的混乱局面得到控制，社会秩序基本恢复。

韩少功结束红卫兵身份，落户湖南省汨罗县天井公社茶场，至1974年12月，共度过6年知青生活。茶场有100多位知青（以长沙第七中学的学生为主），100多位本地农民，分3个工区6个队，负责6000亩茶园和少许稻田。茶场住宿条件简陋，每间土砖房里设3张床，住6人。韩少功的床友是贺大田，湖南攸县人，也是七中毕业生，擅长拉小提琴、画画，后成为著名画家，20世纪80年代的代表画作有《根》（获第六届全国美展银奖）、《老屋》等。韩少功与贺大田交往较深，两个人喝酒聊天时曾满怀壮志地宣称要"三年内在汨罗成名，六年内在岳阳地区成名，九年内在地区成名，十二年内在全国成名"。韩少功曾以贺大田为主人公创作散文《一个伪成年人》，多部作品以贺大田为人物原型。《马桥词典》再版时，贺大田曾为其画了插图《老屋》。在长篇小说《日夜书》中，贺大田仍然是重要主人公的原型。

天井公社因天井山而得名，距汨罗市15公里，距岳阳70公里，距长沙75公里。天井公社东北是长乐古镇，韩少功挑运竹木薪炭常经过这里，后来曾多次在作品中描写这个古镇。长乐古镇的东北是八景乡，某个冬季下雪时，韩少功步行30多里，到八景乡山里访友。

下乡期间，韩少功对政治产生浓厚的兴趣，阅读了列宁、布哈林、普列汉诺夫等人的著作。"下乡前我什么东西都不要，找母亲要钱，只买了一套《列宁选集》，四大本，十二块钱。这在当时是很贵的"。韩少功还阅读了德热拉斯（后译为吉拉斯）油印的印有"大毒草供批判"的安全标识的小册子《新阶级》，"我记得自己就是在茶场里读到油印小册子的，是两位外地来访的知青留下了它。我诈称腹痛，躲避出工，窝在蚊帐里探访东欧。""对于我的很多伙伴来说，东欧的自由主义以及各种中外文化成果，都常常透出饥饿者的晕眩。"（《漫长的假期》）古巴的格瓦拉，对韩少功也深有影响。

作家张扬曾回忆说：韩少功的姐姐韩刚在湖南知青中很有影响，她曾在江永县农场组织学习小组，研究马恩列斯毛的著作，结果学习小组被打成反革命。江永县知青邓晓芒曾表示：他非常佩服杨曦光（即后来的经济学家杨小凯）写的《中国向何处去》，佩服韩少功姐弟能够引用马列理论讨论问题。

在知青生活期间，韩少功与黄新心、胡锡龙、甘征文、贺梦凡、张新奇、贝兴亚等人，在相互激励相互启发中走上文学道路。下乡插队的经历对韩少功日后的创作影响甚大，给了他一个接近自然、了解底层的重要机会，成为他日后写作的重要的经验资源，进入城市和文化圈后，多了一个参照的角度。在韩少功的创作中，写得最多最得心应手的也是这段知青生活，他在心理和情感上似乎很难完全融入城市生活。

一九六九年　十六岁

5月　组织知青读书小组，办农民夜校。韩少功与朋友亲自编、刻、印、装订，为农民扫盲课编写识字课本，"大体上以识字为纲，串起一些地理、历史、农科以及革命的小知识"，课文有马克思、列宁、毛主席、鲁迅语录，也有文学作品和他自己写的诗。"在农村当知青那几年，我还办过农民夜校，自己掏钱编印教材，普及文化知识和革命理论，让他们知道巴黎公社是怎么回事，让他们明白'从来没有救世主'，希望他们有力量来主宰自己的命运。但我后来发现，这种启蒙的成效很小。"①

---

① 韩少功：《鸟的传人——答台湾作家施叔青》，《大题小作》，人民文学出版社2008年版，第105页。

一九七〇年　十七岁

华国锋任湖南省委书记兼湖南省革命委员会主任。

4月　涉嫌违禁政治活动，韩少功被公社拘押审查。据韩少功回忆，违禁政治活动是被强加的莫须有罪名：读书小组发动农民张贴腐败干部的大字报，被农民出卖，遭到报复。一些干部借打击反革命运动的机会，查抄小组成员物品，抓住日记、书信中只言片语，想把读书小组打成反革命小集团，因证据不足而作罢。20世纪90年代，韩少功《很久以前》和《兄弟》两部中篇小说，都突出地书写"文化大革命"中青少年们的"革命活动"，《兄弟》还写到朋友因组建"马克思主义劳动党"（小说中是"共产主义人民党"）被判处死刑。

一九七一年　十八岁

2月19日　全国计划会议结束。会议确定 1971 年计划招收固定工 144 万—155 万人。招工对象包括经过两年以上劳动锻炼的知青。国家开始在知青中招工、招干、招生、征兵，知青群体产生分化。知青们的情绪使韩少功灰心，伙伴们的一批批离去，也让他悲愁。在本年除夕夜，韩少功等知青"决心要逃离农村"，以知识分子的身份发挥作用。

在三年茶场生活中，韩少功面对的是超负荷的体力劳动和清苦的饮食。从日出到日落，一天十几个小时连续不断地干活，开荒垦殖、挖沟挑土。"那是连钢铁都在迅速消溶的一段岁月，但皮肉比钢铁更经久耐用。钯头挖伤的，锄头扎伤的，茅草割伤的，石片划伤的，毒虫咬伤的……每个人的腿上都有各种血色，老伤叠上新伤。但穿着破烂的青年已经习惯了，朝伤口吐一口唾沫，或者抹一把泥土，就算是止血处理。我们甚至不会在意伤口，因为流血已经不能造成痛感，麻木粗糙的肌肤早就在神经反应之外。我们的神经还可一分为二：夜色中挑担回家的时候，大脑已经呼呼入睡，但身子还在前行，靠着赤脚碰触着路边的青草，双脚能自动找回青草之间的路面，如同无魂的游尸。……还有一天，我吃着吃着饭，突然发现面前的饭钵已经空了四个，这就是说，半斤一钵的米饭，我已经往肚子一共塞下了两斤，可裤带以下的那个位置还是空空，两斤米不知填塞了哪个角落……"①

韩少功对知青生活最美好的记忆，是聚在树下或坡下工休的时候聊天、讲书，知青们相互交换阅读图书。韩少功也讲过日本女间谍川岛芳子的故事，颇受大家欢迎。韩少功还养成在煤油灯下抄书的习惯，"每借来一书，便择优辑抄，很快就有了厚厚几本，以弥补藏书的短缺，以备

---

① 韩少功：《山居心情》，《天涯》2006 年第 1 期。

今后温习","当时没有其他的书可看，我自己抄了三大本唐诗宋词"。

后来，韩少功在写作、演讲中，曾多次提及知青们强烈的求知欲。

6月　湖南省革委会、文化局设立工农兵文艺工作室，负责全省的文艺工作。

9月13日　林彪出逃，坠机温都尔汗。韩少功曾拉上朋友翻山越岭到公社打探消息，并开始对"文化大革命"有所反思，韩少功说"这是个多疑的秋天，神话开始动摇的秋天"。

初冬　《长沙文艺》复刊，莫应丰任负责人。

一九七二年　十九岁

春　与另外五位知青奉命离开公社茶场，转点至长岭大队，韩少功住在队长家里。任务是带动那里的农村文艺宣传活动，使之成为地、县两级的基层文化工作典型。在新的知青户中，认识了梁预立。梁预立比韩少功高一年级，后来两人恋爱结婚。当时，双方关系十分克制：梁预立是舞台上的演员，韩少功是后台乐手，两人在公开场合不怎么说话。当梁到大队小学当老师之后，二人相距虽近，但韩少功要用宝贵时间读书、写作，二人约定每周见一次。在知道韩少功的胆大妄为的想法，与外地诸多异端青年的秘密交往等可能具有的政治危险后，梁预立并未犹豫和退怯，韩少功对此十分感激。①

7月　毛泽东对文艺工作提出批评，说现在电影、戏剧文艺作品少了。

《湘江文艺》复刊，一批老作家和老编辑重回工作岗位，编辑部大胆起用莫应丰、叶蔚林、孙健忠、谭谈、古华、萧育轩等中年作家，还发掘出肖建国、贺梦凡、韩少功、张新奇、叶之蓁、聂鑫森、叶敏虎等一批文学爱好者，为新时期湖南文学的繁荣培养了大量人才。

本年　内部出版的"皮书"（灰皮书、黄皮书、白皮书的统称）恢复出版，并经各种渠道流散民间。韩少功等知青曾伪造介绍信，到书店购买。

韩少功开始在汨罗县和岳阳地区文艺杂志上发表小件作品，并被点名去省里参加过两次创作培训班。成为公社文化站的半脱产辅导员后，韩少功有了更多的写作时间。"我记得，又送走一批伙伴招工回城之后，他写了第一篇小说习作《路》，就是在队长家的堂屋里写成的。那时他在我们知识青年中算是能写点什么的了，出黑板报，或是为文艺宣传队编

---

① 孔见：《韩少功评传》，河南文艺出版社 2008 年版，第 27 页。

点什么说唱剧、对口词、三句半等等。他不满足，就写小说。《路》的第一个读者是我，好像也就是唯一的读者。那是写乡下修筑一条机耕路的故事，他自觉写得很幼稚，也就没拿给别人看。"①

关于韩少功公开发表的小说处女作，沈端民曾回忆说："有一次，他偶然在地区办的内部刊物上看到了一篇小说，心里琢磨着：'这就叫小说？我只怕也写得出？'他抱着试一试的态度，提起笔写出了他的第一篇作品《三篙伯》。投寄不久，刊物上竟然登出来了。他的名字第一次铅印出来了！他喜形于色，也有点洋洋得意。"②廖宗亮也说韩少功的小说处女作是《三篙伯》，刊于岳阳《工农兵文艺》，署名"韩兵"，小说很短，写的是汨罗江上一位撑篙大伯大公无私的故事。③

韩少功致信刘杰英，谈自己学习写作的原因："我总觉得，我们之所以要从事创作，并不是由于好奇，也不是消遣，更不是想从这方面索取什么利益和荣誉。讲老实话，我并没有搞文艺的天赋，生活条件和文化基础的限制，使我一直在恼人地缓步着。但我又常常想：既然我们生存在如此的现代文明之中，那我们又为什么只能把自己的贡献局限在一把一锄之中呢?！……文艺是一种武器，当我们认识了社会之后，我们就需要用这种武器去改造社会，而这种改造的任务是多么艰难啊！"④

任光椿任湖南省群艺馆《工农兵文艺》（后改名为《湖南群众文艺》《文艺生活》）编辑部副主任。韩少功曾带着一首诗找到编辑部，任光椿当即发表。

---

①　梁预立：《跋》，《诱惑》，湖南文艺出版社 1986 年版，第 260 页。

②　沈端民：《不懈的竞技者——记青年作家韩少功》，《新创作》1982 年试刊号。

③　廖宗亮：《忆与韩少功的交往》，《老年人》2016 年第 8 期。

④　刘杰英：《他的路——记文学青年韩少功》，《文艺生活》1983 年第 11 期。又见刘杰英散文集《随风而去》。

一九七三年 二十岁

2 月 柳仲甫执笔的湘剧《园丁之歌》刊《长沙文艺》，后由湖南人民出版社出版。

3 月 10 日 邓小平恢复党的组织生活，任国务院副总理。在邓小平主持下，国务院批转《关于高等学校 1973 年招生工作的意见》，对两年前开始实行的推荐和选拔工农兵上大学的规定进行了修订，增加"文化考试"的内容，试图恢复用知识选拔人才的制度，"保证入学学生有相当于初中毕业以上的实际文化程度"。这次改革受到广大知青欢迎。

6 月 30 日 辽宁张铁生经枣山大队推荐参加高考，在物理、化学考试时，把起草的一封给领导的信抄写到理化考卷的背面，解释自己未能好好复习功课的原因，希望领导酌情考虑。

6 月 湖南省工农兵文艺创作室改名为"湖南省文学艺术工作室"。

8 月 4 日 中共中央转发国务院《关于全国知识青年上山下乡工作会议的报告》，对知青政策做出重要调整。

8 月 10 日 《人民日报》转载"白卷英雄"张铁生《给尊敬的领导的一封信》，致使这次高考改革没有得到认真贯彻，影响了许多知青的命运。

韩少功参加高考，自信考分不低，但未被录取，"在我当知青的那个县，据说所有的考卷还没有评分就封存起来化了纸浆，给我一种大受其骗的耻辱感。我自认为从此多了一分清醒，不再相信在诸如领导印象和家庭政治背景之外，还可能有什么公正的考试。"①

8 月 30 日 中共十届一中全会上，王洪文当选政治局委员、政治局常委、中共中央副主席。韩少功在日记中为此激动万分，连夜写信给远

---

① 韩少功：《一九七七的运算》，《然后》，山东文艺出版社 2001 年版，第 175 页。

方的朋友，说工人阶级终于登上政治舞台，一个新的时代到来了。韩少功在小说《很久以前》中，曾详细描述过自己 1973 年之前的三本日记的情况，该情节是否属实待考。

秋　韩少功所在的乡村有了第一台黑白电视机，是为宣传毛泽东思想用的。后来，韩少功曾以此为例，探讨"镜头"如何重组世界，他认为 20 世纪 70 年代中后期以后，电视中的"文字与图像有时是分离的或者背离的：主导媒体的高调革命文字其实已渐空洞，正在被渐多的耳膜拒斥，正在被电视和电影播送的很多图像同时蚕噬和颠覆"①。电视黑白屏幕从"文字禁网"中泄露出来的诸多物象，使国人认识了西方的技术优势和经济强势，对西方产品产生普遍性渴求。

本年　汨罗县文化馆举办文学创作学习班，韩少功、廖宗亮等七人参加，培训结束后，与廖宗亮被分到大荆公社体验生活。当时县文化馆每年春秋时节都举办文艺创作学习班，邀请名师讲课。廖宗亮和韩少功是学习班的常客，因性格相投，常同住一室。后来廖宗亮任汨罗县广播站编辑期间，韩少功曾向他约稿，后刊于《主人翁》杂志 1983 年第 1 期，并亲自撰写编者按。②

---

① 韩少功：《镜头的许诺》，《天涯》2001 年第 5 期。

② 廖宗亮：《忆与韩少功的交往》，《老年人》2016 年第 8 期。

一九七四年　二十一岁

1月18日　在江青、王洪文的推动下，中央转发《林彪与孔孟之道》（材料之一），"批林批孔"运动在全国范围展开，至6月结束。

3月18日　在全国各地大反所谓"复辟回潮"中，湖南省委宣传部召开批判晋剧《三上桃峰》大会，会上同时批判《还牛》和湘剧《园丁之歌》。《三上桃峰》《园丁之歌》等成为全国批判的目标，给湖南文艺界带来巨大的冲击。

4月6日　长沙部分工农兵文艺骨干和专业文艺工作者集会，批判《园丁之歌》。

4月21日　韩少功《批判湘剧〈园丁之歌〉：育的是什么样的"苗"?》刊《湖南日报》。

4月　短篇小说《红炉上山》刊《湘江文艺》第2期。小说经编辑金振林之手发表。小说写农机厂青年干部童铁山在"农业学大寨"运动中一心为公、坚决抵制副厂长等人搞"包头业务"的修正主义路线回潮，并最终使副厂长承认错误。同期刊出"批判晋剧《三上桃峰》特辑"，发表友生、易山骐、黄新心、杨耀敬的四篇评论。同期还发行"批林批孔增刊"，刊出韩少功评论《"天马""独往"》，认为自诩"天马"的林彪粉身碎骨的根本原因在于其"独"："一个'独'字，暴露了林彪的反革命险恶用心""也埋下了林彪可悲的命运"。

6月　儿童故事《一条胖鲤鱼》、诗歌《女石匠》刊《湘江文艺》第3期。《一条胖鲤鱼》为韩少功参加一个写作培训班所写的一篇儿童文学的作业，写"听党的话，要爱集体"的牛牛和端端把捡来的鱼送到池塘，并帮着大人阻止坏家伙破坏革命果实。诗歌《女石匠》赞颂了"敲矮了一座座山，敲宽了一道道河""把'男尊女卑'敲成粉末"的女石匠。

12月　由于创作上显示出的才华，韩少功被招工为汨罗县文化馆专干，到 1978 年 3 月，在县文化馆任职三年多时间。当时汨罗县文教局负责文化工作的宋克顺回忆说：在他第一次决定把韩少功调入文化馆时，某负责公安工作的头头坚决反对，因为韩少功家庭有"政治问题"。第二次，他派文化馆的龙文亮乘拖拉机到天井公社协调，才把韩少功招来。①韩少功插队时的好友刘一平，则调入县电影公司，与文化馆相邻。

韩少功曾编辑文化馆内部刊物《汨罗文艺》（1971 年创办，年出四期，1984 年更名为《汨罗江》），汨罗文教局文化股胡锡龙负责终审，两人都喜欢民歌，过从甚密。韩少功的办公室兼卧室贴有逐客令"闲谈不超过十分钟"，但对胡锡龙例外。某次，韩少功出差湘西，搜集了许多传统民歌。胡、韩曾合作《读华主席手书韶山灌区民歌一首》，《湖南日报》拒绝刊载，后刊《工农兵文艺》。1997 年，韩少功曾为胡锡龙散文集《村夫野语》（湖南人民出版社出版）作序《当年对床夜语》，谈及胡在写作上对他的指引和帮助。

这个时期，韩少功只能讲假话，"写这些东西使我苦恼，违心地作文章没意思：于是，我就放下了笔。开始等待"。韩少功曾谈及当年参与主流话语生产时的矛盾心态："我当时就没有足够的勇敢，虽然接触到一些地下的思想圈子和文学圈子，已经对当时的主流话语有了怀疑和反感，但还是抱着谋生第一的私心，屈从于那时的出版检查制度。"②

① 宋克顺：《从第二故乡"走向经典"》，《烛照人生》，花城出版社 2006 年版，第 239 页。
② 《韩少功　王尧对话录》，苏州大学出版社 2003 年版，第 28 页。

一九七五年　二十二岁

6月底　农民作家甘征文被调入汨罗县文化馆，他与韩少功在抓群众文艺创作方面成为好搭档，在甘征文影响下，韩少功对乡土生活产生浓厚的兴趣。

8月　小说《稻草问题》刊《湘江文艺》第4期，后被选入小说散文集《春潮滚滚》（湖南人民出版社1976年版）。小说围绕稻草是"按劳分配"还有"按人（需）分配"的问题，展开胡水成与他的爱人、妇女队长珍英的冲突，突出学习"无产阶级专政理论"的重要性，批判农业生产中的"物质刺激""资产阶级法权""资本主义倾向"，双方矛盾的焦点是靠物质还是靠社会主义精神来调动社员的"积极性"。

10月　时论《从三次排位看宋江投降主义的组织路线》刊《湘江文艺》第5期。韩少功写道："《水浒》这本露骨地鼓吹投降主义的反面教材，在过去不少评论文章中，却把它吹捧为一本'农民起义的史诗'，把宋江美化为一个有'卓越的领导和组织才能'、'有贡献'的'农民起义领袖'。请问：宋江的'贡献'在哪里？'组织才能'是一种什么样的才能？显然，他的'贡献'是断送革命，他的'组织才能'是组织一支反革命的别动队、使革命队伍改变颜色的才能！刘少奇、林彪大搞修正主义，不也是狂叫过要'重建'我们的党吗？古今叛徒，一脉相承。他们正是要用这种'才能'夺去无数革命志士的生命，把亿万劳苦大众推到水深火热之中。"可见，韩少功此时的思想还在极"左"意识形态的藩篱中。王尧在《韩少功与〈湘江文艺〉》中曾说："即使杰出如韩少功这样的作家，在他们最初写作时也是从复制一种非常态的思想、思维、语言和文体开始的，也就是说这样一种写作不是从确立自我而是从扭曲、剥夺自我开始的。"

12月20日　廖宗亮到汨罗县文化馆拜访韩少功（廖宗亮《忆少功为

我儿女取名》)。

本年　在长沙参加学习班时，认识作家莫应丰。

曲艺《书记推车》刊《湖南日报》(农村版)。

在文学起步阶段，《湘江文艺》《湖南日报》文艺副刊对韩少功帮助很大。《湘江文艺》编辑郭味农、刘云、潘吉光、肖为、金振林、于沙等，都曾热心帮助他，尤其是主编郭味农，戴一副厚厚的近视眼镜，极力推出新人。常常夸奖韩少功等人的小说写得不错，口头禅是："这细伢子，硬是把人物写活了！"[1]

韩少功在谈及《湖南日报》文艺副刊时曾说："当时媒体品种不多，文学园地更有限，很多写作者就经常在这里出入，从湖南日报的副刊版面走向文学大世界。作为一个晒得皮黑的知识青年，我也曾带着乱七八糟的诗歌、散文、曲艺、杂文闯入此楼，东张西望，抓耳挠腮，虽然多遭退稿，但编辑们的耐心与诚恳，其他作者的热情与友爱，却给我留下心头一脉温暖，并成为遥远乡间一盏油灯下恒久的希望。"韩少功经常在《湖南日报》文艺副刊索要稿纸、借阅图书、参与讨论，"甚至在基层操办文学刊物遇到困难的时候，我还能由这里的编辑领着，去印刷车间里寻找各种可资利用的字模和图版"。[2]

① 聂鑫森：《韩少功》，《时代文学》2008 年第 1 期。

② 韩少功：《重访旧楼》，《湖南日报》2009 年 6 月 17 日。

一九七六年 二十三岁

1月8日 周恩来总理逝世。

4月5日 "天安门事件"发生，反对"四人帮"、否定"文化大革命"的群众非暴力抗议运动在全国范围内展开。

4月 文论《斥"雷同化的根源"》（与刘勇合作）刊《湘江文艺》第2期。

8月 小说《对台戏》刊《湘江文艺》第4期。小说与韩少功曾经"为文艺宣传队编点什么说唱剧、对口词、三句半等等"的经历有关，主题是斗争"走资派"，批判下乡干部陈殿义以"包工到户"来调动农业生产的积极性，认为这是社会生产关系的倒退，束缚了生产力，搞散了人心，要深挖"资本主义的毒根"。小说的矛盾集中在文艺宣传和农业生产的冲突上，石长柱、胡水成、柳杏芳等正面人物，通过编演小花鼓戏《不准倒退》，战胜了陈殿义的"资本主义路线"与戴汉秋对演出的破坏。

7月至9月底 在南岳半山亭参加湖南省举办的为期两个多月的文学创作学习班。学习的主题是"走资派还在走，坚决反击右倾翻案风"，有些作家拒绝接受写"走资派"的任务，"入学习班者多数是年轻人，多数人对政治形势已有隐隐的疑惑，动笔的兴趣不大"，"朋友们天天在分析报刊动态，偷偷传播着'政治谣言'，关于总理逝世，关于唐山地震，关于全国计划工作会议上透露的财政赤字，关于天安门事件……学习班竟成了结交同志和畅吐真言的机会。"韩少功曾写作散文《南岳星夜》（后改名为《莫应丰印象》，刊1982年第10期《文汇月刊》），记录这次笔会。莫应丰中途上山，韩少功获悉贺梦凡、张新奇、贝兴亚、薛浩等秘密支持莫应丰创作长篇小说《将军吟》，韩少功高度认同莫应丰"舍性命以求真理，伸正气以抗强权"的人品文品。莫应丰逝世后，韩少功先后写了两篇怀念文章。

9月9日　毛泽东主席逝世。韩少功在小说《领袖之死》中，呈现出这段时间的一些生活记忆。

10月6日　粉碎"四人帮"，"文化大革命"结束。

10月7日　华国锋任中共中央委员会主席、中央军委主席。

一九七七年　二十四岁

2 月　参加农村工作队。

6 月　《华政委和交通班》刊《上海少年》第 6 期头题。叙述华国锋与交通班小青年之间的故事，赞颂华国锋。被改编后刊于《工农兵画报》第 24 期。

下半年　《人民文学》编辑王朝垠到湖南长沙组稿，业余作者韩少功引起他的注意。韩少功完成小说《七月洪峰》后，亲自到《人民文学》编辑部投稿。

8 月 13 日至 9 月 25 日　教育部在北京召开全国高等学校招生工作会议，复出不久的邓小平果断决策，恢复中断十年之久的高考制度。

10 月 21 日　《人民日报》等中国各大媒体公布了恢复高考的消息，本年度的高考将于一个月后在全国范围内举行。

韩少功最初无意参加高考，这段时间他接受省领导交办的任务，与甘征文合作撰写长篇传记文学《任弼时》，"被遣往湘西、江西等革命老区收集资料，频繁整装出差，频繁出入于炮火隆隆的历史，完全成了一个备考热潮的局外人"。在报名截止的最后一刻，他才决定应试，复习数学的时间只剩下十余天，"考生们像当年的红军和八路军一样在社会上广获支持。单位上给我放假以便我专心复习功课，同事们热情为我打探消息和收集复习资料，名义上尚未取消的家庭政治审查在实际上也变得十分开明和宽松……凭借方方面面的这些关照，几个月以后我居然真的得到了被大学录取的消息"①。

11 月　在北京拜访湖南文学前辈周立波。

12 月 10—11 日　参加高考考试。刘杰英说在应考前夕，曾与韩少功

---

① 《1977 高考亲历：韩少功回忆当年备考经历》，《海南日报》2007 年 6 月 5 日。

研究如何应考作文，"结果他以数学97分和岳阳地区作文第一名的成绩被湖南师大中文系录取"。黄灯的堂叔回忆说："韩少功七七年参加高考的作文是《心中的话儿向党说》（我从来没有向当事人求证过），还记得这篇作文曾经发表在《湖南日报》上，情绪好时，还要语气夸张地向我背诵作文的前几段。"① 报志愿时，韩少功把武汉大学改为湖南师范学院，被录取。

此前的创作，是韩少功创作发轫期，深受极"左"思潮的影响；从韩少功私下言行来看，他又与莫应丰等作家和密友相似，有半从半逆的夹生状态，或明奉暗疑的无奈处境。

---

① 黄灯：《一个汨罗人眼中的韩少功》，《传记文学》2012年第1期。

一九七八年　二十五岁

2月　《七月洪峰》刊《人民文学》第2期，这是韩少功首次在全国性刊物上发表作品。编辑部看重作者对生活的激情，小说经编辑王朝垠精心压缩修改，并重新取了篇名。《七月洪峰》以抗洪斗争为背景，塑造了一位老干部市委书记的形象。他顶着"四人帮"的强大压力，带病坚持工作，为人民鞠躬尽瘁。小说尚未完全跳出"三突出"的框框。韩少功的大学同学刘健安曾说："那是七七年，由于我们共同有着洞庭湖区插队落户的经历，我们不约而同地抓住洞庭湖特有的七月洪峰，写了一个'走资派'在抗洪抢险中同'四人帮'作斗争的短篇小说。两篇东西同时送到《湘江文艺》编辑部，同一题材，两个不同角度的写法，同时送到同一家刊物，这可谓文坛上一个有趣的现象，当时我并不知道这个情况，韩少功同学见状，就抽走了他那一篇，以后两篇文章在不同的刊物都发表了。"①

这段时间，王朝垠对韩少功关爱有加，曾在他狭小的家，用啤酒、凉菜和临时小床接待进京改稿的韩少功。韩少功的《月兰》被《小说季刊》1980年第1期转载时，王朝垠写"作品小析"推荐韩少功"是我国近年出现的值得注意的青年作者之一"，"他正年富力强，也还需要努力学习，以为自己从事文学事业打下坚实基础"。吴若增在《处女作问世》一文中谈及王朝垠时说："有一个说法没有得到证实，是说韩少功当时正在北京。《人民文学》人手不够，便拿了一些稿子请他代审。韩少功审过之后，从那堆稿子里选了《盲点》，还选了李功达的一篇（按：指《小路》），并大力推荐，这才使得《盲点》得以二审。"如此说属实，可见王朝垠培养韩少功之悉心。

---

① 刘健安：《创作——炼狱》，《写作》1985年第9期。

《笋妹》刊《少年文艺》第 2 期。小说写十二岁的小姑娘笋妹机智、勇敢地帮助红军战士完成任务，母亲被敌人杀害后，她参加红军继续革命。

3 月　就读湖南师范学院中文系，韩少功被编入 77 级 3 班，全班共 63 名学生，年龄相差悬殊，最大的 38 岁，最小的 16 岁。《青春之约》一文记录了 2008 年 3 月 3 班同学回校聚会的情景：郑宪春、龙文斌、黄瑛、武吉海、廖真、王宏、施蓉、王彩华、李评、唐华、张海沙等同学与老师王大年等回忆当时的读书与生活，并刊载班级的毕业照、十二位同学毕业时在韩少功家里临别聚会后的照片（韩少功命名为"麓山十二贤"）、韩少功的大幅个人照片，还登出杨晓萍、吴郴临、范小新、罗天明、王达、吕焕斌等班级部分学生的学号与名单。① 韩少功曾为杨晓萍、武吉海的作品作序。

当时湖南师范学院具有浓郁的文学氛围，何立伟、韩少功、张新奇、钟铁夫、田舒强、骆晓戈等，都钟情于文学创作。在入学后的两年多时间里，韩少功曾与王蒙、金观涛、北岛、蒋子龙、陈国凯、吴亮、南帆、苏炜等人交往。

4 月 20 日　湖南省文艺界在长沙召开会议，正式恢复湖南省文学艺术界联合会。

4 月　《山路》刊《广东文艺》第 4 期。小说塑造了响应学习雷锋号召从市邮电局调到山村后一心要求进步、为人民服务的向春英形象。

5 月 11 日　《光明日报》发表该报特约评论员文章《实践是检验真理的唯一标准》，引发关于真理标准的大讨论。与安徽、辽宁、广东等省相比，湖南省委思想解放的步伐较慢，文艺界"左"的思想较为严重。

9 月　与莫应丰、张新奇、贺梦凡等人组织"五四"文学社，韩少功是该社的中坚，他们在长沙市闹市区和湖南师范学院校内搞起了"民主墙"。当年就"实践是检验真理的唯一标准"问题，湖南最落后，迟迟不表态。韩少功偕同学在长沙"民主墙"绘一中国地图，大陆各省皆涂成红色，唯有湖南是一片白色。"我当时是走读生，有了孩子，还写小说，还折腾政治，比如邀一些人贴大字报，炮轰地方领导压制有关'真理标准'的讨论。"韩少功任湖南师范学院壁报"新长征"主编，第一期

---

① 吕焕斌主编：《共和国深处的历史记忆》，湖南人民出版社 2010 年版。

壁报就刊登文章，公开呼吁为"天安门事件"平反，还刊登梁恒主张为"四五"运动翻案的哲理小说，在湖南省第一次冲破禁令提出批"两个凡是"，连续几日围观者人山人海。为此，学校政工干部不断找韩少功谈话。

读大学期间，韩少功必须完成全部学业，参加全部考试。因为有名气，他还经常参加各种社会活动，如学校的"教改"、团省委的会议、文联作协的活动。他还是业余编辑，经常负责审阅班上的系里的，认得的不认得的，本地找来的外地寄来的小说、散文稿。为搞好创作，他还利用课余和假期进工厂、下农村，到下放的"故乡"，到屈原投江的"圣地"去体验生活。他还大量阅读 19 世纪批判现实主义译作，"更刺激了我为民请命的意愿"。

12 月　与梁预立结婚，借居市医药公司宿舍一间，约 12 平方米。在这里韩少功完成了小说《月兰》的创作。

《夜宿青江铺》刊《人民文学》第 12 期。小说塑造了一个与民同甘苦、作风朴实、深入群众的地委副书记形象，同时批判了对民工冷淡的女服务员和颐指气使的"吴党委"。

一九七九年　二十六岁

1月　中共汨罗县委编，甘征文、韩少功执笔的传记《任弼时》由湖南人民出版社出版。尽管韩少功曾跨越八个省、市搜集任弼时史料，曾采访王首道、刘英、李贞、李维汉、罗章龙、萧三、帅孟奇、张子意、肖克等前辈，但仍存在某些不足。任弼时家人表示满意。陈云题写书名，却因出版社遗失原件，后终未采用。吴藤凰曾对书中的一些史料进行了订正，并指出："我们写共产党人的传略，更应该持严肃、忠实的科学态度。把任弼时同志一开始就写成'坚定'成熟的革命家，丝毫没有'幼稚'、'天真'的举动，实在违背了历史。"① 韩少功曾对好友刘杰英戏说：完成《任弼时》之后，"我的词都用完了"，为此他在大学期间认真学习中国古典文学，还结合着英语的学习阅读外国短篇小说。

2月　小说《战俘》刊《湘江文艺》1—2期合刊，入选《湖南短篇小说选1949—1979》（湖南人民出版社1979年版）。小说塑造了当了战俘的国民党军军官赵汉笙形象，显示出作者执意摆脱僵化的"阶级论"的影响，发掘人物性格的丰富性、复杂性和真实性。作者把赵汉笙对信念的严肃态度与儒家文化中重节操、重修身的积极传统联系起来。小说的材料来源，是韩少功为写《任弼时》调查材料时，在老革命根据地搜集的革命故事。

3月　中国文联组织徐光耀、袁静、刘真、鲍昌、邓友梅、王昌定、公刘、邵燕祥、柯岩、未央、王以平、叶蔚林、王路遥、韩少功、郑万隆等七十多名作家、艺术家，到广西和云南战争前线采访。② 韩少功被派

---

① 吴藤凰：《关于任弼时的史料》，《读书》1981年第5期。
② 周明、王南宁：《穿行在千里边防线上——记中国文联赴广西、云南前线访问团》，《文艺报》1979年第6期。

往陆军第 50 军随军行动，他为战争的残酷而震惊，在对好友骆晓戈讲述时说："山口都是坟，灰灰的墓碑，遍山遍岭……""小房里贴着的白窗纸被震得呜呜地响"①。三十年后，韩少功根据这段经历，创作了短篇小说《能不忆边关》(《中国作家》2009 年第 17 期)。

4 月　小说《月兰》刊《人民文学》第 4 期，《新华文摘》1979 年第 4 期、《新华月报（文摘版）》1979 年第 4 期、《小说季刊》1980 年第 1 期转载。《月兰》原名《最后四只鸡》，作品屡遭退稿，湖南的刊物不敢发表。韩少功差点放弃，在王朝垠的极力推荐和主编李季的支持下刊出。为冲淡小说的尖锐性，改题为《月兰》。在《人民文学》第 4 期要目广告上，题目是《最后四只鸡》，而刊物出版后改题为《月兰》，在读者中引起误会，以为《最后四只鸡》有"问题"被临时抽下，补上了《月兰》。韩少功一年多连续在《人民文学》发表了三篇小说，有赖于编辑部负责湖南片的王朝垠及他背后涂光群的支持。"编辑们用了一点激将法，对李季说：李老，你总说你思想解放，这次看一下你是真解放还是假解放：这个稿子你敢不敢发？李季看了以后说，可以发嘛。这个稿子就出笼了。"小说发表后受到批评："我所在大学的一个副校长，一位延安来的文人，就亲自写文章批我。湖南老作家康濯也是延安来的，忧心忡忡，要我把作品改一改。最后他见我没有动手，就亲自操刀，给这一篇加了两千多字的光明面。"② 在《月兰》第一稿中，韩少功把月兰的肖像写得很美，似乎女主人公貌美命薄，更可以引人怜悯，后来发现同生活原型相差太远，同生活逻辑发生矛盾，在第二稿中进行了修改。

《月兰》发表前，3 月底魏京生被逮捕，4 月理论务虚会结束，邓小平提出"坚持四项基本原则"。《月兰》因描写农村生活的"阴暗面"，曾被苏联电台广播、中国台湾地区媒体转载，成为他们宣传中国革命失败的证据，韩少功还被视为"中国文坛有希望的重要人物"。因此，国内有人在会议上或写文章对这篇小说提出质疑。在本年度全国优秀短篇小说评选中，《月兰》在读者推选过程中的得票率很高，但被取消了评奖资格。

5 月 20 日　《志愿指挥员》刊《湖南日报》。

---

① 骆晓戈：《韩少功印象》，《芙蓉》1986 年第 5 期。
② 马国川：《韩少功："寻根"》，《经济观察报》2008 年 3 月 31 日。

5月 创作《调动》，后刊 1980 年《文艺生活》。

7月 创作《离婚》。

8月 《"文艺是阶级斗争的工具说"质疑》刊《湖南师院学报》第 4 期，署名"少功"。

10月 赴京参加第四次文代会。经康濯介绍，韩少功"火线入会"，成为中国作协会员。在京期间，与刚出狱并借调北京工作的杨曦光见面，在徐晓引见下，与北京的一些大学生团体聚会，与广东作家孔捷生一起去参加《今天》杂志的例会："北岛主持会议。陈迈平参与张罗。有人朗诵诗，有人捧读小说，都是各自的新作，然后席地而坐或靠门斜立的文青们投入热烈讨论，有一种群策群力联合攻关的文学大生产劲头，作为北岛带来的客人，孔捷生不把自己当外人，以粤式普通话喷了一通写作经验，要求把某篇小说至少砍掉一半，搞得作者脸上有点挂不住。"韩少功自费购买《今天》创刊号 100 本，带回长沙散发给朋友。

本年 湖南师范学院中文系 77 级 3 班班委会创办油印文学刊物《枫林》，刊名取自岳麓山下的枫林，韩少功和刘健安担任主编（见刘健安《创作——炼狱》）。当时湖南师范学院还办有朝暾文学社，1978 年创办油印诗歌刊物《朝暾文学》。

团省委为庆祝新中国成立 30 周年，举行首届湖南省青年文学创作竞赛，收到应征作品 1500 多件，贺晓彤等 33 名青年获奖。

当时韩少功等湖南籍文学青年，经常在叶蔚林家聚谈，"聊到半夜一点了，莫应丰一看手表，咦，该回家了，毛妹子等我哩。毛妹子是他太太，他常说他不回去，毛妹子就睡不着。我们当然不会放他走。我们说：还刚开始哩，不能走！又过一阵：啊，三点了，明天还要开党组会哩！我们把在门边，说：都还没尽兴哩，党组会哪里有小组会有味道！不知不觉，天就亮了，莫应丰才真着起急来。他怕毛妹子生怒。我们说：我们给你写证明。于是找纸，由我操刀，写道：兹证明莫应丰同我们聊了一夜天。然后按年龄大小签名：叶蔚林、孙健忠、聂鑫森、叶之蓁、张新奇、韩少功……签过名，我又找出一瓶红药水，让每个人再盖上手指印。莫应丰把证明拿过去，左看一眼，右看一眼，然后说：干脆，我也签个名!"① 可见当时湖南文学界文学气氛之浓郁。

本年度重要研究论著

蒋静：《一个发人深省的悲剧——评韩少功的〈月兰〉》，《湖南师范学院学报》第 4 期。

朱璞：《本质、真实与粉饰——从对〈月兰〉的不同评价谈起》，《武汉文艺》第 6 期。

---

① 肖建国：《遥想莫应丰》，《五十年花地精品选》（散文卷上），花城出版社 2009 年版，第 24—25 页。

一九八〇年　二十七岁

1月16日　张盛良《传记文学创作的有益探索——评长篇文学传记〈任弼时〉》刊《人民日报》。

1月　女儿韩寒出生。女儿出生前后，正值学校期末考试，韩少功惜时如金，完成小说《西望茅草地》。若干年后，韩寒考入南京大学，留学美国学习环境科学专业，在美国成家立业后回国工作。

2月　胡英《文苑新秀韩少功》刊《湖南画报》第2期，同期刊出《文坛老将康濯》（附照片）。该文介绍韩少功参加文代会的情况，并附韩少功照片二幅，一为韩少功在大学听课照，二为回校后"向战友传达全国文代会精神"。

小说《人人都有记忆》刊《湖南群众文艺》第2期。这是一篇典型的干预生活之作，以自己在文化馆的生活经验为基础，揭露文化馆人事安排的弊端：不适合文化工作的人利用裙带关系进入文化馆，想要的人才却进不来，想改变这一状况的文化馆馆长也最终被调离。

短篇小说《吴四老倌》刊《湘江文艺》第2期。

4月3日　创作短篇小说《申诉状》。

4月15—29日　湖南省文联第四次代表大会、作协第三次代表大会召开。康濯作《为新时期湖南文学艺术的繁荣而奋斗》的报告（刊《湘江文艺》第5—6期），康濯任湖南文联主席，张力更、朱惠然、蒋燕、谷曼、王剑青、陈白一、未央、谢璞、胡代炜、铁可任副主席。

4月　短篇小说《起诉》刊《芙蓉》第2期。

5月　创作中篇小说《回声》，刊《小说季刊》第2期。"《回声》原是一部十二万字以上的长篇架子。他惨淡经营、巧妙构思，积极地削减故事的情节，精心地提炼纷繁的细节，注意语言的高度浓缩，几经易稿，最后只用六万来字写成了一个内涵更为丰富，分量更为实重，形式更为活泼的中篇小说。"（沈端民《不懈的竞技者》）韩少功后来说："我还和湖南的中年乡土文学作家孙健忠讨论过这样的问题：怎样突破传统的局限？怎样使乡土文学更能满足现代青年的思维需求和美感需求？我想可以向'现代派'吸收一些长处，来增强自己认识和表现生活的能力——在《回声》等作品中曾作了这样的试验。"

6 月　儿童题材短篇小说《火花亮在夜空》刊《上海文学》第 6 期。

《也要为非政治的社会实践服务》刊《湖南群众文艺》第 6 期。论文表达了作者希望从高度政治化的文学规范中解放出来的愿望。

7 月　创作儿童题材短篇小说《晨笛》，后改名为《孩子与牛》。

8 月　创作短篇小说《癌》，刊《湘江文艺》第 11 期。

岳阳地区文联主办的《洞庭湖》双月刊创刊。本年度刊出韩少功小说《离婚》。

8 月底至 9 月上旬　五届全国人大三次会议召开，北京大学、清华大学、北京师范大学以及全国多所高校开始酝酿"大学生竞选运动"。

9 月 6 日　国务院知青办下发《关于当前知识青年上山下乡工作的几点意见》，明确提出不再动员城镇知识青年下乡。

9 月　湖南师范大学学生竞选人民代表，因校方阻挠，引发绝食抗议的学潮，长沙其他大学学生响应，工人、市民亦声援学生。

韩少功开始是同情学生的，指责院领导的措施激起民怨。他甚至出面充当学生总代表，但提出了自己的条件：第一，不搞过激行为，不提过激口号；第二，不成立跨行业和跨地区组织；第三，停止绝食和尽快复课。但在缺乏组织和程序的"民主大跃进"中，他的态度被视为胆怯和妥协，各系代表以多数名义否决了他的建议。

这次学潮对韩少功触动很深，他对民主运动内部的黑暗感到惊讶，对民族的素质包括知识分子的素质感到悲观。这次学潮是韩少功文学观念转变的契机，此前他的文学活动多与政治和改革宣传相关，此后的作品开始有人性深度。"年轻人在学潮中争权夺利，民主队伍内部迅速产生专制，使我对自己的政治产生新的反省"，"正是这一系列亲身体验，使我对自己的政治行为有所反省。挞伐官僚主义、抗议特权、揭露伤痕、要求民主和自由，这些固然很重要，但政治和革命能不能解决一切问题？在另一方面，具有良好效益的政治和革命，需要哪些文化的和人性的条件？一想到这一层，事情就不那么简单了。恰好在这个时候，国门大开，很多西方的学术和文学作品一拥而入，使我们受到刺激和启发，眼界大开。我希望自己对人性、文化有更多的关注，对新形态的小说有所试验。"①

10月9日   参加《芙蓉》编辑部召开的文学座谈会，《芙蓉》主编康濯、胡代炜主持会议，戈壁舟、梁信、林斤澜、邓友梅、丛维熙、刘绍棠、陈国凯、蒋子龙等参加。韩少功的发言引起大家浓厚的兴趣，他说："现在我们年青人的想法很多，也很乱。创作要遵循现实主义的原则，我是很赞成的；问题是我们的文学作品是写人的，怎么认识人是一个关键。是将各种人物都放在政治的天平上衡量一下，每个人都有一个固定的模式？过去对各种人物的处理，都是强调他们的阶级属性，按人物的阶级地位来决定他们的思想行动的。这样，有些是可以解释得清楚的，有的就解释不清楚。例如，地主有刘文彩，也有李鼎铭；贫农大多心地淳朴，但也有心地狡诈，甚至很坏的。可见人的思想意识并不一定完全由他所处的经济地位来决定"，"我们现在的文艺理论简单化，大学教科书尤其如此"，"人性是有的，说没有超阶级的人性就不全面。还有，我们现在有些作品，把反官僚主义的人物都写得很高大，也不见得真实。反官僚主义的人有时也可能出自个人恩怨，不见得人人都是英雄，我们不能旧的套子去了，又出现新的套子。我们要认识人，还有许多问题要研究，要从生活中去研究，要从阶级、道德、宗教、政治、经济等方面去研究。"②

10月   《西望茅草地》刊《人民文学》第10期。作者后来在访谈中说：张种田的原型是其很熟悉的一类干部。他们文化水平不高，属于山沟沟里出来的马列主义，革命造就的权威使他们看不到自己的弱点，在和平建设时期显得很尴尬。在写作这篇小说时，韩少功政治经济学的根底发挥了作用。小说曾投稿给《湘江文艺》被退稿。暑假期间韩少功亲自到北京向《人民文学》投稿，初审者、复审者基本肯定，但副主编差点否定，他自己就是经历了战争的老干部，对老干部形象的描写持极为谨慎的态度。小说组为此专门召开了讨论会，一些编辑充分谈了张种田

---

①   韩少功：《鸟的传人——答台湾作家施叔青》，《大题小作》，人民文学出版社2008年版，第106—107页。

②   《芙蓉盛会文苑心音——〈芙蓉〉文学座谈会侧记》，《芙蓉》1981年第1期。

的形象值得肯定的理由；副主编具体细致地谈了张种田形象的某些不足，有些很富有建设性，值得作者参考，达成共识后请作者来京修改后予以发表。作品发表后，曾被电台多次广播，"青年导演吴子牛曾想把《西望茅草地》拍成电影，青年电影制片厂也立了项。但剧本送到农垦部审查，领导觉得不满意，认为它涉嫌丑化老干部形象，结果给毙了，没通过。这是一九八二年的事，当时许多老干部复出，农垦部觉得不能给他们抹黑。"①

《西望茅草地》获本年度全国优秀短篇小说奖，"评定 1980 年全国优秀短篇小说奖之际，《人民文学》编辑部曾由张光年（他兼任《人民文学》主编）主持召集了一次作品的预选讨论会。在这个会上，编辑部一些同志发言，力主将韩少功的《西望茅草地》列入候选作品中。张光年认真听取并采纳了这个意见，这就为《西望茅草地》最终入选全国优秀短篇之列创造了条件"②。小说在中学产生影响，北大附中在课堂上曾做专门讨论。③

本年 《中国青年》在桂林组织的青年作家笔会，参加者有湖南作家张新奇、叶之臻、晓宫，江苏作家徐乃建、赵本夫，江西作家金岱，上海作家陈村，北京作家肖茅等，韩少功因事未能参加此次笔会。日后，徐乃建曾参与韩少功的《海南纪实》，停刊后回南京。《中国青年》编辑朱伟参与这次笔会的组织工作，后曾任《人民文学》编辑、《三联生活周刊》主编，著有《韩少功：仍有人仰望星空》（《三联生活周刊》2016 年第 32—36 期）。

湖南省第二届青年文学创作竞赛，应征作品 2000 多件，38 名青年获奖，韩少功《同志交响曲》（后收入选集时改名为《同志时代》）获一等奖。

韩少功这个时期的小说，更关注"经济""政治"与"人性"的关系。《月兰》《回声》《西望茅草地》等基本上是"社会小说"，以思考改造社会的道路为创作的根本意图，与先前的作品相比，人物形象逐渐丰

---

① 韩少功：《鸟的传人——答台湾作家施叔青》，《大题小作》，人民文学出版社 2008 年版，第 106 页。

② 涂光群：《韩少功和〈西望茅草地〉》，《中国三代作家纪实》，中国文联出版公司 1995 年版，第 482 页。

③ 《增设"当代文艺讲座"课的尝试》，《人民教育》1981 年第 2 期。

富、复杂起来，挣脱了旧文学规范的束缚。韩少功曾说他在1978—1979年的小说"大多是激愤的不平之鸣，基本主题是'为民请命'"，而"1980年的创作相对来说冷静了一些，似乎更多了些痛定泪干之后的思索"。①

本年度重要研究论著

岑桑：《〈月兰〉欣赏》，《作品》第1期。

----

① 韩少功：《学步回顾——代跋》，《月兰》，广东人民出版社1981年版，第266—267页。

一九八一年　二十八岁

1月1日　韩少功撰文坦率地承认自己的烦恼："关心理论已成嗜好，抽象剖析已成习惯"、"文学形象有时也不足以表达这些思想，这是我至今没有摆脱的苦恼"。沈端民曾指出韩少功这样说的原因："有一次，他满腔热情地将一篇初稿送给一位朋友看，那位朋友看后，说他不是在写小说。他听了这火辣辣的话，坐卧不安，深刻自省。"（沈端民《不懈的竞技者》）

1月　小说《晨笛》刊《芳草》第1期。

《宝塔山下正气篇——记任弼时同志在"抢救"运动中与康生的斗争》刊《湘江文艺》第1期，署名"艄公"。

2月　《道上人匆匆》刊《青春》第2期。

5月　第一部中短篇小说集《月兰》由广东人民出版社出版，收录小说《七月洪峰》《夜宿青江铺》《战俘》《吴四老倌》《月兰》《火花亮在夜空》《雨纷纷》《西望茅草地》《回声》。在《学步回顾——代跋》中，韩少功总结过去的创作："力图写出农民这个中华民族主体身上的种种弱点，揭示封建意识是如何在贫穷、愚昧的土壤上得以生长并毒害人民的，揭示封建专制主义和无政府主义是如何对立又如何统一的，追溯它们的社会根源。""我还想通过小说剖析一些问题：人性和阶级性的关系；政治和超政治矛盾的关系；人在环境中被动性和自主性的关系；集体主义和个人主义的关系。""思想性往往破坏艺术性，文学形象有时也不足以表达这些思想性，这是我至今没有摆脱的苦恼。在我的'知识结构'和'社交结构'中，哲学和政治始终闪着诱人的光辉。关心理论已成嗜好，抽象剖析已成习惯。"自己的创作手法"基本上还是传统的'白描、叙事、写实'……可能与自己的题材选择、文学素养和处世态度有关"，"我在农村生活了近十年……创作素材暂时主要来源是农村。要表现泥土、山泉、草籽花、荷锄的'月兰'、卷喇叭筒的'张种田',传统手法有时用起来更方便,乡土语言有时更能传达生活气息。""我对上两个世纪的现实主义作品有较深的印象,湖南不少前辈作家的风格也给我很大影响……我在动笔时往往更多地想到庄重质朴的托尔斯泰和鲁迅,而不是奇诡凄迷的加缪、萨特、卡夫卡","我总希望自己保持一种生活的积极,正视现实,面对客观而不沉溺于主观……因此,'现代派'作品中大量出现的反常、跳荡和隐晦,就往往被我排斥于稿纸之外。"

6月19日　湖南省文联、作协在长沙举行庆贺文学创作获奖会,表彰本年获得全国奖的作家韩少功、叶蔚林、孙健忠、未央等。

6月　短篇小说《同志交响曲》刊《芙蓉》第2期,后获《芙蓉》文学奖。小说中的"将军"以王震为原型,肯定解放军官兵在农垦工作中的贡献和成绩,韩少功试图以客观、辩证的态度处理革命历史中"大老粗"和"知识分子"的关系,对"革命史"持辩证分析的态度。在当时曾出现叶文福《将军,不能这样做》、李鉴钊《将军和士兵》等许多批判解放军将领的作品,并被上升到否定革命历史与革命传统的高度。

《留给"茅草地"的思索》刊《小说选刊》第6期。韩少功强调"人物的复杂性是应该受重视的","张种田们的落伍是必然的,他不过是实现悲剧的工具。而且他的忠诚无私,他的坚强和豪爽,是不是使他的人生更具悲剧性从而更值得我们感叹?""除了传达思想,我更希望抒发郁结于心的复杂情感","在语言文字上汲取传统派与现代派两家的长处。注意写实,也注意写虚。讲究对客观事物朴素的白描,又着力表现主观大脑对声、光、色的变态感觉。"韩少功顺应文学潮流,在对人物形象的"复杂性"与艺术形式的"多样性"的追求中,逐渐突破旧意识形态和文学规范的束缚,但却没有走向否定一切革命遗产的极端。

7月5日　湖南《年轻人》杂志创刊,刊发黄新心《麓山枫叶正青青——记湖南师院韩少功等文学青年》。

7月　创作短篇小说《反光镜里》,后刊《青年文学》1982年第2期,同期刊出蓝宇写的作品小析《心潮,凝聚着时代的光和影》。在收入选集时改名为《后视镜里》。

《飞过蓝天》刊《中国青年》第13期。该小说为《中国青年》举办的"'五四'青年文学奖"短篇小说征文,获当年全国五四文学奖和本年度全国优秀短篇小说奖。小说没有把知青作为历史的受害者,批判的矛头指向知青自身的弱点。

《长沙文艺》恢复出版。

9月 《风吹唢呐声》刊《人民文学》第9期，《小说选刊》第12期转载，《通俗文学选刊》1982年第3期转载。小说通过德琪（哑巴）、德成兄弟俩的对比，追索政治、经济与人性的复杂关系：革命时代政治教育对人性的塑造，改革时代金钱对人性的扭曲，孰是孰非孰优孰劣，韩少功对此充满犹疑和焦虑。王安忆觉得哑巴写得非常好，断定这个人物不是虚构的，后来问韩少功，韩少功回答说这个人物是真的，连名字都没有改，每个细节都是真的。

文论《用思想的光芒照亮生活》刊《中国青年》第17—18期。该文为韩少功对青年文学爱好者余运信、陈传保的答复信。韩少功说："当强调生活是创作的源泉的时候，切不要丢掉另一句话：生活是靠思想来发掘，来选择，来提炼，来剖析的。具有同等生活阅历的作者，创作成就的大小，往往取决于他们思想的深浅、认识水平的高下。"韩少功认为思想很重要：有了思想，就不会感到题材的穷缺；只有过时的观念，没有过时的题材；注意更换视角，注意调整景深焦距，题材是可以常掘常新的；有了思想，也能加强组织情节的能力；有了思想，还能帮助丰富语言。"为了补课，我不得不拿出很多时间来与哲学、社会科学打交道，想多了解点马列，了解历史和现状，也了解康德、罗素、汤因比和凯恩斯……为了不让这些东西破坏形象思维，我常常又不得不强迫自己从成堆的概念中跳出来，暂时'忘记'一切理论框架，直接面对生活形象，进行忠于事实的观察和描绘。因此我的思路往往是混乱曲折的，有时用形象修正思想，有时用思想去度量形象。我的笔记也是很杂乱的，其中有哲人语录、论著梗概、朋友高论、街谈巷议、思考线索、人物素描、情节小品、偶得妙句、方言土语、景物速写、创作体会、构思草图，外加一些仅自己能懂的箭头图表，甚至有些'意识流'式的胡思乱想。还未找到一种提高思想艺术素养的好方法，思想与生活、艺术之间有很大的距离，这是我的苦恼和耽忧所在。"

10月9—10日 韩少功参加《文艺报》与湖南省作协在长沙召开的"农村题材小说创作座谈会"。《文艺报》编辑刘锡诚主持座谈会。座谈会纪要《如何深刻地反映农村生活?》刊于《文艺报》第21期。

12月2日 吕坎《他从山道上走来——记青年作家韩少功》刊《湖

南日报》。

12 月　短篇小说《谷雨茶》刊《北京文学》第 12 期。

本年　创作《"本质"浅议》（又名《"本质论"三议》），文章就文学界讨论的文艺反映生活本质的问题指出：不存在一成不变的"绝对本质"，不存在脱离现象的"纯粹本质"，反映生活与反映生活本质不可截然分开但又有细微而重要的差异，文艺的根本出路在于遵从艺术规律，恢复文艺的正常机制，用"文艺反映生活"口号取代"文艺反映生活本质"口号。

本年度重要研究论著

罗守让：《一个农场场长的悲剧》，《湘江文艺》第 6 期。

王正湘、辛杉：《发人深省的一课——读短篇小说〈西望茅草地〉》，《新湘评论》第 6 期。

罗建南：《是该笑的时候了——〈西望茅草地〉读后》，《湘图通讯》第 2 期。

蒋守谦：《韩少功及其创作》，《文艺报》第 19 期。

一九八二年　二十九岁

1月15日　湖南省临湘县余少华、李开北、肖飞、路露、卢取华等人创办油印文学双月刊《小荷》，韩少功曾对《小荷》多有支持（余少华《苦命的男人》）。

1月21日　向湖南师范学院交还学生证，领取毕业证。"但我想，学不可以已——我今后还将是一个没有学生证的学生。而如果说少数作品也能得到部分读者欢迎，那只是极有限的进步，离人民的要求尚远。"（《难在不诱于时利》）

1月22日　回信给《湘江文学》（原《湘江文艺》）编辑部，谈及自己"进步不快的原因"："败于自己缺乏端正的创作态度"，"急功好利，趋时附势"，并自我警戒。该信全文以《难在不诱于时利》为题刊《湘江文学》第4期。

1月　《湘江文艺》改刊名为《湘江文学》。

短篇小说《近邻》刊《洞庭湖》第1—2月号。

2月　到湖南省总工会筹办《主人翁》杂志，该年10月正式创刊，1984年下半年更名为《朋友》，1985年10月又恢复《主人翁》刊名，1987年12月停刊，共出刊64期。韩少功工作至1985年4月。参与编辑工作的同事有骆晓戈、姜贻斌等。

韩少功在大学期间，曾两次获全国奖。按世俗的说法，他的工作分配并不理想。本年，骆晓戈去湘西通道县侗族地区参加歌会，回来后兴奋地告诉韩少功：她在湘西苗、侗、瑶、土家所分布的崇山峻岭里找到了还活着的楚文化，只有在那里才能更好地体会到《楚辞》中神秘、奇丽、狂放、孤愤的境界。此后，韩少功开始更多地关注湘西文化。

大学毕业后，韩少功家住长沙市西"银盆岭新村10—2—8"。何立伟经常骑单车越过湘江路唯一一座大桥，到韩少功家的梧桐树下闲谈。刘杰英等好友也经常到韩家聊天、吃饭。

3月22日　第四届全国优秀短篇小说颁奖大会召开，韩少功赴京领奖。颁奖会组织香山春游。

3月23—26日　中国作协组织获奖作者座谈会，交流学习《在延安文艺座谈会上的讲话》的心得。《人民文学》第5期以"沿着《讲话》开创的道路继续前进"为题，刊出韩少功、古华、周克芹、汪曾祺、刘绍棠、林斤澜、陈建功、航鹰、简嘉、乌热尔图等部分获奖作者在座谈会上的发言。韩少功发言的题目为《由〈毁灭〉所想起的》：

> 《毁灭》是毛泽东同志在《讲话》中所推崇的仅有的一部小说，无疑是我们理解《讲话》时应该认真注意的。这部小说表现革命历史，基本上无粉饰，非图解，没有钻热门、"赶中心"的高调，也无"高大全"超人的光环，冷峻的真实中见热烈的理想。其中有些章节，在某些人看来还似有"诋毁革命"之嫌。很自然，一段时间内，它在一片对《讲话》的歌颂声中，却被某些人视为禁书，而美化历史和神化英雄之法，却视为创作正道。这一幅奇怪的讽刺画，不应该再用来包装推销"左"的私货了。美化历史，只会引来读者对"历史"的怀疑；神化英雄，只能使读者与"英雄"疏远。这样的作品，脱离生活，可能有一时的功利，但从长远来说，对革命没有多大好处。但愿自己重温《讲话》，今后更严肃创作态度，创作中力戒虚假，在生活中学习、锻炼、提高。

后来，韩少功在谈及左翼文学时曾说："知识分子要向农民学习是毛泽东在《讲话》里的主体思想，《讲话》还提出文艺要为政治服务。在那个时代都是有一定的合理性的，在民族危亡，亡国亡种之际，要找出路，知识分子的目光都集中在政治之上，是有必要且十分合理的。《讲话》的出现是有历史背景的"，"《讲话》中也有很内行的话：洋为中用、古为今用、普及与提高的关系、源与流的关系、文艺家要和大众有更多的接触，没有错。但是，不能否认'人民性'和'政治性'的历史合理性"。①

3月28日　丁玲在北京寓所会见韩少功与古华。

4月9日　湖南省创作授奖大会在长沙举行，韩少功《月兰》为获奖作品之一。

4月25日　胡健《感受　思索　追求——访青年作家韩少功》刊《工人日报》。

5月　长沙市文联将《长沙文艺》改刊为《新创作》，试刊号出版，沈从文题写刊名，萧三题词。本期刊发沈端民《不懈的竞技者——记青年作家韩少功》。其中透露出这年春节韩少功与朋友谈心时说的创作想法："我正在收集材料，反映那些属于'正在进行式'的生活。"

6月14日　《风吹唢呐声》导演叶向真至陈荒煤处谈电影剧本问题。

7月10日　《新创作》双月刊正式创刊，"以扶植文坛新秀为己任，努力作当代青年的知音"，编辑贺梦凡、张新奇、田舒强等，均为湖南师范学院优秀毕业生，韩少功的好友。《新创作》编辑部曾开办小说学习班，邀请韩少功前来讲课，工作之余，他们常联床交谈至深夜。《新创作》曾发表过根子的诗歌《白洋淀》，韩少功也在该刊发表过一些作品。

7月　韩少功从湖南师范学院毕业。毕业后经常回母校补习英语和中国古典文学。当时在外语系执教的谢少波，定期为韩少功私下辅导，两人在杂乱破旧的教工宿舍楼里醉心于英文诗歌和小说。

代表《主人翁》杂志到天津约稿，《新港》编辑部在友谊宾馆设宴招待，蒋子龙、冯骥才出席，韩少功访谈蒋子龙，以《进攻者的性格——访工人作家蒋子龙》发表于《主人翁》创刊号。

9月　短篇小说《寻找月光》刊《新创作》第9—10月号（总第2期）。

秋　参加长沙市作协在河田公社乌川水库举办的创作学习班，与陶冶等交往。②

深秋　与萧育轩、左顾一起举行入党宣誓仪式，韩少功作为代表发表入党感受。

---

① 《文学资源与作家的选择——韩少功访谈》，《革命与游戏——2012秋讲·韩少功　格非卷》，长江文艺出版社2013年版，第217页。

② 陶冶：《难忘韩少功》，《湖南日报》2013年4月13日。

10月 散文《莫应丰印象》刊《文汇月刊》第10期。

11月6日 丁玲在长沙蓉园宾馆与莫应丰、古华、韩少功、叶蔚林、谭谈等中青年作家座谈。

11月 文论《文学创作的"二律背反"》刊《上海文学》第11期，《复印报刊资料（文艺理论）》第22期转载。韩少功认为文学创作中存在"作者必须有较高的理论素养"与"作者无须有较高的理论素养"，"作者必须照顾多数读者的口味"与"作者无须照顾大多数读者的口味"，"作者必须讲究政治功利"与"作者无须太讲究政治功利"，"作者必须注意自己的统一风格"与"作者无须注意自己的统一风格"等几对"二律背反"。"作者们也许只应具体分析自己的现状，反省缺点，清查条件，再加上自我设计，从而决定自己遵循何种创作指导。这样上述命题可能就会因时因地各自找到适用域"。本文显示出韩少功在新旧文学观念之间的游移。文章发表后，钱念孙与韩少功在《上海文学》展开反复辩论，引起文学界的广泛关注。王蒙曾对"二律背反"发表意见。韩少功曾说："我与王蒙在思想上有同有异，比如八十年代他不承认规律有多样性，反对我提'二律背反'，我认为他稍'左'；九十年代他对'道德''理想'这样的词特别有情绪，我认为他过'右'。"①

中篇小说《那晨风，那柳岸》刊《芙蓉》第6期。

12月17日 《中国青年》在京举行"五四青年文学奖"短篇小说征文授奖大会，韩少功《飞过蓝天》、祖慰《矮的升华》、王安忆《庸常之辈》、晓宫《瓦灰色的楼房》、刘富道《直线加方块的韵律》、陈村《蓝旗》等十三篇作品获奖。中央政治局委员王震、中宣部副部长贺敬之以及丁玲、冯牧、陈昊苏等出席大会，王震握手接见韩少功等人。后雷达、何志云分别对获奖小说写出长篇评论。

12月 文论《创作得失与作者性格》刊《湘江文学》第12期。

本年 《风吹唢呐声》被改编成电影，由凌子（叶向真）执导，潇湘电影制片厂拍摄，"只准内销，禁止外销"。"剧本先后改了八次，还是没有通过审查"，后来"勉勉强强通过了。这部电影出来后，有三个电影节

---

① 韩少功：《进步的回退》，上海文艺出版社2012年版，第160页。

要拿去放映"。①

赴新疆考察，并写作《戈壁听沙》，该文呈现出作者对语言问题的思考。韩少功这次到新疆，目的是搜集王震的材料。

陈实司令员说："今天叫你来，是有一项重要任务要交给你。我的老领导王首道同志（曾任三五九旅政治委员），现在是湖南省委书记，他亲笔给我写来一封信，派湖南一位名叫韩少功的作家，到新疆来收集有关国务院副总理王震同志的材料，以便进行创作。……所以就决定要你去和他共同完成这个任务。至于采访哪些领导，哪些人，你都不要管，我会给你们联系好，安排好，我只希望你们能把王胡子好好的写一写。""韩少功同志到了以后，司令员就把我叫了过去，司令员介绍韩少功和我认识以后，随即交给我一份名单，上面写着王恩茂、郭鹏、张希钦、熊晃、傅志华等自治区和军区一批高级干部的名字以及他们秘书的名字和电话号码，我一看觉得这实在是太隆重了，自治区、军区、兵团的一把手都在里面，还有自治区烟酒糖业公司一个给王震喂过马的马夫和一个做过饭的伙夫的名字，他们都是王震的部下，这是陈实司令员通过调查了解以后并逐个联系好了而制定出来的名单……我没想到司令员对这次采访会这么重视，又会是如此认真细致地作安排。在将近一个月的时间里，我陪同韩少功同志采访自治区、军区、兵团大小官员四十多人，对王震将军的丰功伟绩有了比较全面的了解。"②

1981—1982 年，韩少功更侧重于关注"道德"与"人性"的关系，《风吹唢呐声》（1981）、《飞过蓝天》（1981）、《远方的树》（1982）等是"人生小说"，侧重于探索人生的目的、意义和理想等价值问题，开始警惕改革时代初露苗头的金钱至上、个人至上等道德问题。

本年度重要研究论著

长灿、启程：《生活·思考·创作——谈韩少功小说的主题和结构》，《湖南师院学报》第 1 期。

冯贤兴：《新颖别致的艺术境界——读韩少功的短篇小说〈飞过蓝

① 肖伟俐：《"在做电影时，我叫'凌子'"——访叶剑英之女叶向真》，《名人传记（上半月）》2014 年第 5 期。
② 綦水源：《"文化兵团"的领路人——忆兵团老领导对文化工作的重视》，《兵团文艺》2013 年第 2 期。

天〉》；李晓峰：《也谈韩少功笔下的刘根满——兼与蒋守谦同志商榷》，《湘潭师专学报》第 2 期。

王福湘：《生活·思考·追求——评韩少功近几年的小说创作》，《湘江文学》第 3 期。

李炳银：《为了明天而"返思"昨天——评韩少功的若干小说创作》，《文学评论》第 12 期。

一九八三年　三十岁

年初　《花城》编辑部召开"湘军"笔会，在叶蔚林率领下，莫应丰、韩少功、谭谈、水运宪、张新奇等十余位湖南作家，参观访问新建立的特区深圳和珠海，杨沫、王蒙参加笔会。笔会期间，谭谈和韩少功采访王蒙。

1月　文论《沧浪诗辩与某些当代小说》刊《长春》第1期。

文论《克服小说语言中的"学生腔"》刊《北方文学》第1期。其中谈到"学生腔"的主要特征："过多使用虚词""过多使用半虚词""形容语程式化和套路化""修饰语和限制语太多，以致句子太长"。形成原因是：外国语言的影响使20世纪20—30年代的许多文学家不熟悉人民的语言。40—50年代作家向群众学习语言，对外来语的消极部分给予了一定抑制，但"由于方言俗语本身还需要整理和改造，由于对古代语、外来语和方言俗语的吸收和消化远非一日之功，因此形成一种发达的民族现代语言，还有一个漫长过程"，"小说语言是一种形象化程度很高的语言，必须生动鲜明地再现社会生活"，"小说语言与散文和诗歌的语言相比，更接近大众口语"。

文论《谈作家的功底》刊《文艺研究》第1期。韩少功提出作家的文学和思想功底问题，并反对过分崇拜"人道主义"和"存在主义"：人道主义"似乎从来就没有多大力量"，"以'人性胜利'的天国作廉价许诺，那不过是用一种新的简单化取代了'样板'文学的简单化罢了"，"强调自我价值，强调自我地位，把人导向内心自省自悟。……对客观世界和客观规律不恰当的怀疑，有悖于科学精神。脱离社会学的理论基础，脱离社会来反思个人存在，也就类似于道家的玄思和禅宗的顿悟，大概只能满足出世者的需要，不是一种积极的出路。""思想探索似不能离开学识的基础，不能离开社会责任感的指导，否则一时的标新立异，终可能失于生吞活剥或哗众取宠。"

2月　钱念孙《文学创作中"二律背反"的出路——谈韩少功的文学沉思》刊《上海文学》第2期，质疑韩少功的文学命题，这些命题在社会主义文艺园地里并非都有自己的"适用域"。

肖翔改编，博综、雨青绘画的《风吹唢呐声》刊《连环画报》第2期。

3月　小说《战俘》由高殿春改编、陈水远绘成连环画，由天津人民美术出版社出版。

田舒强《我所熟悉的韩少功》刊《青年作家》3月号，文章透露：韩少功在写作《月兰》时，有一段关于水的描写，他改了七八次仍不满意，总觉得没有写出那种质感来，硬是骑车跑了十多里路到湘江大桥上足足观察了两个多小时，直到觉得有把握了，才返回。

4月6日　韩少功、谭谈采访王蒙的访谈录《生活养育作家——访王蒙》刊《湖南日报》。

4月　在省文化界前辈刘斐章等人力荐下，当选湖南省政协常委。

王明辉《雪峰山下唢呐声——潇影〈风吹唢呐声〉拍摄散记》刊《大众电影》第4期。

5月　小说《远方的树》刊《人民文学》第5期。《中篇小说选刊》第5期、《小说月报》第7期转载。后入选贺绍俊、杨瑞平编《知青小说选》（四川文艺出版社1986年版），韩少功在"作者题头话"中说："一次夭折的移民，使一批小知识分子曾辗转于城乡之间，挣扎于贵贱之间，求索于真理与伪学之间，终以摆货摊或得硕士等等为各自归途。不必夸大他们的功绩和美饰他们的品质，但那穷乡僻壤、天涯海角里成熟的心智和肌骨，将烙印于中国直跨入下一个世纪的历史。"

7月10日　《青春》文学丛刊创刊号栏目"愿《青春》发出年轻人的心音"，张承志、王安忆、航鹰、祖慰、乌热尔图、黄蓓佳等青年作家发表祝词，韩少功在《铸造博大的"自我"》祝词中说：

> 文学当然应该表现自我，勇敢而诚挚地表现作者个性。但我们怎样同极端个人主义的和极端主观主义的"自我"划清界线？应不应该划清这个界线？从来没有超世独立的自我；离开了社会，一个人岂只是不能写小说，生命存在下去，都是不可能的。也从来没有

与生俱来的自我；离开了客观，一个人岂只是没有神悟灵感，恐怕连婴童的呀呀乱语也没有。但我们有些文学朋友，以为自我是超世独立的，对社会和人民不屑一顾，他们经常实际上需要得到人民的帮助，而又鄙薄人民，以"高等华人"的孤傲，求有私无公的放纵。也有些文学朋友，以为自我是与生俱来的，对客观与现实毫无兴趣，似乎学习理论和了解实际都是庸人勾当，唯闭门玄思和静心得悟才能找到"自我"，才能体会到一种神秘而神圣的天赋"存在"。这些观念对青年文学有好处吗？这样的自我是美的吗？我想是没有好处的，是不美的。不尊重别人，不尊重前人，对时代和历史缺乏责任感，夸夸其谈，指手画脚，满足于沙龙里的时髦名词加咖啡，满足于在作品中痛苦哀婉地抒发一己之私情。那么我们可以借用莱蒙托夫的诗来说："你痛苦不痛苦，于我们有什么关系？"

　　愿《青春》丛刊以青春的火热，来铸造新时代的大"我"。愿文学老师和文学朋友们，以大才大智把《青春》丛刊办得兴旺发达。

　　《青春》丛刊创刊号刊发梁晓声《今夜有暴风雪》，梁晓声赞同韩少功批判"背对生活、面向内心"的创作潮流，"韩少功有些话说得极好。……我是赞同少功的，他的话代表着我在这个问题上的观点，虽然觉得借用莱蒙托夫的诗，未免有点尖刻。"①

　　7 月　《复杂中见深，丰富中见美》刊《绿原》第 7 辑。

　　8 月　文论《从创作论到认识方法》刊《上海文学》第 8 期，《复印报刊资料》（文艺理论）第 8 期转载。本文回应钱念孙对《文学创作的"二律背反"》的批评，主张用具体分析的眼光看本质的层次性；用整体联系的眼光看因果的概括性；用不断发展的眼光看真理的局限性。

　　9 月　韩少功与肖建国到安仁县，给文学创作培训班讲课（《安仁县志》）。

　　10 月　湖南省委宣传部在长沙召开关于西方现代派和异化问题座谈会。

　　11 月 2 日　湖南省委传达中央重要文件和邓小平、陈云在十二届二中全会上的讲话，部署开展清除精神污染工作。

---

①　梁晓声：《生活、知识、责任》，《人民文学》1983 年第 12 期。

11 月　钱念孙《文学现象的复杂性与理论认识的科学性——再谈文学创作中"二律背反"的出路》刊《上海文学》第 11 期，批评韩少功"认为这也合理，那也正确的做法"，并就如何看待规律与意外、怎样对文学现象进行"具体分析"、"二律背反"究竟是不是正确的思维形式等再次与韩少功商榷。

刘杰英《他的路——记文学青年韩少功》刊《文艺生活》第 11 期。

随笔《戈壁听沙》发表于本年《湖南日报》。

《飞过蓝天："五四"青年文学奖征文小说选》由四川人民出版社出版。

12 月　参加湖南省第三次青年文学作者代表会议，康濯作《青年文学作者要走在建设精神文明，清除精神污染，高举社会主义文艺旗帜的最前列》的报告，会上不少作家对青年作家中存在的精神污染现象进行了分析。① 波及全国的"清污"运动，对湖南文学创作深有影响。

韩少功与叶蔚林、肖建国、张新奇等人，到长沙县河田公社住了三天，白天到农村访问万元户、社办企业，晚上聊天至深夜。作为在十七年间已开始创作的老大哥，叶蔚林结合肖建国的习作，强调"要在艺术追求中，努力形成自己的艺术特色""写自己最熟悉的题材和人物，用自己最熟练的方法写，就是形成艺术特色的奥秘""每个作家都应该有个'根'——即是属于自己的一块生活土壤"。张新奇 1980 年以后不再写作，如何帮助他重新动笔，韩少功曾在心里琢磨过好多次，与朋友们商量过多次，这次决定"撕开脸皮跟他谈一次"，因此与张新奇激烈争吵，"这时候就一句接一句地往外蹦，尖刻、激烈，一层层地帮他剖析，句句都点在穴位上，句句都非常'狠'"。张新奇理解朋友的苦心，接受批评和建议。可以看出四人在文学上的真诚之交。下乡结束后，韩少功到浏阳采访王震的故事。②

中短篇小说集《飞过蓝天》由湖南人民出版社出版。

《京华盛会　气象万千——中国工会十大侧记》刊《主人翁》第 12 期。"本刊记者"韩少功从"你好！北京""辉煌的主席台""老一辈的

---

①　《一代新花尽吐娇——湖南省第三次青年文学作者代表会议侧记》，《新创作》1984 年第 3—4 月号。

②　肖建国：《回忆去年的一次出游》，《文学月报》1984 年第 9 期。

期望""深夜灯光""首日封""都是龙的传人"六个方面报道此次大会。

本年　韩少功与张新奇一起,帮助聂鑫森、叶之蓁准备中国作协鲁迅文学院作家班华南区招生考试,"那几天吃住都在韩府和张府,添了不少麻烦。韩妈妈说一口动听的常德话,人极慈善,她老人家做的酸菜特别好吃。"(聂鑫森《韩少功》)

开始与美国人彼尔交往,彼尔当时在湖南医学院教书。

Yang X. Y. 的 *Han Shaogong* 刊于 *Chinese Literature* 第 1 期。

从 20 世纪 70 年代末到此时韩少功的小说关注社会问题,既有伤痕、反思类,将批判的矛头对准革命者与知青本身,如《月兰》《回声》《癌》等,又有关注庸常现实问题的"人情小说",如《风吹唢呐声》《近邻》《谷雨茶》《后视镜里》等。1983 年前后,韩少功的文学创作停止了一两年,"后来我对政治的兴趣有些新的反省,挞伐官僚主义、特权,揭露伤痕,这些政治表达固然重要,但政治、革命不能解决人性问题。进一步思索到人的本质、人的存在,考虑到文化的背景,需要我们对人性阴暗的一面有更为足够认识"[①]。此后,他开始逐渐地触及人性的深层,倾向于文学思维是一种直觉思维,他说:"文学就是开掘或回到这原始或半原始的时期,文学艺术是对科学的逆向补充。"

本年度重要研究论著

沈端民:《谈谈〈飞过蓝天〉的表现艺术》,《湖南教育学院院刊》第 3 期。

[①]　韩少功:《鸟的传人》,《在小说的后台》,山东文艺出版社 2001 年版,第 120 页。

一九八四年 三十一岁

2月23日 《欢迎爽直而有见地的批评——韩少功给陈达专的信》刊《光明日报》。

3月 莫应丰、韩少功、于沙等为株洲北区文化馆在电厂开设的文学讲习班授课。本次学习班历时40天，240多人参加。①

4月 《湘江文学》改刊名为《文学月报》，意在向"全国性"的方向发展。

韩少功翻译〔英〕毛姆的《故乡》，刊《文学月报》第4期。

任湖南省总工会《主人翁》（下半年更名为《朋友》）杂志副主编，工作至1985年4月。

7月 《命运的五公分》刊《文学月报》第7期。

8月 翻译毛姆《冉·达尔文》刊《作家》第8期，译者署名"少功、少波"。

韩少功参加"叶蔚林的成就和失误"座谈会，针对《文艺报》上批评叶蔚林《龙须草帽》《遍地月光》《在没有航标的河流上》等少数作品"抄袭""剽窃"问题，湖南省文学界几位著名作家主张实事求是地评价叶蔚林的成就与失误，划清"抄袭""剽窃"与"模仿"的界限，要顾及全人、全篇。座谈会纪要刊于《文学月报》第9期。

9月 创作随笔《信息社会与文学前景》，后刊《新创作》1985年1—2月号，收入《在后台的后台》（人民文学出版社）时标题为"信息社会与文学"，内容亦有删减。

石方能拜访韩少功时，韩少功说他近期"多次去师院听教授讲老庄哲学，参悟中国艺术精神，因为老庄对中国艺术的影响比儒家的大"，韩

---

① 龚俊高：《北区文化馆片段记忆》，《株洲北区文史》第2辑。

少功谈到当时"改革题材"时说："这一类的题材，我积累不少，可以比他们写得更好，不过那有么子意思？流于表层，很快就会过去的，法国的社会学家丹纳把人类文化分成三个层次，第一层次是流行服饰式的流行文化，三五年就过去了；中间层次是政治制度之类的，可上百年，也会过去；最深的是人的命运感，人性的层面。改革嘛，不是不能写，写出了这深层的又当别论。"谈到正要创作的《爸爸爸》时，韩少功"说得兴奋，烟也抽得更加潇洒，吐得更加袅袅。说完大概，他眼睛看着我，有些调皮地说：'看我吓苏联人一跳！'"①

这段时间，韩少功的妻子在某大药店做会计，晚上读电大，也在努力求学。

11 月　文论《文学创作中的特殊规律和一般规律》刊《求索》第6 期。

12 月 10 日夜　与鲁枢元、李陀、黄子平、阿城、季红真、李庆西等人，在上海申江饭店相聚畅谈哲学、文学。②

12 月 12—16 日　乘车赴杭州，参加由《上海文学》、浙江文艺出版社、杭州市文联组织的"新时期文学的回顾与预测"研讨会，做关于文学寻根话题的发言。参加会议的除茹志鹃、李子云、周介人、徐俊西、肖元敏等杂志的负责人和编辑外，还有作家郑万隆、陈建功、阿城、李陀、陈村、曹冠龙、乌热尔图、李杭育等，评论家吴亮、程德培、陈思和、南帆、鲁枢元、李庆西、季红真、许子东、黄子平、宋耀良等。

这次会议被视为文学寻根运动崛起的标志。时任《上海文学》编辑的蔡翔后来回忆说："这次会议不约而同的话题之一，即是'文化'。我记得北京作家谈得最兴起的是京城文化乃至北方文化，韩少功则谈楚文化，看得出他对文化和文学的思考由来已久并胸有成竹，李杭育则谈他的吴越文化。而由地域文化则引申至文化和文学的关系。"③ 陈思和回忆说："那个会议，后来回忆的人多了，就变得很有名，似乎'寻根文学'从那个会算起是顺理成章的。不过仔细想想，好像也有问题。因为这样牵攀起来，寻根文学就成了一种人为倡导、发起的文学思潮。文学史上

---

① 石方能：《蓄势待发的韩少功》，《时代文学》2008 年第 1 期。
② 鲁枢元：《梦里潮音：我的八十年代文学记忆》，海天出版社 2013 年版，第 125 页。
③ 蔡翔：《有关"杭州会议"的前后》，《当代作家评论》2000 年第 6 期。

这样的流派、创作现象有很多，然而寻根文学却不是的。寻根文学没有像通常文学流派的形成那样，有一群人结社团立宗派开大会发宣言，然后再有创作，而恰恰相反，最初的寻根文学作品，是一批知青作家并不自觉的独立创作，当然也没有自觉的文学主张，倒是有一批敏感的文学编辑、作家和批评家意识到这些作品内涵的新意，要加以理论的概括和提升，才有了'寻根'一说。杭州会议自然在其中起了重要的作用，但是平心想来，在那个会上，似乎也没有为寻根命名，或者提出类似宣言的倡议。"① 韩少功回忆说："这次会上的'寻根'之议并不构成主流，李杭育说了说关于南方文化与北方文化的差别，算是与'寻根'沾得上边。我说了说后来写入《文学的根》一文中的部分内容，也算是与'寻根'沾上了边。被批评家们誉为'寻根文学'主将之一的阿城在正式发言时则只讲了三个小故事，打了三个哑谜，只能算是回应会上一些推崇现代主义文学的发言。至于后来境外某些汉学家谈'寻根文学'时总要谈到的美国小说《根》，在这次会上根本没有人谈及，即便被谈及大概也会因为它不够'先锋'和'前卫'而不会引起什么人的兴趣。同样的，境外某些汉学家谈'寻根文学'时必谈的加西亚·马尔克斯也没有成为大家的话题，因为他的《百年孤独》似还未被译入中文，他获诺贝尔奖的消息虽然已经见报，但'魔幻现实主义'这一陌生的词还没有什么人能弄明白。在我的印象中，当时大家兴趣更浓而且也谈得更多的外国作家是海明威、卡夫卡、萨特、尤奈斯库、贝克特等等。""也就是在这次会上，一个陌生的名字马原受到了大家的关注。这位西藏作家将最早期的小说《冈底斯的诱惑》投到了《上海文学》，杂志社负责人茹志鹃和李子云两位大姐觉得小说写得很奇特，至于发还是不发，一时拿不定主意，于是嘱我和几位作家帮着把握一下。我们看完稿子后都给陌生的马原投了一张很兴奋的赞成票，并在会上就此展开过热烈的讨论。而就是在这次会议之后不久，残雪最早的一个短篇小说《化作肥皂泡的母亲》也经我的推荐，由我在《新创作》杂志的一位朋友予以发表。这一类事实十多年来已差不多被忘却，现在突然想起来只是缘起于对某些批评文字的读后感叹。这些批评最喜欢在文学上编排团体对抗赛，比如他们硬要把10%当作100%从而在杭州组成一个'寻根文学'的团队，并且描绘这个

---

① 陈思和：《杭州会议和寻根文学》，《文艺争鸣》2014 年第 11 期。

团队与以马原和残雪为代表的'先锋文学'在八十年代形成了保守和进步的两条路线的尖锐斗争。"① 李杭育则颇富反思意味地说："许多年来，我看到许多学者甚至是'杭州会议'的与会者撰文评说1984年12月的'杭州会议'在当代文学史上有很大的意义，但我从他们的文章或叙述中却看不出这个重大意义究竟是什么。难道一帮作家和评论家聚在一起讨论文学，这类事情在中国还不够多吗？""参加'杭州会议'的约摸一半的与会者，是当时最新锐最意气风发的一代青年评论家，因权威们的失语而让他们突进至文学新潮的前沿，又托福于'杭州会议'的无主题因而大大有益于自由交流，他们在这个会上直接听到了也是和他们一样新锐一样意气风发的青年作家们的种种奇异而鲜活的思考，由此敏锐地捕捉到了中国文学即将发生的大变局。于是，紧接着的1985年，当韩少功的《爸爸爸》出来了，当王安忆的《小鲍庄》出来了，当一个个好作品接踵而来，评论界毫不犹豫，几乎是立刻作出反应，形成一片好评的声势。……两年后的1985年，少功他们幸福多了，因为'杭州会议'让评论界做好了准备，调好了焦距，从文化理论到小说形态，从'向内转'到魔幻叙事，程德培们现在装备齐全，一个个火眼金睛，正等着韩少功们撞上枪口来呢！""我敢说，在中国当代文学史上，创作与评论的互动和共荣从来没有像'杭州会议'之后的两三年里那样热烈而美妙。"②

12月29日至1985年1月5日　京西宾馆参加中国作家协会第四次全国代表大会。

会议期间，韩少功赶译《生命中不能承受之轻》，《解放军文艺》编辑刘立云向他约稿。

理事会合影时，韩少功看到白桦挑选胡耀邦身后的座位，胡耀邦入场时，他站在李準和李瑛之间，引起胡耀邦的注意，胡耀邦和白桦握手并谈话，照片在海内外报刊发表。20世纪90年代，韩少功曾在小说《很久以前》中，以此事为例来讲述历史叙事的不确定性。这引起白桦的不满和抗议：韩少功不知道自己当时的处境，以为自己在有意逢迎胡耀邦，"他可能不知道，胡耀邦对于我本人意味着什么，可他也应该知道胡耀邦对于中国、对于中国文化界意味着什么。因此，我深表遗憾。"据白桦

① 韩少功：《杭州会议前后》，《上海文学》2001年第2期。
② 李杭育：《我的1984年（之三）》，《上海文学》2013年第12期。

讲，他因《苦恋》问题长期受到审查，收到会议通知时，武汉军区百般阻挠，不允许他参会，他直接写信给胡启立，才得以成行。

12月　叶之改编的电影连环画册《风吹唢呐声》由中国电影出版社出版。

本年　韩少功致信南帆，解释自己创作停顿的原因，他对前期小说写作感到不满，希望在思维方式和审美方式上有所突破。在探索小说新样态的过程中，时常地感到"阵脚混乱和力不从心"。

本年度重要研究论著

南帆：《人生的解剖与历史的解剖——韩少功小说漫评》，《上海文学》第12期。

一九八五年　三十二岁

初春起　到武汉大学英文系进修英语和德语，在几个月的时间里，除了写家信，戒除使用中文。这次学习，是因为中国作协准备派他到德国进行比较长期的交流，后未能成行。

1 月　《信息社会与文学前景》刊《新创作》第 1—2 月号，总第 16 期。同期刊出残雪的处女作《污水上的肥皂泡》，由韩少功荐稿。

2 月　马原的名作《冈底斯的诱惑》刊《上海文学》第 2 期。马原曾谈及小说发表的艰难："李陀又把这个小说带给韩少功，我和韩少功是过了很久才见面的，韩少功除了是小说家之外，当时还是长沙《新创作》杂志的主编（按：说法有误）。韩少功对这个小说的催生做了非常了不起的工作。他当时看到这个小说就很激动，也想过是不是发在《新创作》上。但是，当时中国文坛有一个非常重要的会议，叫杭州会议，韩少功和另外几个人在会议期间一块向《上海文学》的李子云推荐。"①

4 月 14—17 日　湖南省青年联合会五届一次会议召开，韩少功缺席，但当选青联副主席。

4 月　从《主人翁》杂志副主编的任上调入湖南省作家协会，成为专业作家，兼政协常委、省青联副主席，至 1988 年 2 月。

文论《文学的"根"》刊《作家》第 4 期，后获"《作家》理论奖"。文章指出："文学有根，文学之根应深植于民族传统文化的土壤里，根不深，则叶难茂"，文学"必须努力从传统文化中汲取营养"，"割断传统"便"失落气脉"。贾平凹的"商州系列"小说、李杭育的"葛川江系列"小说、乌热尔图的作品"大概不是出于一种廉价的恋旧情绪和地方观念，

---

① 蔡兴水：《马原访谈录》，《巴金与〈收获〉研究》，复旦大学出版社 2012 年版，第 209 页。

不是对歇后语之类浅薄地爱好，而是一种对民族的重新认识，一种审美意识中潜在历史因素的苏醒，一种追求和把握人世无限感和永恒感的对象化表现。"

"作者们写过住房问题、特权问题，写过很多牢骚和激动，目光开始投向更深的层次，希望在立足现实的同时又对现实世界进行超越，去揭示一些决定民族发展和人类生存的谜。""这里正在出现轰轰烈烈的经济体制改革和经济的、文化的建设，在向西方'拿来'一切我们可用的科学和技术等等，正在走向现代化的生活方式。但阴阳相生，得失相成，新旧相因，万端变化中，中国还是中国，尤其是在文学艺术方面，在民族的深层精神和文化特质方面，我们有民族的自我。我们的责任是释放现代观念的热能，来重铸和镀亮这种自我。"本文对丹纳《艺术哲学》中的观点的评价，对澳大利亚作家怀特的某些小说的评价，值得重视。

在刊出《文学的"根"》之前，《作家》编辑部曾把原稿复印件寄给刘心武、冯骥才等人，希望他们能够回应。随后刊出刘心武《从"单质文学"到"合金文学"》（1985 年第 7 期）、李杭育《理一理我们的"根"》（1985 年第 9 期），冯骥才忙于出国，又因其"文化批判"的主张与韩少功的"文化寻根"不同，对此有所思考，但没有撰文。1986 年，《作家》又刊出郑万隆《中国文学要走向世界——从植根于"文化岩层"谈起》（1986 年第 1 期）、古华《从古老文化到文学的"根"》（1986 年第 2 期）；1986 年第 4 期开设"'文学寻根'五人谈"栏目，刊出毛时安《文化的价值与文学的寻根》、吴亮《文学中的文化和文化中的文学》、李劼《"寻根"寻到了什么?》、许子东《两个误解》、蔡翔《文化与心态》等讨论文章。

韩少功提出文学"寻根"后，全国争议不休。《文艺报》《文艺争鸣》《作家》《文学自由谈》《当代文艺思潮》《上海文学》《光明日报》《文学报》等投入大量版面，刊登关于"寻根"的争论文章。"在朝的'左'派批评家们认为：文学的'根'应该在本世纪的革命圣地'延安'而不应该在两千年前的'楚国'或者'秦国'，因此'寻根'之说违背了社会主义现实主义的优良传统。在野的'右'派批评家们则认为：中国的文化传统已经完全腐朽，中国的文学只有靠'全盘西化'才可能获得救赎，因此'寻根'之说完全是一种对抗现代化的保守主义和民族主义。可以看出，这两种批评虽然有不同的政治和文化背景，但拥有共同的文化激进主义逻辑，是中国五四新文化运动两个血缘相连的儿子。这两个儿子都痛恨传统，都急切地要遗忘和远离二十世纪以前的中国，区别只在于：一个以策划社会主义的延安为'新'世界，而另一个以资本主义的纽约或巴黎为更'新'的世界。"（韩少功《自述》）韩少功所指的"在朝的'左'派批评家"指贺敬之、冯牧等，"在野的'右'派批评家"指刘晓波等。当时赞同"寻根"的，主要是一些有过乡村经验的知青作家，如阿城、李杭育、李庆西、郑万隆、乌热尔图、莫言、贾平凹、王安忆，以及评论家黄子平、季红真、吴亮、程德培、许子东等，汪曾祺、李陀曾表示支持。

美国汉学家梅维恒主编的《哥伦比亚中国文学史》（新星出版社2016年版）认为：韩少功、阿城、郑万隆、郑义等人"将视线越过传统和现代的主流文化，在中国乡村和少数民族文化中寻找一种在中华文明既定规范之外的未受损害的精粹文化。这种取向很容易被误读为一种逃避急迫社会问题的文学，因此被视为又一次浪漫化的'自我强化'，令人想起1861—1895年中国在两次鸦片战争中被欧洲列强凌辱之后的文学运动"。

5月4—7日　中国作协湖南分会第四次会员代表大会在长沙召开。康濯作题为"进一步振兴湖南的文学"的报告。康濯由作协主席改任名誉主席，未央任作协主席。会议决定尽快成立长篇小说、青年文学、诗歌、儿童文学、军事文学、文学评论、通俗文学等创作委员会，并决定成立省文学院。

5月20日　《上海文学》副主编周介人致信韩少功谈文学的困扰："当文坛冷冷清清的时候，我很希望它热闹；而当它真正热闹起来的时候，我又希望它'降温'了。自从进入一九八五年以来，有多少人在谈论新观念和新方法啊！夸夸其谈、哗众取宠与锐意进取、真知灼见同样闪烁着诱人的光芒，这样的势头会有好收成吗？我感到困惑"，周介人向韩少功推荐张炜《最终有人识文章》（《上海文学》1985年第5期）中所说的"一个有作为的作家也应该逃离那种热闹中透着腐朽的空气"。韩少功很快予以回应，信中提及："常说文学是寂寞之道。寂寞孤郁，才能养气，才能孕育出一种作家所必备的心境、气质和通今古纳天地的胸怀。"两信后分别以《文学的困扰——致韩少功》《也说"文学的困扰"——致周介人》为题，刊于1992年4月20日、4月27日《文汇报》。

初夏　何镇邦代表第二届"茅盾文学奖"评奖办公室南下武汉、长沙、吉首、广州、深圳、珠海等地征求意见。武汉大学校长刘道玉宴请何镇邦与姚雪垠，韩少功邀请何镇邦以及武大作家班的朱秀海、郑彦英等到宿舍交谈。

韩少功在武汉大学学习期间，《文艺报》记者潘凯雄曾前来访问，请韩少功谈文学寻根问题。潘凯雄后撰文《渴望·对话·思考》，刊1985年9月7日《文艺报》。

6月　小说《爸爸爸》刊《人民文学》第6期，作品同时反思传统文化的负面影响与现代化的弊端。小说《归去来》《蓝盖子》刊《上海文学》第6期。《归去来》被《小说选刊》第11期转载。韩少功在后来谈及《爸爸爸》："我的创作中两种情况都有，一种先有意念，为了表现它，再去找适当的材料和舞台。另一种情况更多见，是先有材料，先有感觉和兴趣，包括自己也说不清楚的冲动，然后在写作过程中来看这块材料如何剪裁，也许能剪裁出一个大致意向。在写过早期的'问题小说'以后，我自觉理性在很多时候帮倒忙，但也不否认，有时候能从理性思维受益。《爸爸爸》的情况是先有素材，比如那个只会说两句话的丙崽，就是我下乡时邻居的小孩，是有生活原型的，一直让我耿耿于怀。'吃枪头肉'那一段，也是有生活原型的。"[1]　在谈及《归去来》时，韩少功说："我以前读了一些老庄和禅宗的书，读了一些外国现代派的作品，可能对《归去来》的完成都有影响。到底黄治先是我还是别人？就像庄子问到底我是蝴蝶还是蝴蝶是我？这种自我的迷失、自我的怀疑，比较符合我当时创作的理想"，"我觉得主题不一定是思想，不能那样狭窄地理解。一种氛围情调也是能传达主题的，一种主题也可以是感觉性的"。[2]

《爸爸爸》《归去来》不同于韩少功之前的那些现实主义的、注重情节、比较好读好懂的小说。韩少功曾与王尧谈到这一变化："到一定的时候，文学的政治和思想能量逐步释放完毕，或者说能量开始向其他层面转移。"[3]从这时开始到20世纪90年代中期，韩少功不仅在理论上倡导"寻根"，而且以创作实践这一理念，《爸爸爸》《女女女》《空城》《归去

<hr />

①②　韩少功：《鸟的传人——答台湾作家施叔青》，《大题小作》，人民文学出版社2008年版，第112、第111页。

③　《大题小作——韩少功、王尧对话录》，《大题小作》，人民文学出版社2008年版，第283页。

来》《蓝盖子》《史遗三录》等被视为寻根文学代表作。

《当代文艺探索》第 3 期"作家论坛"栏目，推出高晓声、韩少功、杨炼、顾城的 4 篇文章。韩少功文为《面对空阔和神秘的世界——致友人书简》。

文论《〈文学的"根"〉补记》刊《作家》第 6 期。

7 月 8 日　韩少功致信严文井，感谢严文井支持朦胧诗的勇敢与睿智。

7 月 22 日　严文井复信，后以《我是不是那个上了年纪的丙崽？》为题刊 8 月 24 日《文艺报》，严文井肯定文学"寻根"的主张："从人类多元的文化结构看，中国作家有责任把自己的根挖掘出来，正视它们的特色，既不迷信瞎吹，也不盲目护短。"他对韩少功的作品评价很高：《爸爸爸》"分量很大，可以说它是神话或史诗"，"经得起下几代人的咀嚼"，"《归去来》《蓝盖子》都是独具眼光、独具风格的艺术珍品"。严文井曾因这篇文章被作为资产阶级自由化的代表受到点名批评。此后，韩少功每次进京，如能找到机会，总会到东总部胡同 60 号小四合院看望严文井。严文井平易近人，每称韩少功为"少功兄"。严文井 2005 年 7 月 20 日凌晨逝世，逝世前两个月还在《文学故事报》以文学书简的形式评价韩少功的作品。韩少功曾撰文《光荣的孤独者》（《新文学史料》2006 年第 3 期）表达悼念之情。

夏末　省作协组织青年作家到湘西天平山深入生活、讨论作品，同时召开青年文学委员会成立会议，选举青年委员会主任和副主任，众人投票蒋子丹做主任，蒋子丹坚辞，任副主任。

9 月 21 日　曾震南《黑色的魂与蓝色的梦——读韩少功的三篇近作》刊《文艺报》。

11 月　湖南省委组织部下文，韩少功、叶蔚林、张扬、孙健忠、萧育轩、古华、谭谈、石太瑞八位作家下基层兼职体验生活。韩少功是青联主席，到共青团湘西州委兼职任副书记，为期一年。挂职期间，韩少功许多时间在保靖县的一个乡蹲点体验生活。

挂职期间，韩少功发起"湘西之旅"，聂鑫森、叶之蓁、肖建国、张新奇、《人民文学》编辑向前、湖北的方方等人，在《湖南文学》的资助下，谒访沈从文故居、熊希龄故居。方方在谈及 20 世纪 80 年代参加的"笔会"时说，这次是"印象最深"的。聂鑫森曾回忆道："在猛峒河上泛舟，吃现煮的活鱼，晚上找当地的老人聊天；阿拉营赶墟，看血迹斑斑的屠夫肉案子，看老银匠打制银首饰；三江口住点着桐油灯的旅舍，夜晚到一个渡槽桥边，听苗族歌师为欲谙风情的少男少女教歌；张家界全靠脚力，登山过岭，看了其'养在深闺人未识'的原始风貌……或挤充满汗臭的长途公交车，或坐拖拉机，或步行，虽疲惫不堪，却收获颇丰。在一些僻远的村落，少功看得特别仔细，也问得特别仔细，那种'丙崽'式的人物，后来就出现在他的《爸爸爸》里，成为一个艺术的典型。"①

短篇小说《空城·雷祸》刊《文学月报》第 11 期。

《关于寻根、楚文化及出新——刘舰平与聂鑫森的通信》刊《青春》第 11 期，刘舰平要求湖南的寻根文学作家用"'星球人的思维观'去思索我们民族的历史、现在和未来"，"用当代思维与古老的民族文化相结合，从而使作品产生一种'气韵'"；聂鑫森主张对文化寻根有更广泛开放的理解，"去探寻一个民族生存、繁衍的历史，考察它对当今生活所存在的影响力，扩展之，可以由一个民族的历史，估量到整个人类存在的价值"，湖南作家的寻根是"想从传统的南方文化上吸取养分，与现代文艺思潮中的合理内核，进行融会贯通"，这"并不会导致作家对当今火热斗争的隔离，相反的是一个更高层次的结合与反应"。韩少功对上述意见表示赞同，引起文坛关注。

12 月 28 日 省委、省政府嘉奖有突出贡献的作家、艺术家和文艺编辑，古华、叶蔚林、莫应丰、韩少功、水运宪、孙健忠、谭谈、陆茂林、蔡测海、彭见明、刘舰平、何立伟、谢璞、李少白等十几位作家获奖。

12 月 张新奇为韩少功《面对空阔而神秘的世界》作序，刊《文学月报》第 12 期。

冬 《湖南文学》在长沙、岳阳、张家界召开笔会，笔会由韩少功和凌宇牵头，钱理群、吴福辉、赵园、凌宇、黄子平、吴亮、许子东和雷达等参加笔会。湖南作家古华、莫应丰、叶蔚林、孙健忠、谭谈、张扬、何立伟、徐晓鹤、蒋子丹、聂鑫森、肖建国、彭见明等参会。笔会期间，韩少功带与会者去火宫殿吃臭豆腐。

本年 湖南省开始设立"青年文学奖"，韩少功、彭见明、蔡测海获

---

① 聂鑫森：《韩少功》，《时代文学》2008 年第 1 期。

首届奖。

本年度重要研究论著

冯立三：《黄治先形象臆想——读〈归去来〉》，《文学自由谈》第 1 期。

胡宗健：《浅论韩少功小说的哲理探索》，《文学月报》第 10 期。

基亮：《严峻深沉的文化反思——浅谈韩少功的中篇〈爸爸爸〉及当前的"文化热"流》，《当代文坛》第 10 期。

一九八六年　三十三岁

1 月　小说《诱惑（之一）》刊《文学月报》第 1 期。本年《文学月报》全年 12 期连续推出小说《诱惑》（1—12），依次由韩少功、彭见明、刘舰平、蒋子丹、晓宫、蔡测海、谭元亨、何立伟、钟铁夫、张新奇、王平、徐晓鹤十二位作家共同完成，类似成语接龙，在游戏中达到相互竞争、相互激励的目的。作家们运用不同的艺术手法进行创作，他们不满足于把故事讲得津津有味，而追求叙事方法的变化和观察视角的更新，几乎全成为湖南寻根文学创作的主力军。

法国诗人克劳德·沃对韩少功的《诱惑》评价很高："但我猜想《诱惑》是你的杰作。其中一切都充满着中国的情致。古典的品格，深沉的静美，令人惊异的悲剧性经验，你的现代审美将使世人对中国文学重新评价。"[1] 韩少功《诱惑》中的梦幻色彩、山林色彩、神秘色彩，颇似《楚辞》中的描写。

易校成《韩少功其人其文》刊《高校图书馆工作》第 1 期。

2 月　《爸爸爸》刊《作品与争鸣》，同期刊有何思丝、耿丽莉的《关于〈爸爸爸〉的对话》。

湖南省作协与《芙蓉》编辑部举办中短篇小说座谈会，就怎样理解"寻根"、什么是文学的"根"、楚文化的优势和特点、湖南近年来中短篇小说创作的趋势展开热烈讨论。有的认为淡化主题、超越时空、晦涩难懂是文学的进步，有的认为这种趋势脱离时代、生活和群众，是文艺创作的歧途，两种观点尖锐对立，毁誉参半。

春　为湖南省溆浦县一中成立的野草文学社题词，鼓励社员努力学习，向文学进军。

---

① 韩少功：《旧笺拾零》，《作家》1993 年第 6 期。

4 月 26 日　钟丹《关于文学"寻根"的对话——中国作协湖南分会中短篇小说座谈会侧记》刊《文艺报》。重点谈"对传统文化中保守落后意识给予现实的影响进行揭露和批判"的问题。

4 月下旬　参加《钟山》在南京举办的第五次太湖笔会，王润滋、李杭育、李庆西、徐孝渔、徐晓鹤等青年作家参加。这次笔会由作家们自行联系，编辑部出面组办。他们与江苏省部分青年作家就文学发展的趋向、远景以及小说观念的变化进行了充分的研讨。韩少功说：过去总是强调把生疏的生活拉近，当作熟悉的写，而《爸爸爸》则是把熟悉的生活推远，当做生疏的写，把历史的积淀和现实交糅在一起，形成混沌的意象，或许在审美上也会产生作用。

4 月　文论《实现文学的多元化格局》刊《文学报》第 18 期。

中国作协上海分会邀请李陀、郑万隆、韩少功等来沪讲学。韩少功在讲学中提及两个问题：好小说探寻主题是成功也必是失败；好小说建设语言也必破坏语言。[1]

《上海文学》编辑部委托《新民晚报》记者林伟平采访李陀、韩少功，访谈录《新时期文学一席谈——访作家李陀》《访作家韩少功文学和人格》分别刊《上海文学》第 10、11 期。在谈到"中国文学走向世界"的热潮时，韩少功对文学观念的深化与更新持乐观态度，同时在两个方面深切担忧：一个是观念更新的早产性质，"我们对于现代派的讨论，对于寻根的讨论和关于现代派与寻根的创作实践，都有一种早产现象，或说是早熟，这早产早熟便带来一种根基不扎实、先天不足那样的虚弱"；另一个是作家人格素质的不理想状况，"一种伟大的艺术必定是一种伟大人格的表现"，"一个民族的质量很大程度上取决于这个民族的知识分子的质量"，"我们这个民族的质量有毛病，中国知识分子质量上有毛病"。在谈及"寻根"问题时说："关于寻根，如果不了解它提出时的前提，确实会引起某些误解，也会出现意思上的偏差。我的原意是针对创作界存在的一些问题而提出来的"，"西方是一种科学的传统，东方是一种玄学的传统；西方是知识的传统，东方是智慧的传统。寻根就是根据这两个问题，一个是创作实践状况，两代作家的成长道路，怎样继续提高一步；第二个就是怎样看待东方文化，东方文化的前途和现在面临的迫切需要改造

---

[1]　韩少功：《在小说的后台》，山东文艺出版社 2001 年版，第 202 页。

的任务。"在谈到"文体追求"时,韩少功说:"进行语言实验是为了使语言功能最大限度地释放。""汉字的能量的解放,我觉得还有很大潜力,可以作各种各样的实验。"

小说《史遗三录》(包括《猎户》《秘书》《棋霸》)刊《青年文学》第4期。后获第二届(1984—1988)青年文学创作奖。同期刊出凌宇《"湘军"的年轻"将校"们——散谈湖南青年作家及其小说创作》。《棋霸》被《小小说选刊》第8期转载,后获《小小说选刊》首届小小说优秀作品奖。

5月2日　王相莉《当代文坛弄潮儿——访作家李陀、郑万隆、韩少功》刊《上海文化艺术报》第2期。

5月　短篇小说《申诉状》刊《新创作》第3期。

第一本文学评论集《面对空阔而神秘的世界》由浙江文艺出版社出版,好友张新奇作序,收录此前发表的文学评论文章19篇。

短篇小说《女女女》刊《上海文学》第5期。

短篇小说《老梦》刊《天津文学》第5期。

6月13—17日　湖南省文联文艺理论研究室主持召开"文学新观念和方法论学术讨论会",会议分"文学观念变革""新方法论""寻根"三个小组进行讨论。"寻根"小组围绕韩少功所说的楚文化的"思维优势"与"审美优势"两个问题展开讨论,从楚文化、湖南作家所指的楚文化、湖南作家创作中所体现出的楚文化三个层面,争辩楚文化的思维优势与审美优势,并讨论寻根文学的优点、不足和发展趋势。在讨论中出现较大的争议。

6月　论文《寻找东方文化的思维和审美优势》刊《文学月报》第6期。该文进一步发挥了自己的文学寻根理念:"所谓寻根,就是力图寻找一种东方文化的思维和审美优势。"

唐达成主编《中国新文艺大系1976—1982短篇小说集》由中国文联出版公司出版,《西望茅草地》《风吹唢呐声》入选。

7月　精装本中短篇小说集《诱惑》由湖南文艺出版社出版,作者在长沙亲笔签名售书。有记者报道说,购书的人少得可怜,作家的自尊心颇受打击。韩少功曾说:"这是记者的胡写,《诱惑》不是我的第一个集子,当时也卖得不错,很快就脱销。"本书由韩少功妻子梁预立写"跋",回顾他们一同走过的艰难历程和温馨的念想。这篇"跋"后来以

《四毛和他的心愿》为题被收入《作家眼里的青年作家》（广西师范大学出版社1989年版）一书。

为蒋子丹小说集《昨天已经古老》（作家出版社1987年版）作序《男性与无性的文学之后》，结合蒋子丹的小说，韩少功对女性解放、性别差异与文学创作等问题进行了阐释，韩少功曾说，蒋子丹对这个序言不太满意。

8月23日至9月23日　韩少功、张笑天应邀参加美国新闻署"国际访问者计划"，第一次出访国外。"国际访问者计划"是美国推广国家形象策略的一部分。访美期间，既感受到美国的先进，又对美国的"自由"有了直接的体验："……美国确实有很多自由，但也有脱衣舞女出卖肉体的自由，有醉醺醺的色鬼们来凌辱女性的自由，有奸商们用人类的堕落来大发横财比众多诚实的劳动者和创造者活得更神气活现的自由。"访美期间，正值《生命中不可承受之轻》热销美国和欧洲，韩少功感到这部小说应该有中文译本。

韩少功到达爱荷华时，一位台湾留学生来迎接，听说韩曾是红卫兵很惊慌，让自己的同伴把韩丢下车去。当时在很多海外华人心中，红卫兵是类似纳粹冲锋队的极端恐怖分子。红卫兵在西方的知名度很高，人们对韩少功谈的鲁迅、巴金、沈从文等一头雾水，对红卫兵却很了解，对曾是红卫兵的韩少功暗生疑惧。某日深夜，韩少功在旧金山电影院门口看到一个外国姑娘在发放传单，传单上是毛泽东像和《白毛女》剧照，落款为："无产阶级文化大革命二十周年纪念委员会"。这位叫弗兰姬的英国姑娘，正在美国从事职业革命，靠打零工为生。在如何看待"文化大革命"问题上，韩少功与弗兰姬进行了尖锐的交锋，韩少功从不同角度否定"文化大革命"，而弗兰姬则从不同角度肯定"文化大革命"。[①]由此可见韩少功思想转化的线索：在20世纪80年代公共舆论的制约下，"文化大革命"的创伤记忆在韩少功心目中占主导地位，所以不认同弗兰姬的观点，但同情弗兰姬所秉持的理想主义。经历过90年代对新意识形态批判后，特别是写作《暗示》《革命后记》时，韩少功对"文化大革命"历史的思考，逐渐吸纳了弗兰姬的某些观点。对韩少功而言，革命年代——包括其极端形态"文化大革命"中的理想主义与90年代的理想主义

---

① 韩少功：《仍有人仰望星空》，《人在江湖》，人民文学出版社2008年版，第2—3页。

之间，是有着微妙的联系的。

　　韩少功为美国的"现代化"震惊，美国人的生活方式，激起了他对自由、革命与人性关系的思考，对"自由"的负面开始有所反思。张笑天在《在天上的感受》（《文艺时报》第 16 期）、《第五十颗星星——夏威夷采风》（《花城》1987 年第 5 期）、《"我爱纽约"——访美杂感之一》（《作家》1987 年第 1 期）等散文中，记载他和韩少功的访美旅程。

　　在美国期间，韩少功还见到了大学同学梁恒。梁恒曾是学生民主运动的积极分子，毕业后到哥伦比亚大学攻读硕士，著有《革命之子》，被不少大学指定为必读书目。韩少功发现，鲁迅在美国的名气，不及梁恒万分之一，在纽约的大街上，经常有美国的读者招呼、攀谈、诚邀合影。

　　创作散文《看透与宽容》刊本年《新创作》。该文标志着韩少功散文创作开始从关注文学的文论转向对人生的体悟，韩少功表白自己的宗教观："真正的宗教知识是一种精神和心智、一种透明、一种韵律、一种公因数。它的任何外化和物化，它对任何教派的附着，都只能使它被侵蚀甚至被异变。于是我不愿意接受任何现实的宗教活动。"

　　8 月 26 日　与张笑天应邀访问"美国之音"，并发表简短的录音讲话。

　　9 月上旬　中国社会科学院文学研究所召开"新时期文学十年讨论会"。

　　9 月　《女女女》被《小说选刊》第 9 期转载，同时刊发韩少功的创作谈《好作品主义》，"我力图写出人物的典型性，并向字里行间渗入我的理性思考——或是关于人类社会历史的思考，如《爸爸爸》；或是关于个人生存状态的思考，如《女女女》。""写作时不必在乎什么主义不主义"，文学中也是迷悟由人，而不在主义之异同，不在概念、观念、手法、流派之异同。

　　上海文艺出版社编，程德培、吴亮评述的《探索小说集》由上海文艺出版社、香港三联出版社出版，韩少功的《爸爸爸》名列本书第一篇。

　　吴亮、程德培选编的《新小说在 1985 年》由上海社会科学院出版社出版，韩少功的《爸爸爸》《归去来》《蓝盖子》入选。

　　中篇小说《火宅》刊《芙蓉》第 5 期，后改名为《暂行条例》。作品批判官僚体制，韩少功说："写《火宅》的动机是出于社会责任感，虽然采取离奇、荒诞的方式，但在假定的大前提下，所有的故事在现实中

都有所依据，可以说是假中有真。从这个角度来看，《火宅》本质上是写实主义作品，同现代派关系不大。"（《鸟的传人》）

骆晓戈《韩少功印象》、曾镇南《韩少功论》刊《芙蓉》第 5 期。

10 月 16—18 日　省作协召开文学青年座谈会，举行湖南省第二次青年文学奖发奖仪式，何立伟、叶梦获奖。韩少功在会上讲述旅美感受，古华讲述旅欧感受。

10 月　创作《也说美不可译》，刊当年上海市作家协会内刊，1993 年刊《椰城》。

11 月初　与康濯、莫应丰、石太瑞（省作协秘书长）赴京参加中国作协理事会会议。

11 月 7 日　在京读书学习的肖建国、叶之蓁、聂鑫森、蔡测海、贺晓彤等人，到京西宾馆看望康濯、韩少功等人，其时湖南的"寻根小说"在全国正闹得火热，《文艺报》记者晓蓉前来采访，中午在燕京饭店就餐。当话题讲到"性"上时，众人请康濯讲了几个"绿故事"，莫应丰、韩少功劝康濯写下来，康濯哈哈一笑："将来写出来了，如果没法出版，就交给韩少功保管，因为在座的他年纪轻，将来会要干一番大事业。"①

11 月 29 日　晓蓉《面对伟大变革，他们寻求着什么?》刊《文艺报》。晓蓉报道说：湖南中青年作家的文化寻根，在全国范围内引起争议。争议的焦点是：在文学与现实的关系上，这类作品是"退到了遁入山林的歧途"，还是在表现生活的更高层次上"代表了文学创作的一种新走向"？在中国作协第二次理事会期间，作家们对这个问题充满歧见，有些与会者认为：纯客观地展览原始、蛮荒、怪异的文化形态，疏淡正在变革中的现实而迷恋考究民俗、宗教、陋习，是一种背向现实面向古代的"把玩习气"；有人指责这种创作上的"国粹思潮"，本质上是一种抗拒新生活的"反历史、反审美的浪漫"。肯定者认为这是一种"积极参与社会变革的独特方式"，康濯说这是"思过治伤"。湖南在京中青年作家都认为：新的民族精神的腾飞，首先是要对传统文化心理进行扬优汰劣的艰辛奋斗。韩少功说："这是改革由治标到治本的过程，文学需要促进民族的文化启蒙和文化积累""文学家对浅薄的政治疏远，正是从更深层关心现实的一种成熟"。韩少功和肖建国主张在入世和出世的矛盾冲突中

---

① 聂鑫森：《北去的——康濯老》，《真诚礼赞》，作家出版社 2010 年版，第 308 页。

建造作家的高尚人格。莫应丰、蔡测海认为：将读者的思考，从具体的事件引向人生、社会和宇宙，也是作家对现实的一种关切。对宇宙永恒性的沉思，对人类生存方式的探究，以及对人的本质力量进行当代尺度的观照，首先需要作家自己拓宽视野。

11 月　接受《北美华侨日报》记者夏云采访，后以《胡思乱想》为题刊 1987 年《北美华侨日报》，又刊《钟山》1987 年第 5 期，后被收入《大题小作》。该文回应刘晓波对"寻根"的批评。韩少功认为：批判东方封建就否定东方文化是一种观念的偏执，题材的后瞻和精神倒退也不是一回事，把东西方文化分别界定为"理性本位"和"非理性本位"，是不符合历史实际的。在文学层面上，韩少功重视被理性所排拒了的"直觉思维"，但不赞同提倡非理性主义，这容易造成"思维越位"：很需要理性的经济、科学，很不理性，文学艺术中却很理性，毫无非理性思维的一席之地。"中国作家现在既需要强化理性又需要强化非理性，滋阴也要壮阳。而且特别要注意的是：不要用错地方。"韩少功说：现在文学正面临着一个疲劳期和成熟期，"大部分作者将滞留徘徊，有更多的作者会转向通俗文学和纪实文学，有少数作者可能建起自己的哲学世界和艺术世界，成为审美文学的大手笔。"

《作家书简：韩少功致骆晓戈》及《作家书简：骆晓戈致韩少功》刊《作家》第 11 期。韩少功谈自己对于宗教的认识及自己小说与宗教的关系。

翻译英国小说家罗德·戴尔《通天之路》，后被收入《精神的白天与夜晚》一书。

残雪名作《黄泥街》刊《中国》第 11 期。作品的发表颇费周折，韩少功托熟人找到上海的一家文学杂志，也遭到婉言谢绝。①

12 月 11 日　《公刘、韩少功各抒己见，探讨"寻根"的得与失》刊《文学报》。

12 月 31 日至 1987 年 1 月 6 日　全国青年创作会议在北京召开，作为湖南省代表团领队的韩少功以女儿腿伤为由未参加，待在家里读书。韩少功对佛的兴趣是由一个朱姓邻居引起的。这个贫困潦倒的老知青在做完一天的苦活后，就在昏昏灯影下研读佛经并且写诗。这个人诗写得非常棒，感觉和意象尤为奇鲜突兀，但极少发表。在他的引导下，韩少

---

①　卓今：《〈黄泥街〉的传播》，《残雪研究》，湖南文艺出版社 2012 年版，第 60 页。

功走入一个更为深广通邃的思维空间，获得审度自我和人生的新视野。和同时代的许多青年一样，韩少功在对民族文化家底原来了解不多的情况下，就早早开始了对古典文化的批判，把它视为封建文化的糟粕。现在终于有机会坐下来补课，静静地翻阅用繁体字竖排版影印的旧书。《大乘起信论》中的"一心二门"的思想，《六祖坛经》中关于禅定和"无住生心"的阐释，《大珠慧海禅师语录》中关于儒道佛三教异同的开示，都让他心生欢喜，豁然开朗。他认为，在世界上的诸多宗教中，佛教的哲学含量是最高的。他尤其推崇禅宗经典《六祖坛经》的清通和睿智。他也到过寺院，与对宗教感兴趣的朋友和出家人交流："我到过一些寺院，见过一些和尚和居士，我发现某些教徒大慈大悲的精神面具后面，常常不自觉地泄露出一些黑暗：贪财嗜利，趋炎附势，沽名钓誉……也许像很多从事政治的人并不爱好政治，很多从事文学的人并不爱好文学，很多从事宗教的人也不爱好宗教。他们没有爱，只有欲。他们的事业只是一种职业，一种谋取衣食的手段而已。"韩少功从世界法的角度看待佛教，更愿亲近禅宗："我不喜欢它们那种压迫生命欲望的苛刻教规，那些鹦鹉学舌人云亦云的繁琐教条，不喜欢那些关于天国和来世的廉价许诺，不喜欢那种仅仅是为了得到上天报偿这种可怜的私欲而尽力'做'出来的种种伪善""禅宗的中国味道和现世主义色彩，使它显得可亲近一些。作为一种知识观和人生观，它包含着东方民族智慧和人格的丰富遗存，至今使我们惊羡"。[1]

这段时间对老庄、陶渊明、佛教的阅读，对韩少功日后的为人处世产生了深刻影响，即"以出世之心做入世之事"，热心公事，不计得失与荣誉，使自己少颓唐、少受伤、少抱怨。

12 月　康濯《治伤思过和"寻根"——韩少功小说集序》刊《文学月报》第 12 期。湖南文联主席康濯曾对韩少功多有帮助，他在序言中肯定韩少功的文学寻根："韩少功从他在汨罗江六年中所感受到的新旧生活、习俗民情、传说歌谣、山川风物，发现了同屈原及其作品乃至古代楚文化或显或隐的若干联系，从而领悟了新旧生活的某些渊源，想到了今天的文学应怎样从屈原和楚文化的传统学习、继承和发展，这就是他思索和提出'寻根'的具体发轫。"康濯肯定寻根文学是对治伤思过文学

---

① 韩少功：《看透与宽容》，《在后台的后台》，人民文学出版社 2008 年版，第 1—2 页。

的"提高和深化"。中宣部副部长贺敬之曾到湖南，在讲话中批评文化"寻根"，坚持革命文学的根在延安，康濯一听就紧张，劝韩少功以后不要再说了。

本年   创作纪实性散文《美国佬彼尔》与《重逢》。

1985—1986 年，文化寻根成为湖南作家热议的话题，"文友们频频聚首，谈楚文化的源流，议原生态生活的奇幻，评各人小说的得失，少功往往是积极的倡导者和参与者。"《芙蓉》刊发韩抗的《文学"寻根"之我见》（1986 年第 1 期），日复的《根，源泉，当代性》（1986 年第 1 期）等讨论文章。《文学月报》开辟笔谈专栏"关于'文学寻根'的探讨"，刊发胡宗健的《文学的根和叶》（1986 年第 3 期），未央的《文学的功能与"寻根"》（1986 年第 6 期），李元洛的《楚文学与湖南当代小说家群》（1986 年第 6 期），韩少功的《寻找东方文化的思维和审美优势》（1986 年第 6 期），肖为的《我对"寻根"的看法》（1986 年第 6 期），凌宇的《重建楚文学的神话系统》（1986 年第 8 期），叶蔚林的《对寻"根"的几点看法》（1986 年第 8 期），康濯的《治伤思过和"寻根"》（1986 年第 12 期）等。

湖南不少作家也踏上了文化寻根之旅：叶之蓁和聂鑫森穿越湘西苗族土家族居住区，考察古老的民俗民风和民歌民谣。他们"不是为了像查族谱一样去查寻各民族的来龙去脉，也不是为了去描写那些独特的风情，而是为了寻觅一下中华民族的文化底蕴乃至一种思想方法，试着找到观察世界的另一种眼光。"

韩少功的《爸爸爸》，蔡测海的《船的陨落》《古里——鼓里》，叶蔚林的《五个女子和一根绳子》，莫应丰的《桃源梦》，孙健忠的《舍巴日》等被作为"寻根小说"的代表在全国讨论。

程光炜和一个省级作家代表团访问湖南张家界，回经长沙时，韩少功受湖南作协委派负责接待，"因为'寻根'，韩那时已'大红大紫'，誉满天下，而我正在一所大学教当代文学，职称还是助教，自然对他'颇感兴趣'。席间问到他怎么看沈从文的小说，他很惊骇地看我一眼，似乎因为我的'无知'。但他还是不动声色、很客气和严肃地答道：'他对我们的创作非常重要。'这个回答给了我极深印象，一是沈从文与'寻根'的关系，另外，是他特别加重语气地使用了'非常'这个词。"① 唐小林则对这则文坛轶事做出另一种解读。②

本年度重要研究论著

潘仁山：《关于寻"根"的思考——致韩少功同志的信》，《文学评论家》第 1 期。

吴慧颖：《"反思文学"的深化——读韩少功的中篇小说〈爸爸爸〉》，《岳阳师专学报》第 1 期。

吴慧颖：《绘生活之古态　寻文化之宿根——谈〈爸爸爸〉的创作方法与评论中的歧见》，《中国文学研究》第 2 期。

吴慧颖：《反思之钻向远古愚昧的沉积层掘进——读韩少功的中篇〈爸爸爸〉》、胡宗健《韩少功小说艺术琐记》刊《当代作家评论》第 3 期。

李庆西：《说〈爸爸爸〉》，《读书》第 3 期。

肖强：《寻根意识与全球意识的融汇——评韩少功的文学主张和近期创作》，《文学自由谈》第 4 期。

陈达专：《韩少功近作和拉美魔幻技巧》，《文学评论》第 4 期。

方克强：《阿 Q 和丙崽：原始心态的重塑》，《文艺理论与研究》第 5 期。

陈达专：《变化无穷——读韩少功两篇新作札记》，《文论报》第 11 期。

钟秋：《"归去来"析——论新时期文学从"现代化"到"寻根"的转变》，《云南社会科学》第 5 期。

段跃芳：《韩少功近期创作得失探》，《文学评论家》第 6 期。

萧春雷：《传统文化的反省与选择——评王安忆〈小鲍庄〉和韩少功〈爸爸爸〉》，《当代文艺探索》第 6 期。

---

① 程光炜：《文学讲稿："八十年代"作为方法》，北京大学出版社 2009 年版，第 357 页。
② 唐小林：《程光炜的学人素质》，《文学自由谈》2016 年第 4 期。

一九八七年　三十四岁

1月16日　给《生命中不能承受之轻》作序："有一次作家李杭育与我谈起小说理念化的问题。他认为'文以载道'并不错，但小说中的理念至少有几个层次：一种是就事论事的实务理论，一种是涵盖宽广的哲学理论；一种事关时政，一种事关人生。他认为事关人生的哲学理念与文学血缘亲近，进入文学有时并不给人理念化的感觉。只有脱离形象脱离人生来大谈科学或政治，才是高射炮上装鱼雷，造成理论与文学的功能混淆。这确实是一个很有见地很能启发我的观点""《生命中不能承受之轻》显然是一种很难严格分类的读物……成为理论与文学的结合，杂谈与故事的结合，而且还是虚构与纪实的结合，通俗与高雅的结合，先锋技巧与传统手法的结合"。韩少功还首次提出了"分离日久了的文史哲，能不能回归人类文化初期的一体整合状态""既然人的理智与情感互为表里，为什么不能把狭义的文学（fiction）扩展为更为广义的读物（literature）"的问题。

上述理解深刻影响了韩少功日后的文学活动，在主编《天涯》和长篇小说《马桥词典》《暗示》中，都可以看到上述文学观念的影响。

1月　创作散文《我家养鸡》。后刊《小作家选刊》（2003年第12期）、《课外阅读》（2004年第4期）。

《文学月报》改刊名为《湖南文学》，主编任光椿，副主编王以平、郭味农，韩少功名列编委。《湖南文学》成立刊授部（创作辅导中心），韩少功与未央、康濯、叶蔚林、任光椿、周健明、莫应丰、谢璞、谭谈等任顾问。

2月27日　夏云《直面悖论的韩少功——听他谈文学与创作》刊《华侨日报》。韩少功表明自己阅读庄禅与西方哲学著作的抱负，他认为"中国的庄禅哲学从来就是以非理性为本位的"，而正是在"非理性"这一点上，他将庄、禅哲学和现代派哲学沟通起来，融为一体。他用"直觉"这一根线把列维·布留尔研究原始思维、皮亚杰研究儿童思维、弗洛伊德研究潜意识思维的诸学说"统统贯串起来"。

2月　《上海文学》编辑部编《归去来——〈上海文学〉小说选》由漓江出版社出版。

3月　《黄母鸡》刊《少年作文辅导》第3期。

创作散文《仍有人仰望星空》刊本年的《新创作》。

《棋霸》《猎户》刊《新创作》2—3月号。

4月　参加《钟山》杂志和南海舰队在海南岛联合举办的"南海笔会"，《钟山》主编刘坪，作家林斤澜、史铁生、高行健、李陀、陈建功、理由、戴晴、韩少功、何立伟等参加笔会。何立伟曾记载这次笔会："还有一次是去海南，时在1987年，海南尚未建省，《钟山》组织了一个笔会，去的人是最有意思的一群人……时在《钟山》做编辑的苏童和范小天也是整日一起厮混得热闹。最有趣的是苏童他们把一尊活佛样坐在轮椅上的史铁生竟也弄来了。坐潜艇，乘登陆艇，游泳，吃椰子同西瓜，在海边星空下聊天——话题比天上的星还多还散还璀璨。聊到半夜了意兴阑珊，回到海军招待所——我同少功住一间房，又接着聊。少功是一个私人话题不多的人，他好像一枚坚硬的核桃，任何人都不容易深入到他的个人内心世界里去。但那一回他跟我说，他喜欢海南。假如生活在这里，他愿意。少功不是一个乱弹琴的人，两年以后，海南刚一建省，他就举家南迁，来到这当年苏东坡的流放之地。"①

在韩少功推荐下，徐乃建的丈夫景凯旋到作家出版社面见编辑白冰和崔艾真，其翻译的米兰·昆德拉《为了告别的聚会》被接受出版，作为"作家参考丛书"，内部发行。

台湾《联合文学》杂志推出"探索与反思——大陆新生代小说"专辑，介绍韩少功、郑万隆、残雪、莫言等十四位作家近作，并邀请八位名家作评。

5月　韩刚、韩少功译《命运五部曲》，由上海文化出版社出版。其时，二姐韩刚为长沙职业技术师范专科学校英语教师。本译作在"阅世""发现""冲突""障碍""回顾"五个人生主题下各有两篇不同作者所写

---

① 何立伟：《忽然想起韩少功》，《上海文学》2000年第12期。

的"感知方式、思想观点、情绪流向完全不同""或风格手法完全不同"的小说。在《译者的话》中，韩少功表明翻译这本书的初衷："近来，很多青年文学爱好者都在谈论认识和表现生活的多视角问题。这是与当代科学与哲学同步的一种表现。本世纪以来，绝对化的观念受到了冲击。爱因斯坦的'相对论'、玻尔的'互补说'等等，还有后来涌现的控制论、系统论和信息论，向人们展示了一个更为多样、多元、多律、多参照系的世界，并展示了实现新的多样统一的前景。社会生活也发生了变化，'一国两制''多种经济成分综合型体制'等等，宣告了机械一元论时代的结束。文学正是在这个时代趋势的大背景下，遇到了多视角的问题，不难看出，这是导向大解放和大繁荣的一个路标。""这本小集子，是倡导这种文学思潮的一个尝试。因此，从某种意义上说，也许它的选编匠心比作品本身更能引起我们的重视。"

韩少功与几位朋友在刘杰英家商量去海南的事，韩少功决心很大，当即向作协写了一份辞职书，表示不批准他去海南就辞职。韩少功说自己去海南，想建立一个东南亚华文文学中心，以推动华文文学的交流与创作，使中国文学能进一步在世界上造成影响。还想创建一个平等、自由、民主、人权、高效、幸福的小公社——人类理想的乌托邦。[①]

6月 韩少功到湖南省怀化地区兼任林业局副局长。挂职体验生活期间，仍坚持写作。

吴亮的《韩少功的感性视域》刊《作家》第6期。吴亮从韩少功小说中的女性形象，透析韩少功的"恋妹""恋母"情结与其强大的理性的关系；从韩少功小说中精神变异者、精神失常者和白痴形象，肯定"韩少功的理性已经发达到这样的程度：他完全可以通过一些没有理性者的描绘来达成他的理性意图""唯有那些理性过甚者，才想到（也许是无意地）返身去审视非理性的异常人，而这样做的后果，就是不断从中捕取超越普通理性的深在意义"；通过梳理韩少功对各种物象、物态和动物的描写，得出了"物的有神化、物是人世的沉默观察者、物是历史过程的见证、物收藏着世界的各种秘密和物与人的奇妙沟通，这五个方面合成了韩少功小说物体描写的全部价值"的结论。韩少功显然认同吴亮的精

① 刘杰英：《寻根汨罗——韩少功与知青生活》，《随风而去》，湖南人民出版社2007年版，第174页。

彩分析，他曾把本文收入其小说集《鞋癖》（长江文艺出版社 1994 年版）。

湖南零陵卷烟厂文学杂志《香零山》创刊，韩少功被聘为顾问。

7 月　创作散文《布珠寨一日》。

吴亮的《韩少功的理性范畴》刊《作家》第 7 期。吴亮认为：韩少功小说的许多主角是"精神变异者或失常者"，这"隐含着对人性的一种无泪的痛切静思"，韩少功在反省了直接为民请命的写作原则后，并没有立即拜伏在完全和民众生活相脱离的纯艺术旗帜之下。"他遭遇上了一个带有形而上性质的主题，即揭示人的根本处境，而不仅仅是揭示人当前面临的具体处境""韩少功是入世的，同时他又是脱俗的；他是充分现实的，同时他又是真正地虚无的。他的悲观主义和博爱精神有着一种奇特的混合，他会残酷地透视人性中的病态刻毒地攻讦人的时髦仿效，也会热忱而通达地原谅人的各种现代过失""从个人经历和气质上来说，韩少功原本是一个情感型的偏爱幻想的人，正是后来习惯的理性（或经他自己发掘然后予以强化的理性）使他的情感变得深沉有力，幻想变得广阔诡奥。理性不可能也没有彻底改变他的基本人格类型，只是使它们在表现出来的时候形成了一种独特的陈述。在他的冷漠底下仍流着炽热的人情，在他的超人道之下仍有着宽厚的人道，在他的虚无里仍包含着对世俗事务的执着看法，在他的静观中依旧透出他难以更改的是非好恶标准""韩少功的理性范畴是深刻而紊乱的""他的理性紊乱表现在他熔相对主义和现实主义于一炉，熔民粹思想和世界主义于一炉，熔人道精神和虚无精神于一炉。他批判农业文明又返归乡村，他批判工业文明又尊崇民主，他一直处于那种背反的价值游移之中，在精神信仰的边缘进退维谷。"本文曾被韩少功收入其小说集《鞋癖》（长江文艺出版社 1994 年版）。

8 月　台湾《人间杂志》第 22 期刊发韩少功的小说。

9 月　《美国佬彼尔》刊《湖南文学》第 9 期"域外风情"栏目。

《钟山》第 5 期"作家之窗"栏目，刊出韩少功小说《短篇二题：故人　人迹》《答美洲〈华侨日报〉记者问（代创作谈）》，同时刊出韩少功小传、作品目录，以及吴秉杰的《韩少功小说创作探问》。韩少功说："《爸爸爸》的着眼点是社会历史，是透视巫楚文化背景下一个种族的衰落，理性和非理性都成了荒诞，新党和旧党都无力救世。《女女女》的着眼点则是个人行为，是善与恶互为表里，是禁锢与自由的双双变质，对人类生存的威胁。我希望读者和我一起来自省和自新，建立审美化的人生信仰。但这些主题不是一些定论，几乎是一些因是因非的悖论。因此不仅是读者，我自己也觉得难以把握""作者对描写对象的认识过程，在创作中应该是一次成功，也应该是一次失败。于是发现自己迷失了，把读者也引入了一种迷失。但这种迷失是新的寻求的起点和动力。"

经新闻出版署批准，与姐姐韩刚合译的米兰·昆德拉长篇小说《生命中不能承受之轻》经删节后，列入作家出版社的"作家参考丛书"（该丛书旨在介绍各种流派的代表著作，作为透视世界思潮和文学潮流的窗口），以内部发行的方式面世，首印 24000 册。读者凭司局级以上的证件，可在新华书店的内部书柜台购买（《金瓶梅》也是如此）。

该书的出版历经波折，韩少功曾联系过几家出版社，都被退稿。他认为这并非出于政治原因，"1986 年的中国已经逐步打开国门，气氛相对宽松。出版社拒绝这本书，可能只是觉得这个作者没什么名气。"其时，作家出版社编辑白冰从西双版纳回来，看完译稿后，感觉非常好。但昆德拉身为捷克持不同政见者，被东欧学术界贴上了"反共"的标签，引进他的作品，可能具有政治风险。第三编辑部副主编亚芳（中国作协书记处常务书记鲍昌的夫人），也看重译稿的价值。她与白冰一起到新闻出版署，询问出版的可能性。出版署建议他们先去中国社科院咨询专家。外国文学所东欧文学研究室的专家肯定作品的文学价值，建议他们在政治方面询问外交部。该年 4 月，捷克斯洛伐克总理什特劳加尔访华，6 月中国领导人访问了捷克斯洛伐克。外交部恐怕对外交工作不利，坚决反对此书出版。事后，白冰再次与外交部沟通。最后，小说删节三千来字，主要是托马斯和特丽萨之间的性描写，还删除了"共产党""主义"等一些敏感词汇，书的原貌大体得以保全。对书名《生命中不能承受之轻》，白冰曾与韩少功反复讨论，觉得有点绕，不利于传播，但想不出更好的译名。"他引用的是古希腊哲学家巴门尼德的观点。事物都有两极，黑暗与光明，轻与重，温暖与寒冷等。从我们的习惯来说，重是不能承受的，但其实轻也是不能承受的。"①

1989 年此书获准公开发行，第一年发行了 70 万册。韩少功获得一次

---

① 杨敏：《米兰·昆德拉如何进入中国》，《中国新闻周刊》2013 年第 14 期。

性翻译费 7000 元，由于当时中国没有加入世界版权条约，出版社没有付给原作者任何报酬，米兰·昆德拉有些生气，曾致信韩少功询问版权事宜，韩少功与出版社交涉，未果。

韩少功翻译《生命中不能承受之轻》，与他当时的哲学思考、文学探索是同步的。他认为昆德拉的深度在于"由政治走向了哲学，由强权批判走向人性批判，从捷克走向了人类，从现时走向永恒"，在写法上包容了哲理性散文笔法，大大开拓了小说的可能性，对局限于政治清算和感伤倾向的伤痕文学、反思文学，是一次极大的冲击。王蒙对这本译著评价很高，说许多人受韩译本影响，经常使用"媚俗"一词及"人类一思考，上帝就发笑"一句。

秋 与莫应丰、谭谈、古华、萧育轩、水运宪、叶梦等参加湖南省作协组织的资江笔会，沿资江考察。在笔会上，莫应丰感慨湖南青年作家太多、太集中，应该间间苗，移移种。

11 月 《文学散步》刊《天津文学》第 11 期。

访谈《鸟的传人——答台湾作家施叔青》刊台湾《中国时报》。这段时间施叔青接受台湾《中国时报》邀请，撰写大陆作家访谈录，第一站到湖南采访韩少功，并在韩陪同下采访残雪，此后连续采访汪曾祺、阿城、郑义、莫言、邓友梅、张贤亮、冯骥才、刘宾雁、宗璞、陆文夫、古华、戴厚英、史铁生等十几位作家。访谈录均被收入《文坛反思与前瞻——施叔青与大陆作家对话》（香港明窗出版社 1989 年版），促进了台湾对大陆文学的了解。

韩少功在访谈中说："我对问题和手法兴趣广泛。最早接触的文学，是鲁迅、托尔斯泰那一类，后来又读过外国现代派小说，比如卡夫卡、福克纳、塞林格等等，但也不是都喜欢。比如法国新小说的西蒙，我就看不下去，觉得太晦涩难读了。我觉得实验性的小说最好是短篇，顶多中篇，长篇则完全没有必要。因为一个作家如果想要玩玩观念、玩玩技法，有十几页就完全可以表现了，没必要写那么大一本来重复。""我的写作并不完全排斥理性。要减少理性的负面功能，最好的办法不是躲避理性，不是蔑视理性，是把理性推到内在矛盾的地步，打掉理性可能有的简单化和独断化，迫使理性向感觉开放。我经常说，写作品不可能没有提纲，但最好的情况是写着写着突破了提纲，写时作者自己几乎失控。我还说过，作家对自己小说材料的掌握和认识，在写作中应该是一个成功的过程，同时也是一个失败的过程。就是说，写到最后，作者有了领悟，还留下茫然，倒可能是一种较好的状态。如果把认识对象了解得清清楚楚了，对一切都有结论了，那肯定不是一种艺术品。""我希望每写一篇，都有新的发现和新的惊讶。当然，这种写作不一定就好，实际上很难，往往是力不从心。但我愿意接受新的失败，不愿意接受旧的成功。""我羡慕那些语体意识很强的作家，因为语言形式本身就是内容，语言本身就携带了足够的信息，语言本身就暗含了经验、修养、人格等等。"韩少功一贯重视语言，后来才能创作出《马桥词典》与《暗示》。

12 月 31 日　香港女作家西西来信。

12 月　陪台湾作家施叔青一起采访残雪，韩少功参与对谈，对残雪的"创作完全排除理性""两个灵魂"等问题发表意见，见施叔青《为了报仇写小说——与大陆作家残雪对谈》。

作《记曹进》，原题《无学历档案》，后刊于 1988 年《湖南文学》。

本年度重要研究论著

李庆西：《他在寻找什么？——关于韩少功的论文提纲》，《小说评论》第 1 期。

俞巴立：《读〈爸爸爸〉：笔记三则》，《文学自由谈》第 1 期。

李明泉：《社会生态和生命意义的变形透视：读荒诞小说〈火宅〉》；税海模：《荒诞与荒诞意识：〈火宅〉失误试析》，《作品与争鸣》第 1 期。

王海谓：《感伤与神秘的精灵——论韩少功小说的激情特征》，《文学评论家》第 3 期。

樊篱：《从〈爸爸爸〉看韩少功的探索》，《湖南文学》第 3 期。

胡宗健：《韩少功近作三思》，《文学评论》第 2 期。

陈达专：《韩少功近作与拉美魔幻现实主义》，《文学自由谈》第 2 期。

基亮：《"寻根"的反思——评韩少功近作》，《当代文坛》第 3 期。

陈达专：《殊途同归的"南北二功"——韩少功与陈建功比较谈》，《当代文坛》第 5 期。

田中阳：《"诱惑"和困惑——评韩少功的短篇小说集〈诱惑〉》，《图书馆》第 5 期。

一九八八年　三十五岁

1月21日　韩少功致信文艺批评家吴亮，写在"中国作家协会湖南分会"笺上，纯蓝墨水，信件内容如下：

　　许久未见，读了你很多文章，颇感共鸣。你真是越写越有精神，一种美丽洪亮的声音终于在叽叽喳喳的文坛生长出来，使人们对中国文学前景多了些信心。

　　我年初抽空写了点短篇，发出来后可请你批评。又谋一中篇，想了港台朋友之约，但因调海南之事务，不觉有些焦灼。

　　叶蔚林已调海南……我是不得不去了，想去的还有很多，蔡测海、徐晓鹤、何立伟、蒋子丹夫妇等等，凌宇、李元洛、四川廖亦武、李亚伟等也在来信联络。但暂时不宜成群结伙。我与张新奇先去，先承包一两个刊物。为今后事业计，先办一纪实文艺月刊，赚钱，也有一定思想文化价值。主要是发纪实文学（含报告文学、纪实小说、专题调查、史传文学等）和摄影新闻。文稿约占百分之六十，图稿占百分之三四十，题材主要是政经时事社会新闻等。国内稿占百分之六十，国外稿占百分之四十。

　　现在想请你为我办一件事：在上海物色一至两名你心目中素质最优和能力最强的记者作家，将来成为我们的特聘编辑和记者，当然，要此人愿意干的，要兼文字和摄影。我们打算以月薪三百元（含公杂费）聘请。稿费在外。

　　盼你帮我找一找（最好在新闻出版系统找）。

　　我已同时在北京、广州、香港、台湾、美国、欧洲找这样的人才，海外应聘者，我们打算付月薪一千元。印刷、发行等等环节，财务计划，我们都严格算过了，毫无问题。现在只是争取刊名和定价，我们会把工作做通的。

　　有了资金，我和朋友们合计，再在海南办品格成熟的文学刊物和学术刊物，大概在明年开始吧。在我的考虑中，希望你将来帮我的忙，也当我们的特聘编辑。我们用同样方法为你工作提供条件。我打算用三至五倍的稿酬与其他刊物竞争。

　　这些事还在密谋过程中，你一个人知道也就行了。如你手中没有合适的人选，也可大体与德培、介人等其他朋友商议。我与新奇可能春节后就举家南迁了。四月份我访法、意两国，还想去英国看看朋友。海内先由新奇坚持干。我答应帮他干一年，这一段只能写点短章，也可翻译，翻译机械一些，轻松一些。

　　残雪长篇看了三分之一，感觉不是很好。感觉力减弱了，纯粹成了一种翻译术，即把理性化了的现实对应地"译"成荒诞画面，实质上归于理念了。这样"译"下去，有装疯卖傻之嫌，我对装贵族装流氓装疯狂都很敏感，也许是过敏吧。①

1月　散文《老同学梁恒》刊《湖南文学》第 1 期"域外风情"栏目。

《艰难旅程》刊《特区文学》第 1 期。

《美不可译时的烦恼》刊《文学角》第 1 期。

2月16日（除夕）　吃过年夜饭，韩少功带上妻子和 8 岁的女儿韩寒，女儿的学籍卡、爱人的工作调动函（尚未找到接收单位）、全家的户口本和被褥脸盆等，从长沙坐火车到广东湛江。同行者还有姐姐韩刚、好友张新奇两家人。朋友李一安、弘征、林澎、石太瑞送行。大年初三，他们乘船抵达了海口秀英港。由于海南作协仍在筹备中，韩少功的工作无法马上落实。

　　其时，他给湖南省委宣传部的辞职信没被批准，省作协不便送行，只有秘书长石太瑞以朋友身份到车站话别。省委宣传部某副部长曾亲赴海南，劝韩少功回去。韩少功破釜沉舟、态度坚决，他觉得内地空气沉闷，机关里衙门作风太重，而国家许诺在海南建立自由的经济特区，特别是许诺民间独立办媒体。

---

① 吴亮：《公开当年信件只是一种责任》，《书城》2012 年第 4 期。

初到海南生活艰苦，韩少功、张新奇、韩刚三家人合租，住在"213
站"的部队营房里，三家合伙做饭，有一阵子过的是从井里取水的日子。
"旧营房没有天花板，亚热带的阳光和雨露从青瓦的缝隙里漏进来，一些
老鼠在屋梁上跑，扫下成分不明的灰屑。……韩少功在这个没有天花板
的集体户里，接待过各地前来海口闯荡的文学爱好者以及其他爱好者。
有时候，流水席从中午开到晚上，电饭煲的电线煮得发烫，买一桶花生
油，两三天就吃得一滴不剩。最后，韩先生终于招架不住，只好在门口
贴出一张启示，内容简单明了一共三条：不谈生意，不言招聘，不管食
宿。"① 姐姐韩刚在海南师院外语系获得教职后，韩少功曾在姐姐家借住，
后妻子梁预立被海南师院接纳，并在海南师院安家。

2 月 《谋杀》刊《作家》第 2 期。

3 月 1 日 收到刘宾雁来信。刘宾雁询问韩少功对近几年文学创作以
及自己作品的看法。

3 月 29 日 聂鑫森致信韩少功，表达不能与文友同往海南的怅然：
"少壮光阴迫，慨然走边陲。楚地多俊杰，星石强争辉。把酒论时势，举
翼尽南飞。冲开凛寒阵，何日再重归？建构新文化，从此不低回。椰林
缘案牍，荔枝红书扉。烈日炙眉宇，惊涛洗鬓灰。嗟哉零落雁，敛羽难
与随。京华久滞留，世事每相违。推窗风打雪，遥祝酒一杯。"

湖南作家中最早去海南的是叶蔚林，然后是韩少功、张新奇、水运
宪、蒋子丹、叶之蓁、刘舰平等，文坛湘军失去半壁江山。"湘军南下"
成为有关"文人下海"讨论的焦点。聂鑫森是与韩少功书信往还最多的
作家。何立伟也经常与韩少功通信，韩少功每次接到何立伟的信，就打
电话给在海南的其他湘人，在话筒里大声念给他们听。

3 月 《不谈文学》刊《钟山》第 2 期。

《自由者路上的摇滚——访美手记》刊《小说界》第 2 期。

4 月 7 日 王子威访谈《最重要的是得分——与青年作家韩少功一席
谈》刊《海南日报》。

4 月 13 日 七届全国人大一次会议通过设立海南省和建立海南经济
特区的决定。

4 月 报告文学《无学历档案》刊《湖南文学》第 4 期。

---

① 蒋子丹：《〈韩少功印象〉及其延时的注解》，《当代作家评论》1994 年第 6 期。

5月25日至6月11日   应法国文化部邀请，与陆文夫、张贤亮、刘宾雁、白桦、刘再复、高行健、北岛、张抗抗、刘心武、张欣欣、江河共十二人，组成中国作家代表团访法，法方还邀请了正在国外的刘宾雁等几位中国作家。5月27日晚，法国文化部所属的文化交流协会主办题为"中国文学的觉醒"大型讨论会。在讨论会上，几位中国作家对中国传统文化的态度，引起徐广存等部分华裔的强烈不满，二者之间发生激烈的争议，《欧洲时报》曾对此进行报道，《中流》杂志也曾刊发牛羊《1988：一个中国作家代表团在巴黎》（1990年第1期）。

韩少功后来在《落花时节读旧笺》中谈到这一纷争时说："争议双方首先有背景的错位，有语境的分裂，说的好像是一回事，但联想空间、意涵所指、听众预设等远不是一回事。刚出国门的中国人，满脑子还是官本位、大锅饭、铁饭碗、冤假错案，不发发牢骚，不冒点火气，好像也不可能。不过长期生活在外的不少华裔对这一切感觉较为模糊，恰恰相反，他们的切肤之痛是不时蒙受某些西方人的白眼，一身黄肤黑发没法改，最急的是没有自尊本钱，最愁的是没有自强后盾。好容易有了'两弹一星'什么的可供吹嘘；再说说《论语》《道德经》，或扎个狮子舞个龙，图的是在'多元化'中也挤进一席。他们如今听中国作家反这反那，连传统文化也要一股脑统统黑掉，那还不跟你急眼？"

访法期间，韩少功对陆文夫、刘心武印象深刻。他佩服陆文夫的人品，不赞成刘心武的文化观。在法国期间，韩少功首次见到翻释家安妮·居里安。

5月   聂鑫森《"湘军"掠影》刊《南方文坛》第3期。其中详细谈到"韩少功苦攻外语"的许多细节。

6月15日   孟姜君的报道《韩少功下"海"》刊《人民日报》。

6月23日   张贤亮来信，谈中国代表团访法一事。

6月   曹文轩《中国八十年代文学现象研究》由北京大学出版社出版，《寻"根"热》一章从"文学的逆反心理""担忧出现文化比重失调""世界文学目标的确立""'魔幻现实主义'的影响""理论上的修正"（文化概念含混不清；"断裂层"的说法有不确切之处；传统文化只能是批判地继承；文化不是一个凝固的概念）等几个方面阐释韩少功、阿城、郑义等人掀起的寻根文学思潮。

7月11日   诗人李亚伟来信。韩少功曾谈及李亚伟的一件趣事："海南建省初期的条件十分艰苦。我租住的平房外，野火鸡不时出没，野香蕉随手可摘，完全是一片荒野景象。因停电和煤气断供，三家人只能合伙用树枝或煤油做饭。有一天，我姐想好好犒劳一下家人，好不容易做出一个大菜：葱爆猪肚。没料到突然冒出几位不速之客，见一盘大菜上桌，手也不洗，也不要筷子，甚至未经主人同意，便乐滋滋争相下手，三下五除二吃了个盆底朝天，吓得几个孩子躲得远远的。我姐气不打一处来，偷偷问：'哪来的这些王八蛋？'后来才知道来者都是诗人——呵，诗人。她好一阵恍惚，把来客留下的两册油印诗读到半夜，才渐渐消了气，第二天早上说：'确实写得好。'算是认可了一桌饭菜的被迫捐赠。这一诗界闹事团伙中就有来信的李亚伟，一个四川小伙。"[①]

初到海南，韩少功开始筹办《海南纪实》，韩少功任主编，张新奇、林刚任副主编，蒋子丹主要负责对外组稿，化名"吴双"。"最初设想的刊名为《大参考》，因有'御用'之嫌，改名《真实中国》，但省一级刊物的名字中不能出现'中国'二字，最后定名为《海南纪实》。"刊物挂靠在筹备中的海南省作协，但作协没有任何拨款，启动资金来源于向一家单位借的5000元钱与各人凑出的私房钱。韩少功出了3000元，其余人略少。韩少功向海南文联保证，杂志社员工以后的工资和医疗费等福利都自行承担，不给组织添麻烦。"一步到位，没有过渡阶段，直接断奶，自己摸爬滚打闯出来，算是一种比较激进的市场化改革。"

《海南纪实》定位为面向大众的新闻与文化媒体，办刊方针是"雅事俗说，俗事雅说""让初中以上的人都能读懂，感兴趣"。这种办刊思路是刚兴起的商品经济的产物，与朱伟、李陀、戴晴、苏炜、史铁生、林斤澜、刘再复、黄子平、查建英、陈平原等人1988年在北京编辑、在江苏成刊然后推向全国的《东方纪事》相似。朱伟等人雄心勃勃要把《东方纪事》办成"中国头一份泛文化杂志"，产生轰动性影响。"当时，带着'湘军'在新建省的海南创业的韩少功，也循《东方纪事》的路子，把他新创办的走'严肃的通俗'（少功语）路线的报纸《海南纪实》带到北京来编辑和组稿。每次进京，因为自京广线凌晨抵达的火车一出站，天蒙蒙亮的他不好打搅他人，却可以坐直达海淀的公车无拘无束敲开我

---

① 韩少功：《落花时节读旧笺》，《为语言招魂——韩少功序跋选编》，河南文艺出版社2015年版，第196页。

的家门，所以当时少功进京，大都是落脚在我的小居，夜夜睡沙发。少功的几次编辑组稿聚会，也都是在我家办的。自然都是大家随便买点德州扒鸡、酱牛肉、粉肠什么的，撕着鸡腿，喝着啤酒，边吃边聊。这种聚会场合，自然也少不了铁生。"①

为了使刊物高效运行，韩少功在杂志社内部实行劳动股份制管理，并参考联合国人权宣言，欧洲人在开往美洲的"五月花"船上签订的《红五月公约》，瑞典的社会主义福利制度等，起草了《海南纪实杂志社公约》，大致内容如下：

第一条：《海南纪实》杂志社所有成员都是志愿加入这个团体的，志愿遵守本公约，选择本公约所体现的基本人生理想和现实行为准则。

……

第三条：杂志社应创建新体制以保证团体功能和个体功能在不同层次的高效发挥，使这个组织对外富有生产性，以文化价值促进社会的精神解放和建设，以经济价值力求自己在竞争中的自主自强；在内则应保持良好的人际关系和人格面貌，平等自由，团结奋进，不断提高生活的质量。

第四条：杂志社蔑视和坚决革除旧式"大锅饭"的寄生性，所有成员必须辞去原有公职，或留职停薪，或将公薪全部上交杂志社，参加风险共担的集体承包，以利振奋精神专心致志，保证事业的成功。除特殊情况经主编同意外，任何人不为其他单位兼任实职。

……

第七条：杂志社实行民主监管下的主编负责制。主编由民主选举产生，报上级主管部门任命；也可由上级主管部门任命，交民主选举确认。无论采取何种方式，主编如未获得全体成员二分之一以上的选票，不得任职，或应无条件辞职。

……

第十条：杂志社成员均有下列其他权利：（1）参与社内重大决策，行使建议权和全员公决时的表决权，如主编的意见违背三分之

---

① 苏炜：《豆青龙泉双耳瓶——追念史铁生》，《书屋》2015 年第 2 期。

二以上成员的意愿，主编应自动放弃自己的主张，下次再议（再议不得超过一次），或改变决定。（2）定期了解杂志社的主要工作情况和财务状况（但不作导致办事效率降低的过细参与）。（3）拒绝执行任何违反国家法纪和本公约的上级指令。

……

第十二条：杂志社创获的一切财富，除上交国家税收和管理费之外，由全体成员共同管理和支配。一般情况下，收益分配必须兼顾事业发展和生活改善，按需分配与按劳分配相结合。按需分配是指：人人均等的基本工资，公费医疗，其直系家属中未享受公费医疗者的半公费医疗，解聘后3个月待业期内的基本工资等。按劳分配是指：与工作表现和实绩挂钩的奖金等。对创获重大效益者，可以另行规定，给予奖励或收益分成。

……

第十四条：杂志社对所有成员的生活保险负有完全的责任。如某成员遭到不测灾难而个人财力不足抵御时，杂志社所有资产，须为帮助该成员抵御灾难而服务，直至该成员生活水准恢复到社内成员最低水准。若集体财力还不够，所有成员均有义务各尽所能，全力帮助，任何人不得反对。在条件具备时，杂志社应帮助所有成员进入社会保险。

第十五条：如因经营上的需要，杂志社暂削减劳动报酬，或以借款的方式征集已分配到个人的财富，任何人不得拒绝。

第十六条：杂志社尊重任何成员的个人生活方式和个人事业方向。对不违法纪不违公德以及不影响工作任务的私生活行为，他人不应以组织或个人的名义予以过问和干预。任何成员提前两个月申请，经主编批准，可以留职停薪享受特别假，从事正当的个人事业。无论在职内还是职外，个人事业上取得非盈利性重大成果并对社会有贡献者，杂志社亦应给予特别奖励。

"韩少功起草了《海南纪实杂志社公约》。按他的说法，这是一个融资本主义、共产主义、绿党思潮、联合国人权宣言精神以及会道门式义气于一炉的公约。""在讨论公约时，杂志社内部曾有过一次持续到深夜的激烈争论。有人要求实行'老板制'，由领导层占有大部分收入，其他人领劳务费。以韩少功为代表的另一种意见则坚持，按劳动和贡献实施分配。前者说，不能搞老一套的大锅饭；后者反驳，要把人分成三六九等的根据是什么？最后，后一种意见占了上风。其结果是，杂志社的分配制度为：从主编到每一位普通员工，享受同等的基本工资和福利，绩效工资则根据每个季度的全员打分结果而定。包括激光照排技术人员在内，普通员工和领导的工资比例大约为1:1.7，差距甚至小于原来预计的1:3。"

杂志社创立不久，就有了丰富的外稿资源。韩少功、蒋子丹等人利用私人关系，逐步发展起一个编外采编队伍，遍布北京、上海、天津、南京等地。当时通行的用人情况是"为我所有，为我所用"，而《海南纪实》则"不求我有，但求我用"。许多编辑都有各自的单位，匿名为杂志社工作。蒋子丹笑称其为"地下工作队"。蒋子丹给这些编辑邮寄工作明细汇总，以"一号同事""二号同事"等相称，最多时排到20来号。《海南纪实》停办后，蒋子丹到北京答谢这批编外人员时，才见到"同事"的真面目。这支"地下工作队"利用自己在圈内的影响力，向业界有名的作家和记者们约稿。作家汪曾祺、海岩、李建彤和多家报社的知名记者都曾为该杂志撰文或提供摄影作品。①《海南纪实》力求图文并茂，为搞到最好的或"机密"图片，还从新华社、中新社、军事博物馆等单位有薪聘请记者和编辑为杂志服务。

8月　海南省委下达《关于成立省文联筹备组及傅仁慧同志任职的通知》，成立省文联、作协筹备组，韩少功任文联、作协筹备组副组长。

筹办《特区文摘报》与海南新闻文学函授学院。创办"以商养文"的《海南纪实》只是韩少功计划中的"第一步"，他当时雄心勃勃：曾打算办一份高水平的纯文学刊物和一份具开拓性的理论刊物；还有着"乌托邦"之梦，准备在海南买地建"作家新村"，创立一块不受金钱、政治干扰的创作的净土。

9月　韩少功致信台湾作家陈映真，代省作协筹备组邀请陈映真来海南访问讲学。

10月22日　陈映真致信韩少功。信中说请人带给韩少功《人间》杂志十册："《人间》是站在'弱者'——民众的立场去看人、生命、生

---

① 杨敏：《1988：海南纪实》，《中国新闻周刊》2013年第7期。

活、自然和社会，特别要追究'发展''现代化'所付出的不必付出的代价。大陆知识分子对西方讴歌太浅薄，太轻佻，对西方资本主义太无知，对中国开放改革的世界背景，即体系化的世界资本主义所加以的限制太无知，对中国社会主义革命的评价太低，对马克思主义的批评太轻率。我们理解这是'文革'的反动，但反动与感情用事不是对待真理的态度。"韩少功后来评价说：对于"现代化"名下的资本主义全球化，陈映真也许是两岸知识界中最早的质疑者和批评者，比 90 年代中后期内地迟到的相关讨论，差不多早了十多年。

10 月　《海南纪实》第 1 期（版权页印 11 月）出版，创下发行 60 万册的纪录。其后最高发行量达 120 万册。出版"挂号"在海南，地址在海口市海府大道 140 号，但整个组稿、编辑以至印刷发行都是全国性的，哪里有优势就在哪里编、印、发，编辑部成员奔走于北京、长沙、广州、海口等城市，使偏于一隅的"海南纪实"成了"中国纪实"。"当时谁也不相信办杂志能赚钱。第 1 期包给发行商，我们只要了两万，后来才知对方赚了几十万，这才对文化市场有了点了解。所以盈利是意外收获，最初动机只是在文化上兴风作浪。"①

当时，杂志还不能自办发行，第 1 期的版权以 2 万元卖断给一个书商。杂志刚开办，还没有谈判筹码，书商说市场打不开，风险大，韩少功只能接受这个苛刻条件。后来，杂志社硬让这个书商另外承担了 8000 元的稿费支出。到第 2 期时，尝到甜头的书商希望杂志继续走赚眼球的路子，说丛维熙的《反右斗争回忆录》过于严肃，没有猎奇性，要求对稿子进行删节。编辑部坚持发行不能干涉编辑方向。双方谈崩，这一期换了一个发行商。到第 3 期时，杂志社成立发行部，由 4 名员工组成，发行冲破百万大关，且此后一直居高不下。杂志社第一次有了 20 多万元的进账。为摸清市场情况，杂志社曾派出员工守在定点报刊亭，观察一小时能卖多少本、顾客先看哪一页、被哪个标题吸引……信息反馈回来，他们再根据市场情况进行调整。《海南纪实》走向正轨后，加大了对固定资产的投入。他们花费 40 万元，配备了中央级媒体都望而却步的整套激光照排系统；又买了一台 18000 元的三菱传真机，用以传稿。为方便工作，还逐步给编辑配备了装机费高达五六千元的电话和相当时髦的 BP

---

①　马国川：《我与八十年代》，生活·读书·新知三联书店 2011 年版，第 211 页。

机。杂志社员工的基本月工资，最高时达到五六百元，相当于当时国家
事业单位的五六倍。企业盈利后，杂志社会计到海口市税务局缴税，被
告知从来没有文化单位来缴税，没这个科目。因曾有没捞到好处的书商
举报杂志社偷税，韩少功要求会计一定要把税交上去，一年多时间里，
共缴税近百万元。①

《海南纪实》创刊号上刊发了蒋子龙的报告文学《从副总理到小经
理》，还刊登了启事《与英国全球教育联合体（GST）合作　海南新闻文
学函授院招生》，韩少功、法国汉学家安妮·克琳等人担任函授院的教务
指导委员。

《海南纪实》在市场上大获成功，与其面向大众的定位有关。先后推
出《紫阳治蜀》《毛泽东晚年二三事》《苏联政治改革纪要》《台湾政治
内情》《"橡皮图章"罢了副省长》《飞机坠毁前的41分钟》等文章，对
普通大众有吸引力。

11月4日　刘再复《论丙崽》刊《光明日报》。刘再复把丙崽和阿Q
做出等值判断，认为丙崽的思维方式是一种非此即彼的"二值判断"，这
种普遍性的文化现象，"隐藏着一种文化暴力"，"一旦和专制主义结合，
一旦和社会盲流结合，就要造成人为的浩劫。韩少功不仅发现了丙崽，
而且发现了丙崽式的思维产生的严重后果。"这种粗鄙原始的思维方式，
"完全是我国传统文化所造成的状态"。刘再复的阐释，为丙崽符号的文
化深度增色不少。

11月20日　《工人日报》发表叶蔚林、韩少功专访，二人主张作家
为了生存，可以从事第二职业。叶蔚林说：许多去海南的作家主张先赚
钱，然后再创作。1988—1990年，韩少功几乎没有写小说。

11月　应邀担任《宁夏青年报》举办的中国"未来作家"青年文学
大奖赛评委。

11—12月　吴亮、章平、宗仁发编选的《魔幻现实主义小说》《象
征主义小说》由时代文艺出版社出版，前者选了《归去来》，后者选收
《爸爸爸》《女女女》。

本年　中短篇小说集《空城》由台湾林白出版社出版。
法国政府"外国美人"文学交流活动出版《重见天日——1978—

---

① 杨敏：《1988：海南纪实》，《中国新闻周刊》2013年第7期。

1988 年中国短篇小说》，韩少功《蓝盖子》入选，这是韩少功的作品首次与法国读者见面。

本年度重要研究论著

田中阳：《论韩少功近作的嬗变》，《求索》第 1 期。

蒋原伦：《〈故人〉的叙述艺术》，《文学自由谈》第 1 期。

刘小荣：《悲剧故事——读韩少功〈短篇二题〉》，《小说评论》第 1 期。

叶培昌：《韩少功〈诱惑〉的独特性》，《理论与创作》第 3 期。

韩抗：《追求形而上的境界——读〈爸爸爸〉和〈女女女〉》，《中国文学研究》第 4 期。

汪政、晓华：《神话·梦幻·楚文化——韩少功创作断想》，《中国现代、当代文学研究》第 4 期。

王晓明：《不相信的和不愿意相信的——关于三位“寻根”派作家的创作》，《文学评论》第 4 期。

一九八九年　三十六岁

年初　韩少功、郑万隆、李杭育、扎西达娃等几位"寻根"文学的主将参加"香港笔会",这次笔会成为"寻根文学"在域外的一次总结会师,韩少功说:"'寻根文学'似乎是一个先有旗号,后有创作,先有理论,后有实践的'有意为之'的文学流派,这在现、当代文学史上倒是罕有先例的。"大家共同商定,于本年 5 月在上海笔会重聚,以图从"寻根文学"再出发,再掀文学新潮。5 月间笔会如期举行,恰值学潮骤起,便也"新潮"难再了。①

2 月 17 日　莫应丰逝世。

3 月　小说《鼻血》刊《天津文学》第 3 期。

4 月　《归去来》刊《中国文学》(英文)(季刊)第 2 期。

丁蔚文《徐晓鹤韩少功访问记》刊《青春》第 4 期。

蔡源煌著、台湾第一本研究祖国大陆当代文学的评论集《海峡两岸小说的风貌》由雅典出版社出版,其中认为《爸爸爸》《女女女》里面所述及的祭祀诅咒和暴力蕴含了中国的环境制约和文化制约问题;认为《火宅》表现了官僚机制和语言对人的制约。

7 月　台湾学者陈信元的《从台湾看大陆当代文学》由台湾业强出版社出版,其中收有《寻找楚文化的根——小论韩少功作品》。

8 月　晋升文学创作一级职务。《特区文摘报》奉令停刊。

9 月　全国报纸杂志大整顿,关闭了 500 多家。《东方纪事》停刊,共出 4 期;《海南纪实》停刊,共出 11 期。韩少功接受政治审查。告别时版权页上的"全体工作人员"为:韩少功、张新奇、林刚、叶沫、吴

---

①　苏炜:《文学的"寻根"与"话语"的嬗变——略论西方现代主义文学思潮对八〇年代中国文学的影响》,《中国大陆当代文化变迁》,桂冠图书股份有限公司 1991 年版,第 188 页。

双（蒋子丹）、陈润江、徐乃健、康重九、赵一凡、罗凌翱、杨康敏、王吉鸣、曾时雨、史丽娜、刘晓珞、吴清海、许克俭、贺四海、郭宇清、龙飞。

"停刊之初，大家对复刊尚有希望，以为这个事业经过整顿还能干下去，于是有人建议切出一块来按股份制分配，考虑到公社成员即将分散，便按公约往后推算 3 年参与分红。这是大家都没有异议的。但是后来事业持续的希望变得渺茫了，有些非核心成员走开了，剩下的一块怎么办？有人力主在核心成员中进行再分配。如果这样，个人所得将是十分丰厚的。理想破灭之后利益就成为理想。韩坚决不干，他坚持按公社的公约原则和劳动股份制度处理财产。他宣称他最反对言行不一的人，你们开始不同意就应在全会上提出来，不能到了最后来修公约。开始大家都玩票，到兑现时就不认账。""最后的处理是韩和他的支持者们利用职权强制执行的，把价值约 200 多万元的财产、照排设备和现金上缴省作家协会，近 10 万元捐献给残疾人福利基金会，还有数万元奖给原杂志社函授学院的优秀学员，他们交 120 元学费得到了 1000 元的奖金。""这样的处理仍引起某些成员的失望和不满，他们认为韩过分爱惜自己的羽毛，把本该属于成员的财富划掉，给自己身上涂脂抹粉。某些昔日的文友，被韩的固执和轻蔑刺痛之后，甚至投告他们平日傲然以待的上级官员，力图把匿名捐款制造成一个韩个人贪污的案件，毁掉韩的洁名。韩却为事情最后的处理不背自己的心愿和公社的理想而庆幸。他得到了一个结论：对于大部分人来说，理想与利益完整结合时，人最有动力；一旦理想与利益分离，他们就会一哄而散。通过这件事情，对知识分子心志的脆弱，即所谓玩理想票可以玩 1 个月，10 分钟，到具体问题上精神没有坚定性，他看得非常清楚了。"①

《海南纪实》停刊后，大部分编辑返回原籍。韩少功、蒋子丹留了下来，筹备海南省作协。作协正式成立后，"《海南纪实》杂志社的房产 10 余套、机器设备、结余利润等全部上交作协"，按相关法规登记为国有资产，"关门前，我们去过北京的国家新闻出版署一趟，分管的期刊司司长、处长们都说我们这个杂志办得非常好。"蒋子丹感到遗憾的是：手头

---

① 孔见：《韩少功———一个中国作家的人本索隐》，《卑微者的生存智慧》，南海出版公司1995 年版，第 299—300 页。

还有李先念女婿刘亚洲的一篇写红墙内生活的长稿《广场》，可惜闭刊后没能刊出。[1]

韩少功在谈到《海南纪实》停刊时说："对它的结束，惋惜之余也如释重负。这不是因为别的什么，只是因为太累，因为它当时发行册数破百万，太赚钱。钱导致人们的两种走向：有些人会更加把钱当成回事，有些人则更加有理由把钱看破。在经历了一系列越来越令人担心的成功以后，在一群忧世嫉俗者实际上也要靠利润来撑起话题和谈兴的时候，在环境迫使人们必须靠利欲遏制利欲靠权谋抵御权谋的时候，我突然明白了，我必须放弃，必须放弃自己完全不需要的胜利——不管有多少正当的理由可以说服你不应当放弃，不必要放弃。一个人并不能做所有的事。有些人经常需要自甘认输地一次次回归到零，回归到除了思考之外的一无所有——只为了守卫心中一个无须告人的梦想。"[2]

12月　韩少功中短篇小说集《谋杀》被列入"远景文学丛书"，由台湾远景出版公司出版。施叔青在该丛书《"湖南作家辑"总序》中深入辨析了湖南作家群的差异："何立伟是湖南作家群中最为感性的作家"；韩少功未能走向极端的非理性主义，他"为过多的理性干预所苦"，经常设法对付创作中的理性干预，"既然理性存在，只好把自己推到理性不能解决的，迫使理性停止功能，然后发现我的思路，被某种气氛所淹没，被某种意象所摆脱，被某种突如其来的情绪所背叛"；"残雪对理性更是深恶痛绝，她在作品里要求达到绝对的非理性，更是反逻辑、反理性的极端例子。"

本年　《生命中不能承受之轻》由中国时报出版公司（台湾）出版。

本年度重要研究论著

李振声：《韩少功笔下的"非常人"》，《文艺研究》第1期。

邹健：《韩少功近期小说创作评论综述》，《湘潭大学学报》第1期。

舒文治：《图式·客体·反讽——〈谋杀〉的三面缺陷》，《当代作家评论》第3期。

徐兆淮：《试谈韩少功的蜕变意识》，《百家》第1期。

---

[1]　杨敏：《1988：海南纪实》，《中国新闻周刊》2013年第7期。

[2]　韩少功：《南方的自由》，《在小说的后台》，山东文艺出版社2001年版，第56—57页。

一九九〇年　三十七岁

1月1日　台湾《联合报》第十一届小说奖揭晓，《谋杀》获大陆地区推荐奖。

1月　与朱姓朋友到长沙开福寺，住持戒圆法师赠送台湾版印顺大师著《中国禅宗史》。

2月16—17日　与廖逊、陈剑晖、刘济献等海南学者、作家，在桂林洋度假村聚会，讨论如何弘扬民族优秀文化传统。韩少功的发言以《全球性、信息革命、综合化与文化之再造》为题，刊《海南师院学报》第2期。韩少功说：由于信息革命的影响，小说的读者大量流向影视，"文学的优势日渐减弱，文学本身也越来越大众化"，严肃文学处境艰难。文化传播出现声、像、文字的综合化趋势，"小说、文学的地盘越来越小"，有些作家与影视联姻，有些作者"投入到某些非文字表达不可的领域中顽强写作，重筑自己的用武之地，所以现在有的小说更加重视对人的内心世界的探索，重视小说的想象力和虚构的功能，使小说具有更多的电影和电视剧所无法取代的独特的内容。"

2月17日　孔捷生写信向韩少功约稿。当时孔捷生已移居美国旧金山，任"中国现代文学"《广场》杂志社总编辑，社长陈若曦。

6月　散文《记忆的价值》刊《文学自由谈》第3期，此文为《知青回忆录选》（湖南文艺出版社1989年版）代序。

10月8日　邓友梅致信韩少功，劝韩少功在海南直接办赴法手续，在法国与老朋友见面时"稍有点分寸"，"别给任何人抓到可做文章的材料"。

10月　作散文《陆苏州》，后刊1991年《海南日报》，又刊《中华活页文选：高一年级版》（2011年第5期）。

12月3日　中国作协海南分会第一次会员大会召开，海南省作协正式成立，叶蔚林任主席，韩少功任常务副主席（至 1995 年 12 月），罗德帧、冯秀枚、蓝田玉任副主席。

12 月　为海南作家陈颖全长篇小说《十八园人家》（花城出版社 1991 年版）作序，后以《阳光的文学——长篇小说〈十八园人家〉代序》刊 1991 年 1 月 16 日《海南日报》。

本年　法国普罗旺斯大学中文系的诺埃尔·杜特莱（Noël Dutrait）与中国留学生户思社共同翻译的《爸爸爸》，由阿利内阿出版社（Alinéa）出版，这是韩少功作品的首个法译单行本。专注中国现当代文学研究的学者杜特莱在译序中梳理了韩少功的创作源流与创作思想。他从六年"知青"生活对韩少功创作的影响，谈到文学"寻根"的意义，并指出卡夫卡、昆德拉等西方作家对韩少功及其同代作家的滋养。该译本问世后反响强烈，后由黎明出版社（L'Aube）收入"黎明口袋书"系列（L'Aube poche），1995 年和 2001 年再版。

法国菲利普·毕基耶出版社（Philippe Picquier）推出安妮·居里安（Annie Curien）译小说选集《诱惑》（包括《诱惑》《雷祸》《归去来》《人迹》四篇短篇）与《女女女》。

本年度重要研究论著

舒文治：《难言的痛苦和思想的荒原——韩少功创作心态和哲学思维散论》，《小说评论》第 5 期。

张宁：《寻根一族与原乡主题的变形——莫言、韩少功、刘恒的小说》，《中外文学》第 8 期。

一九九一年　三十八岁

1 月 10 日　撰文《然后》纪念莫应丰，刊《湖南文学》第 1 期，《新华文摘》第 3 期转载。

1 月 23—24 日　海南省文联一届二次全体委员会议召开，强调坚持四项基本原则，反对资产阶级自由化。

1 月　韩少功为英文版《方方中短篇小说集》（中国文学出版社 1993 年版）作序《无我之我》，后刊《新民晚报》（1994 年 9 月 4 日）。其中谈道："好的小说总是像生活一样，具有不可究诘的丰富、完整、强大，从而迫使人的理解力一次次死里求生。"

王蒙为韩少功小说集《风吹唢呐声》（野莽责编，法文版名为《空屋的秘密》）作序《空屋及其他》。王蒙说韩少功小说"耐咀嚼""耐评说"，"有一种深度和立体感，有一种正在寻找的动势和诱惑，有一种现实与幻想的交融，有一种这十余年来特有的探索、惶惑和在他这样年龄的作家中比较少见的平静从容。经过时间的冲刷，他的一些小说将会留下来……"

随笔《比喻的传说》刊《文学自由谈》第 1 期。

3 月 5 日　接受法国科学院邀请，第二次访法，历时三个月，在法国西海岸的小城市圣·纳赛尔度过一个月。完成小说《鞋癖》，以忧郁而温暖的笔调，呈现出对父亲、母亲的复杂记忆，刊《上海文学》第 10 期。韩少功曾以几次访法的经历，创作散文《访法散记》（八题），集中发表于 1993 年，责编王开林，其中的《我心归去》入选苏教版中学语文课本。

与韩刚合译的米兰·昆德拉的《生命中不能承受之轻》由作家出版社再出版。

4 月 25 日　法国超现实主义诗人克劳德·沃致信韩少功。

5 月　修改《比喻的传说》，为法文版《女女女》（Philippe Picquier 出版社出版）自序（安妮·贝尔赫雷特·居里安曾经把韩少功的《诱惑》《山上的声音》《女女女》《暗示》《马桥词典》等译为法语）。其中谈到小说《女女女》："作者在这里也只能回归到'吃了饭就去洗碗'这样原始而简单的生活信念。在他看来，持有这种信念的人，其心灵比较安全，能够抵御浩繁哲学教条的侵扰——虽然这并不是一种积极的解决方法"，幺姑"她的死亡也是一句漫长难耐的符咒，揭发人性境况的黑暗，呼唤上天仍赐给万物以从容而友好的笑容。""比喻不过是把科学所割裂的世界，予以艺术的联系和整合，表现或还原另一种真实"，"比喻是文学的基因，几乎蕴含了文学最基本的奥秘——在语言日益科学化和理性化的今天，它仍然顽强固守人类的神性、人类的美"。

9 月　小说《会心一笑》刊《收获》第 5 期，后改名为《梦案》。

10 月 14—20 日　赴巴黎参加国际作家会议，与 1987 年法国最高文学奖——龚古尔文学奖获得者 T. 班·哲伦以及大作家乔治·阿玛多面对面交流。韩少功还见到了他青年时代极度崇拜的苏联作家艾特马托夫，对这位苏联在任高官大失所望："他论述着翻译的重要，历数苏联政府促进翻译方面的诸多数据，历数苏联政府热情接待外国作家的诸多事实，与会议议题沾不上边，其口气也完全不像一个作家，倒像一个政府发言人。把常识当创见，把大话当妙语，渐渐引起会场上一片嗡嗡嗡的议论声，失望不满情绪在听众的眼中涨涌。连他的女译员也觉得尴尬了，译得畏畏怯怯并越来越偷工减料。但他竟无知觉，仍把工作报告作下去。他无视发言时间限制的自傲，最后使主持人忍无可忍，终于公开请他结束发言，闹了个大没趣，引起会场上一片笑声。"① 韩少功出国前，王蒙曾委托他向艾特马托夫解释某件事情，这段描写也引起王蒙重视。

10 月　《鞋癖》刊《上海文学》第 10 期，《小说月报》1992 年第 1 期转载。

11 月 23 日　《灵魂的声音》刊《海南日报》，后刊 1992 年《小说界》第 1 期，《新华文摘》1992 年第 4 期转载。韩少功说：在新闻、电视和通俗读物的挤压下，小说似乎在逐渐死亡。他批判小说创作中流行的"技术主义"和"技术虚无主义"倾向，强调"今天小说的难点是真情

---

① 韩少功：《近观三录》，《人在江湖》，人民文学出版社 2008 年版，第 246—247 页。

实感的问题，是小说能否重新获得灵魂的问题"。韩少功推崇张承志的"真正的激情""精神圣战"与"赤子血性"，称赞史铁生的"拒绝"与"宽厚"，"他们的意义在于反抗精神叛变的黑暗，并被黑暗衬托得更为灿烂"，他们的创作"具有神谕的品质"，"小说只意味着一种精神自由，为现代人提供和保护着精神的多种可能性空间，包括小说在内的文学能使人接近神"。此文是后来韩少功被视为"新左派"的重要原因之一。文章发表后，韩少功收到李锐很热情的信，两人开始交往。

本年　安妮·居里安（Annie Curien）翻译的法文版《女女女》由 Paris：P. Picquier 出版，2000 年由 Arles：P. Picquier 再版。

Duke，Michael S. 的 *Walking toward the world：A turning point in contemporary Chinese fiction* 刊于 *World Literature Today* 第 3 期。

法国"外国作家与译者之家"（MEET）推出韩少功《鞋癖》的法译本。该译本采用法汉对照形式，并附有韩少功与法国记者贝尔纳·布勒多尼埃（Bernard Bretonnière）的访谈。

本年度重要研究论著

赵园：《"重读"两篇：重读阿城的"三王"，重读韩少功的〈归去来〉、〈爸爸爸〉》，《当代作家评论》第 5 期。

安妮·克琳、肖晓宇：《诘问和想象在韩少功小说中》，《上海文学》第 4 期。

伍宇：《韩少功和〈西望茅草地〉》，《传记文学》第 6 期。

一九九二年　三十九岁

2 月　《生之旅》刊《青年博览》第 2 期。

4 月 9 日　小说家潘军从合肥抵达海口，到海南师院宿舍区见韩少功，韩少功用摩托车带潘军至海南作协，把他安置于作协客舍，此后数日潘军经常到韩家吃饭聊天。

4 月 20 日　《上海文学》副主编周介人《文学的困扰——致韩少功》刊《文汇报》。

4 月 27 日　韩少功《也说"文学的困扰"——致周介人》刊《文汇报》。

5 月 4 日　蒋子龙致信韩少功，感谢韩少功邀请南下。

田中禾致信韩少功。田中禾为某函授班编个小册子，请韩少功提供资料，两人有过几次书信往还。在这封信中，田中禾表达了坚持孤独的精神追求。①

5 月　创作《词语新解》，初刊散文集《夜行者梦语》，又刊《羊城晚报》（2009 年 5 月 12 日）。

创作散文《走亲戚》，后刊《福建文学》1993 年第 12 期，获同年《福建文学》奖；又刊 1997 年香港《明报月刊》。

创作散文《收水费》，后刊《家庭》第 12 期。

7 月 10 日　与鲁枢元通信，肯定鲁枢元论著《超越语言——文学言语学刍议》（中国社会科学出版社 1990 年版），说此书"分量很重，是国际量级，足可以'西渐'入侵欧美"。虽用语过当，但不难看出韩少功对语言问题的浓厚兴趣。此信后以《韩少功致鲁枢元信》为题刊《作家》1993 年第 11 期、以《致友人书》为题刊《文艺争鸣》1994 年第 5 期。

---

① 韩少功：《旧笺拾零》，《作家》1993 年第 6 期。

7 月 13 日　刘舰平致信韩少功，谈及自己的婚姻危机与何立伟、王平、蔡测海等文友近况。

9 月　小说《永远的怀念》（后改标题为《领袖之死》）刊《花城》第 5 期。

散文《笑的遗产》刊《中国作家》第 5 期，获《中国作家》1991—1992 年度"力象杯"优秀散文奖。后又刊《中外书摘》（1994 年第 6 期）、《新世纪文学选刊》（2003 年第 12 期）等。

10 月 30 日　出版家、评论家许觉民致信韩少功。

10 月　开始电脑写作，写出《夜行者梦语》，为后来一系列长篇随笔的起始，刊《读书》1993 年第 5 期，《新华文摘》1993 年第 9 期、《读者文摘》1993 年第 10 期转载。此后又刊《新一代》（2002 年第 1 期）、《出版参考：新阅读》（2004 年第 2 期）、《杂文选刊（下半月版）》（2004 年第 9 期）、《新世纪文学选刊》（2010 年第 3 期）等。该文探讨人与上帝的关系，"人在谋杀上帝的同时，也就悄悄开始了对自己的谋杀。非神化的胜利，直接通向了非人化的快车道。"该文批判"后现代主义"与刚刚兴起的消费主义思潮："个人从政治压迫下解放出来，最容易投入金钱的怀抱。""消费主义毒化民心，涣散民气，使民众成为一盘散沙，追求正义的任何群体行为都不可能。这是极权者和腐败者最为安全和放心的局面。"

创作《处贫贱易，处富贵难》《作揖的好处》，《作揖的好处》后刊1993 年《青年文学》和香港《二十一世纪》。

《小说似乎在逐渐死亡》刊《四川文学》第 10 期。

与法国汉学家安妮·居里安对话，韩少功说：认识自己很难，了解其他人更难，所以他的叙事有时带有自传成分，不过自传性并非一切，虚构占了很大比重。居里安根据自己的研究所得，并结合对韩少功、史铁生的访谈，写出论文《自传的诱惑》，经施康强翻译后刊《海南师院学报》1994 年第 4 期。文章认为："在韩少功那里，自传途径似乎有利于文学表达形式的最大自由。作为思想的探索活动并以'我'为主角，自传写作不受任何限制，可以随心所欲，在它愿意的地方，在它想达到的程度上尽情发挥。"

11 月 13 日　与叶蔚林到海口机场迎接冯牧。

11 月 15 日　陪同冯牧参观五公祠、琼台书院、海公墓、马鞍山火山口等地。

11 月　《近观三录》刊《绿洲》第 6 期。

12 月　中国当代文学研究会主编，张兴劲编选的《美女岛——荒诞小说选》由北京出版社出版，韩少功《火宅》入选。

作《作者自白》，为散文集《夜行者梦语》（上海知识出版社出版）自序，后改名为《多嘴多舌的沉默》发表，又经改动后收入《为语言招魂——韩少功序跋选编》。

安妮·居里安翻译《鼻血》（*Saignement de nez*）与文章《韩少功：表现一个处于对抗中的世界》（*Han Shaogong ou l'expression d'un monde en confrontation*）刊 *Les Temps Modernes* 第 557 期。

本年　英文版《归去来及其他故事》（*Homecoming and other stories*）由香港中文大学出版社出版。

《鞋癖》法文版由 Arcane 出版。

《爸爸爸》意大利文版由 Edizione Theoria 出版。

本年度重要研究论著

崔妍：《丙崽：文化与时代发展不同步的产物——简谈韩少功小说〈爸爸爸〉中丙崽的形象内含》，《东疆学刊》第 4 期。

一九九三年 四十岁

1月25日 何士光致信韩少功。信中谈佛论道，提及曾读过韩少功推荐《坛经》的文字，并盼望韩少功能就自己的作品《如是我闻》发表意见。

1月 《语言的流浪》刊《文学自由谈》第1期。

《韩少功访谈录》刊《文学世界》第1期。

2月中下旬 受《椰城》杂志社邀请，与叶楠、谌容、周明、张抗抗、方方、陈剑晖、刘舰平、池莉、黄康俊、赵玫、顾艳、蒋子丹、晓剑、赵伯涛共十五位作家参加海南岛"椰城之春"笔会。这次笔会与"蓝星笔会"时间相近，宗仁发曾回忆说："更为有趣的是几位本来是参加椰城笔会的巾帼英雄，半路也杀进蓝星，颇让潘军引为自豪了一阵。"①

2月22—26日 参加潘军投资十万元在海南举办的"蓝星笔会"，汪曾祺夫妇、刘恒、张抗抗、苏童、叶兆言、范小青、赵本夫、俞黑子、王朔、刘恒、余华、格非、蒋子丹、张欣、池莉、方方（前半程参加，后参加另一个会提前离开），编辑范汉生、田瑛、宗仁发、闻树国、范小天、傅晓红、王必胜、程永新，评论家何志云、陈晓明、王干、沈敏特、王彬彬等参加。在文学萧条时期，这次笔会旨在重振对文学的热情。笔会围绕市场经济与文学的关系展开，讨论的话题有：新时期文学发展到今天所面临着新的挑战和抉择；市场经济条件下文学的存在方式；在下海经商与坚持写作之间，作家如何重新确立自己的地位；如何保持作品的精神价值并进入市场运行机制。

2月24日早晨 蒙面者闯入叶兆言、格非房间，对他们喷了迷药，

---

① 宗仁发：《剪贴与拼接——潘军印象》，《寻找"希望的言语"》，人民文学出版社2008年版，第286页。

抢走两块手表。

韩少功曾邀请部分参会人员到家里做客,《人民日报》文艺部王必胜向韩少功约稿。

2月28日下午　与《小说家》执行副主编闻树国对话,谈及海南文化与内陆文化的区别,海南文化对于韩少功创作的影响等问题。后以《人的逃避——海口对话录》为题刊《小说家》第3期。闻树国在《小说家》策划产生全国影响的"精短中篇擂台赛"时,曾写信、拍电报邀请韩少功参加,因韩少功当时不在海口而没有回应。

2月　在海南省政协换届选举中再次当选为委员、常委。

《真要出事》刊《作家》第2期。

春节刚过　蒋子丹拍电报给刘舰平"速请参加椰城笔会"。在韩少功辅佐下,蒋子丹成功安排了刘舰平的婚姻,使其定居海南。

3月6日　致信王必胜,寄去自己的散文观《不敢随便动笔》:

> 散文是最自由的文体,是最迫近日常生活和最不讲究法则的文体,也就是说,是技术帮不上多少忙的文体。散文是心灵的裸露和袒示。一个心灵贫乏和狭隘的作家,有时候能借助技术把自己矫饰成小说、电视剧、诗歌、戏曲等等,但这一写散文就深深发怵,一写散文就常常露馅。如同某些姿色不够的优伶,只愿意上妆后登台。靠油彩博得爱慕,而不愿意卸妆后在乱糟糟的后台会客。
>
> 造作的散文,无非就是下台以后仍不卸妆,仍在装腔作势,把剧中角色的优雅或怪诞一直演到后台甚至演到亲朋戚友的家中。
>
> 这样看来,散文最平常也最不容易写好。成败与否完全取决于心灵本身是否具有魅力。
>
> 我本庸才,因此从来都不敢随便动笔写散文。

韩少功还随信寄给王必胜《作揖的好处》《然后》两篇散文,在摩托车后被小偷当做钱物窃走,后重新复印散文,并根据记忆重写上述"散文观"。①

---

① 王必胜:《续写他们———本散文和一组作家书信》,《厦门文学》2013年第9期,收入《东鳞西爪集》。

3月9日 致信《作家》编辑部,随信寄去陈映真、田中禾、何立伟、刘舰平、克劳德·沃写给韩少功的信。这些书信以《旧笺拾零》为题,应约在《作家》第6期"作家书简"栏目刊出。

3月 《访法散记》刊《湖南文学》第3期。

柯默《今天让你死个明白——韩少功海口闲谈录》刊《年轻人》第3期。

潘旭澜主编《新中国文学词典》由江苏文艺出版社出版,"韩少功""西望茅草地""爸爸爸""寻根文学"被列入词条。其中指出《西望茅草地》的不足是"因创作意旨的模糊导致情节主干的偏移";《爸爸爸》的不足是"有关鸡头寨的描写过于接近神话传说形态,对现实的穿透力稍嫌不够";寻根文学"旗号亮出以后几年里,少有力作和发展,与有志于此的作家自身文化素养的局限有直接关系"。

4月30日 《朋友与情人·序》刊《海南日报》文艺副刊,《朋友与情人》是喻大翔的散文集,书中收有《红土地上的署名者——我记韩少功》一文。

5月10日 致信陈骏涛,谈作品是否列入《跨世纪文丛》一事。该信刊《小说》1994年第3期。

5月 随笔《无价之人》刊《文学评论》第3期。韩少功认为:赚钱与文学创作并不矛盾,"世界上最灿烂的光辉,能够燃烧起情感和生命的光辉,不是来自金币而是源自人心","优秀的文学,从来就是一些不曾富贵或不恋富贵的亡命之徒们干出来的。轻度贫困是盛产精神的沃土","金钱也能生成一种专制主义,决不会比政治专制主义宽厚和温柔。这种专制主义可以轻而易举地统制舆论和习俗,给不太贫困者强加贫困感,给不太迷财者强加发财欲,使一切有头脑的人放弃自己的思想去大街上瞎起哄,使一切有尊严的人贱卖自己的人格去摧眉折腰。中国文人曾经在政治专制面前纷纷趴下,但愿今后能稳稳地站住。"

创作《人之四种》,后刊《东方养生》1995年第1期。

创作散文《那年的高墙》,后刊8月7日《光明日报》。

与蒋子丹、潘军在海口接受马原访谈,谈文学、阅读、《海南纪实》问题,谈快要完成的第一部长篇小说,名字暂定为《最后的日子》,谈寻根文学:"寻根文学成文化后就深入不下去了,失误了,像导游说明书。文学一个根本的中心,是文化和生命的关系,文化是生命的表现,是一种结果，生命是文化的积累。认识生命要用文化破译它。后来的情况很糟了。""刚开始把政治的人变成文化的人是一种推动，是必要的。"①

6 月　柯默《无价之人——韩少功海口闲谈录》刊《年轻人》第 6 期。

赵园著《地之子：乡村小说与农民文化》由北京十月文艺出版社出版。在"知青作者"一节中认为"韩少功的知青小说既不算多，亦未见佳"。

8 月 6—10 日　"罗门、蓉子文学世界"学术研讨会在海南大学召开，韩少功出席会议。

8 月　《作揖的好处》刊《青年文学》第 8 期。

作散文《性而上的迷失》，后刊《读书》（1994 年第 1 期）、《北方文学》（1994 年第 7 期）、《中国妇女（上半月）》（2001 年第 4 期）、《东方艺术》（2002 年第 2 期）等。

符史辉著《豪屋　访泰闲笔》由海南出版社出版，韩少功作序，该序后以《"我"者文之魂——〈豪屋　访泰闲笔〉序》为题刊 1994 年 4 月 21 日《海南日报》。

9 月　小说《昨天再会》刊《小说界》第 5 期，《中华文学选刊》1994 年第 3 期转载。获年度海南省优秀精神产品奖，叶蔚林的小说《割草的小梅》同时获奖。

10 月 15 日　《人民文学》原副主编、编审王朝垠逝世。1997 年 1 月，韩少功撰写《那一夜遥不可及》（《教师博览》2015 年第 5 期）纪念王朝垠在自己创作起步时所提供的帮助："记得他的家曾经是我上京改稿时的旅舍和餐馆，我也记得他曾经给我写过几封信，最长的一封竟有十页，纸上密密麻麻的四千多字。这样的信足以使我对自己后来所有的编辑经历——包括自己在《天涯》的工作而汗颜。"

10 月　创作散文《个狗主义》，后刊本年《海南日报》，后又在《生活·创造》（1993 年第 12 期）、《钟山》（1994 年第 2 期）、《才智（智慧版）》（2015 年第 10 期）刊载。

［英］玛莎·琼著、田中阳译《论韩少功的探索型小说》刊《当代

---

① 马原等：《重返黄金时代：八十年代大家访谈录》，吉林出版集团股份有限公司 2016 年版。

作家评论》第 5 期。玛莎·琼（Martha Cheung）是英国比较文学博士，当时在中国香港翻译中心任职，该文是她为她的译作《韩少功小说选集》（英文版）撰写的序。

11 月 14 日　《文化复兴的共同使命——兼序〈访台掠影〉》刊《海南日报》，又见唐玲玲《访台掠影》（光明日报出版社 1993 年版），唐玲玲时为海南大学文学院古典文学教授。

11 月 27 日　收到刘志丹弟媳李建彤来信。李建彤是长篇小说《刘志丹》的作者，平反后创作纪实长篇《现代文字狱》，第三章曾在《海南纪实》上发表。作者改完第一、第二、第三卷后，曾交给香港繁荣出版社，因政治原因未能出版。李建彤写信给韩少功，希望他能推荐出版。韩少功找过几个出版界朋友，未果。

11 月　小说集《爸爸爸》由作家出版社出版。

《关于〈超越语言〉的通信》刊《作家》第 11 期。

12 月　安妮·居里安到武汉大学参加学术会议，与韩少功同游三峡。韩少功本月创作散文《安妮之道》，后刊《青年心理咨询》（1995 年第 11 期）。

本年　《空屋的秘密》法文版由中国文学出版社出版。

本年度重要研究论著

李念：《寻找：弱者的不屈与抗争——读韩少功〈鞋癖〉》，《上海文学》第 9 期。

一九九四年　四十一岁

1 月　《夜行者梦语——韩少功随笔》由上海知识出版社出版。

《即此即彼》刊《海南师院学报》第 1 期。

2 月　新闻小说《一位中国作家在美国》刊《春风》第 4 期。

3 月 8 日　与作家何立伟通信，谈当时文坛创作情况，评价小女人散文及王安忆、张承志、聂鑫森、马原等的创作和行为。该信以《致友人书》为题刊《文艺争鸣》第 5 期。

3 月　翻译美国小说家雷蒙德·卡弗《他们不是你丈夫》，收入《精神的白天与夜晚》。

4 月 14 日　为黄茵散文集《咸淡人生》（上海人民出版社 1994 年版）作的序言《平常心，平常文学》刊《海南日报》，又刊《文学自由谈》第 3 期。

4 月 29 日　蒋子龙致电韩少功，谈参加海南岛笔会事宜。

4 月　作《四月二十九日》，后以法文发表于 1995 年法国《观察家》。

5 月底　应澳大利亚墨尔本国际中华艺术节主席邀请，到墨尔本参加艺术节作家周末活动，就当代中国文学发表演讲。

5 月　在海南主持召开"天涯人生笔会"，李国文、蒋子龙、张承志、陈村、孙甘露、蒋子丹、马原、潘军、张曼菱等参加。1999 年第 10 期《小说选刊》封二刊登这次笔会照片，并附韩少功的说明："文学疑犯：一九九四年陈村、孙甘露南来参加笔会，岛民蒋子丹、马原、潘军、张曼菱以及我与之聚谈，戏言同为商业大潮中鬼鬼祟祟的地下文学疑犯，今日有机会串通作案一回。"

《最后的看》刊《家庭》第 5 期。

《在小说的后台》刊《海南师院学报》第 2 期。后改名为《在后台的后台》，系林建法编《中国当代作家面面观：再度漂流寻找家园融入野地》代序。

《佛魔一念间》刊《宗教》第 3 期、《读书》第 5 期。此文是为何士光的《如是我闻》写的书评，谈自己对宗教的理解。

6 月　《伪小人》刊《青年心理咨询》第 6 期。后又刊《读者》（1994 年第 9 期）、《青年文学》（1997 年）、《杂文选刊》（2001 年第 5 期）、《语文教学与研究》（2003 年第 4 期）、《语文建设》（2004 年第 3 期）、《新一代》（2008 年第 12 期）、《甘肃日报》（2010 年 5 月 6 日）、《做人与处世》（2010 年第 12 期）、《芳草（经典阅读）》（2014 年第 8 期）等。

散文《南方的自由》刊《今日名流》第 6 期。此文为随笔集《海念》跋。文中说："在相同的条件下作出相同的选择，是限定而不是自由。只有在相同的条件下作出不同的选择，在一切条件都驱使你这样而你偏偏可以那样，在你敢于蔑视一切似乎不可抗拒的法则，在你可以违背自己的生理和心理常规逆势而动不可而为的时候，人才确证自己的选择权利，才有了自由"，"自由也许意味着：做聪明人不屑一顾的事——如果心灵在旅途上召唤我们。"

散文集《海念》由海南出版社出版。

与冯麟煌、陈剑晖应香港合理投资有限公司邀请，到香港、澳门考察企业文化，进行文学交流。

7 月　散文《记忆的价值》《作揖的好处》《海念》《南方的自由》刊《绿洲》第 4 期。其中《海念》又刊《读者》（1996 年第 2 期）、《书缘》（1996 年第 3 期）、《新一代》（2002 年第 9 期）、《嘉定报》（2015 年 4 月 28 日）等。

小说选集《韩少功》由人民文学出版社出版。

8 月 4 日　收到台湾作家陈映真来信。

8 月　创作散文《心想》。

作品集《鞋癖》由长江文艺出版社出版。

9 月 24 日　澳大利亚华文作家心水（黄玉液）来信。

9 月　《中国黑色幽默小说大观》由群言出版社出版。《爸爸爸》入选。该书前言说："《爸爸爸》被誉为寻'根'的代表作，其中不乏'黑色幽默'。小说通过一个发育畸形、智力低下的丙崽的视野，为我们展开了一幅内涵广阔的民俗图，透过近乎原始的习俗、神话和文化氛围，人们可以联想到早已成为过去的、久远的历史，在冷峻的幽默中生发一种深沉的感悟。"《爸爸爸》曾被列入"探索小说""荒诞小说""象征主义小说"，可见当时文学界对作家作品归类的多元性。

10 月 20 日　张承志致函韩少功，说正在编一套批评和介绍西方文化政治源流以及 20 世纪 60 年代以来各西方国家左翼的丛书，盼用它普及新的世界观点，希望出书后韩少功能够发表意见，"正如你所说，右的大潮尚在澎湃，'左'的投机已经开始……不过我更觉得与之区别的必要。作家中具备区别和分庭抗礼能力的人并没有几个，你应当站出来，得更靠前一些。"

10 月　作《圣战与游戏》，为繁体中文版《圣战与游戏》（香港牛津大学出版社出版）自序。

孟繁华在《庸常年代的思想风暴》中认为："韩少功站立在海南边地、以散论作为鞭子无情地抽打了那些垂死的灵魂，同张承志们一起不时地刮起思想的风暴，洗涤文坛的空前污浊，从而使他们这类作品有了一种醍醐灌顶的冲击力。"

11 月　散文《世界》刊《花城》第 6 期，《中国文学》1995 年第 1 期、《中华文学选刊》1995 年第 2 期、《新华文摘》1995 年第 3 期转载。

《处贫贱易，处富贵难》刊《书摘》第 11 期。

12 月　创作散文《岁末扔书》，后刊 1995 年《海南日报》。

鲁枢元、王春煜《韩少功小说的精神性存在》刊《文学评论》第 6 期，后附录于韩少功《领袖之死》（北岳文艺出版社 2001 年版）。论文从庄禅意味的怀疑哲学、梦幻化的乡土情结、文化保守主义的社会理想、神秘主义的审美境界四个方面阐释韩少功小说的精神特质。作者认为：《爸爸爸》和《女女女》等小说，在"寻根"的同时，也在"问路"。"韩少功的朝着亘古蛮荒的'探寻'，总是同时伴随着对于现代生活的'审视'"。

本年　随笔集《圣战与游戏》由牛津大学出版社香港有限公司出版。

Chang Sheng – Tai 的 *China—Homecoming? and Other Stories by Han Shaogong and translated by Martha Cheung* 刊于 *World Literature Today* 第 1 期。

Rong Cai 的 *The subject in crisis：Han Shaogong's cripple（s）* 刊于 *Jour-*

nal of Contemporary China 第 5 期。

安妮·居里安翻译《谋杀》（*Meurtre*）见于 *Anthologie de Nouvelles Chinoises Contemporaines*。

本年度重要研究论著

陈晓明：《个人记忆与历史布景——关于韩少功和寻根的断想》；孟繁华：《庸常年代的思想风暴——韩少功九十年代论要》；董之林：《镜子与调色板——重读〈女女女〉》《韩少功主要作品目录》，《文艺争鸣》第5 期。

南帆：《历史的警觉——读韩少功 1985 年之后作品》；张佩瑶：《从自言自语到众声沸腾：韩少功小说中的文化反思精神的呈现》；陈剑晖：《智慧的独语——关于韩少功随笔的札记》；蒋子丹：《〈韩少功印象〉及其延时的注解》，《当代作家评论》1994 年第 6 期"韩少功评论小辑"。

一九九五年　四十二岁

1月　短篇小说《余烬》刊《上海文学》第 1 期。

散文《心想》刊《读书》第 1 期。本文阐述工业技术、电子传媒的发展，逐渐瓦解了人与文不可分离的传统，对文化环境与精神生态产生深刻的影响。

小说《山上的声音》刊《作家》第 1 期。

小说《红苹果例外》刊《芙蓉》第 1 期。

《为什么写作》《远行者的回望》《圣战与游戏》刊《书屋》第 1 期。在《为什么写作》中，韩少功申明自己坚持写作的缘由："选择文学实际上就是选择一种精神方向，选择一种生存的方式和态度……当这个世界已经成为了语言的世界，当人的思想和情感主要靠语言来养育和呈现，语言的写作和解读就已经超越了一切职业"，"语言是我已经找到了的皈依，是我将一次次奔赴的精神家园。"

《从人身上可以读出书　从书里也可以读出人》刊《社科信息文萃》第 2 期。

答复法国《世界报·辩论》杂志编者的"怎样看待欧洲""欧洲文化遗产对于你知识分子的思维方式是否有影响""被欧洲国家所大体分享的政治原则，是不是一种具有普遍意义的原则"等问题。后以《多义的欧洲——答法国〈世界报·辩论〉编者问》刊《世界报·辩论》，同时刊本年的《海南日报》与《文学自由谈》第 2 期。

2月　《真要出事》由中共中央党校出版社出版。

3月1日　作家薛忆沩致信韩少功。

3月　短篇小说《暗香》刊《作家》第 3 期，《中国文学》第 3 期选载。

春　贾平凹、孙见喜应海南省新华书店总店的邀请访问海南岛，韩少功宴请。这是"寻根文学"的两位倡导者和践行者首次会面。孙见喜就文化寻根及目前文学状况访谈韩少功与贾平凹。韩少功认为"文化寻根"对自己20世纪90年代的创作仍有意义，"在我近期的小说创作中，我仍然保持着强烈的文化兴趣，特别愿意琢磨中国审美传统中那些天真、清雅、奇幻的因素。"

4月　韩少功母亲病逝。上个月，韩少功创作《母亲的看》，记录老人在世上的最后时光，1996年刊于《家庭》，后刊《香港文汇报》（2001年8月11日）、《当代学生》（2005年第8期）、《美文：下半月》（2007年第12期）、《学习报（八年级语文人文阅读）》（2013年第21期）等。韩少功应中国对外翻译出版公司之约主编《吾土吾根散文精品丛书·湘鄂卷》，母亲病危，韩少功把编书任务托付给方方和蒋子丹，方方负责湖北稿件，蒋子丹负责湖南稿件。韩少功在该书的序言《远行者的回望》中，交代母亲逝世和安葬的过程，并由此引发对故土和根的思考。

海南省作协主席叶蔚林届满退休，有关方面多次找韩少功谈话，希望他接任。他当时正在潜心修改《马桥词典》。当时省作协总共才十几个人，但因管理失误，差不多是个烂摊子，屈居在省文联院子一间8平方米的简陋的屋子里，连电风扇都转不起来。①

中短篇小说集《北门口预言》由南海出版公司出版。

张浩文小说集《狼窝》由海南出版公司出版，韩少功序《说小人物》，该序曾以《张浩文的小人物》为题刊《文学自由谈》1994年第3期。

5月　作散文《阳台上的遗憾》，刊本年《海南日报》，后又刊《中学历史教学研究》（1996年第3期）、《美术观察》（1997年第9期）、《广州日报》（2008年7月9日）、《文摘报》（2009年1月1日）、《语数外学习（初中版）》（2015年第12期）。2005年6月被重庆市作为高考语文卷现代文阅读材料。

《富贵者的厌倦》刊《青年博览》第5期。

王雁翎回忆：本月，他们在省文联招待所一间小屋里开会，"在座的有韩少功、蒋子丹、罗凌翾和我。我们人手一份打印好的《〈天涯〉杂志

---

① 《韩少功海南20年》，《海南日报》2008年11月10日。

编辑设想》，这是韩、蒋二人草拟的，刊物的整体格局已有了一个基本雏形。"当为"天涯"确定英文名称时，韩少功主张用"Frontiers"，"边境"就是边缘；"尖端"意味着先锋。①

与鲁枢元《关于"精神"的对话》刊《东方艺术》第 3 期，复印报刊资料《文艺理论》第 8 期转载。

张浩文、陈海燕《走进韩少功》刊《椰城》第 5—6 期。

海口市作协与群众艺术馆联合举办重点作者文学创作学习班，为期三天，韩少功、郑恩波等应邀为学员讲课。

6 月 5—9 日　与蒋子丹、晓剑、崽崽等参加海南省青年作家读书班。韩少功在总结时说："一个作家，不但要当作家，还要当工人、农民，当普通人，敢于做'下贱人'，只有理论与实际联系起来，才能写出贴近社会、贴近人民的优秀作品。90 年代有一个明显的特点是：新的精神新的价值观在发育、形成。这是产生优秀作品的时代，也是以精神来定位作家的时代，这就涉及世界观、人生观、价值观问题。怎样活着才是好，才是有价值的生活？更加直逼人心。这就要求作家要把历史文化、哲学、文艺理论融会贯通，创作出多元性、多样性的优秀作品来，促进人类文化的发展。"②"读书班"活动由韩少功倡导发起，持续多年，成为省作协的一项重要活动，曾邀请莫言、陈忠实、周国平等知名作家、学者授课。

6 月 19 日　陈建功致信韩少功。陈建功 4 月调入中国作协，在信中说："不过我觉得有些评论家和某些小报记者很讨嫌，把张承志、张炜和你'神化'，其实是把他们神化。我心想什么时候承志或你最好踹他们一脚。因为不踹他们的话，不定什么时候他们觉得'神话'够了，用完了，就该踹你了。当然这是玩笑，其实你根本不用理他们。"

6 月　小说《马桥人物（两题）》（《烂杆子》《乞丐富农》）刊《湖南文学》第 6 期，《小说月报》第 9 期转载。

7 月　散文《听舒伯特的歌》刊《作家》第 7 期。

8 月 2 日　《文汇报》"小说背后的故事"栏目，刊登韩少功、叶兆

---

① 《〈天涯〉二十年》，《海南日报》2015 年 11 月 2 日。

② 韩少功：《文学创作：需要培养造就跨世纪人才——海南省青年作家读书班侧记》，《特区展望》1995 年第 5 期。

言、池莉、林白等作家的创作谈。

8—9 月 韩少功与蒋子丹、韩家英商谈《天涯》的装帧与版面问题，韩家英特别推荐了一本他为嘉士伯啤酒屋设计的宣传图册，引发出大家的共识，于是决定用牛皮纸作杂志的封面，用汉简隶书书写刊名，五号正宋作为刊物的当家字体。

9 月 27 日 旷新年《韩少功现象》刊《中华读书报》。

9 月 《乞丐富农》刊《中国文学》第 5 期。

秋 《深圳商报》"文化广场"周刊创办者、主编胡洪侠（后任《晶报》总编辑）与姜威赴海南拜访韩少功、蒋子丹，韩少功谈《天涯》改版思路（胡洪侠《当年〈天涯〉不易》）。

10 月 29 日 韩少功《第一本书之后——致友人书简》刊《扬子晚报》。王干读后，于年底写作《看韩少功做广告》，成为马桥事件的当事人之一。

10 月 Martha Cheung 翻译的 *Homecoming?and Other Stories* 由 Cheng & Tsui 出版。

11 月 创作散文《爱的歧义》，刊当年《海南日报》，后又刊《书摘》（1996 年第 12 期）、《杂文选刊》（1999 年第 6 期）、《中学语文（大语文论坛)》（1999 年第 8 期）、《语文教学与研究：综合天地》（2006 年第 9 期）、《青年博览》（2013 年第 11 期）等。

12 月 25 日 为杜光华《蓝色的梦》（南海出版公司 1996 年版）作序。

12 月 当选海南作协主席，兼海南省文联副主席。

本年 进行《天涯》改版工作，任社长。《天涯》此前每期开印 500 份，实际发行只有寄赠作者的一百多份，寄赠交换后就放在仓库里。因为卖刊号违规换钱，《天涯》已吃过两次黄牌，内部管理和债权债务非常混乱，每本定价四元，印刷成本却高达十五元，杂志社一桩凶多吉少的经济官司还正待开庭。韩少功却认为："这种困境并没有使我感到绝望，倒是使我暗暗满意和高兴。原因很简单：要办成一件事情关键是要带出一支队伍，而优越和富足的条件对锻炼队伍来说应该说利少弊多"，"《天涯》的山穷水尽使某些趋利者失望而去，正好使杂志社的调整获得空间。这就是劣势中的优势。"

随后，韩少功等人召开第一次编辑部会议，当时整个机关的房产都被前领导层租给一家公司了，"编辑部连一间办公室都没有，开会只能借用外单位的一间房子，简直像地下工作者的'飞行集会'。我在会上谈到了杂志改刊的想法，但是我发现我的同事们大多数眼里一片茫然，并没有我所期待的兴奋。"韩少功不改初衷，从产品、管理两个关键方面进行改刊。

在"产品改型"方面，韩少功认为"《天涯》首先面临着原料不足的障碍"。"《天涯》若要活下去，决不能再去参加各路编辑对稿件的白热化争夺，不能再去干那种四处埋单请客四处敲门赔笑然后等着一流作家恩赐三流稿件的蠢事……必须励精图变，必须另外获取资源和空间"。以"亲历性""原生性""民间性"为特色的"民间语文"栏目，把一切动笔写作人都纳入"作家"的范围，使很多学者参与进来，使杂志从三流文学来稿中突围出来。"作家立场"栏目让思想尽量实践化和感性化。"特别报道"栏目坚持"雅事俗说，俗事雅说"。"一图多议"栏目列于卷首，对具有视觉冲击力的照片配以两三则观点相异甚至对立的短论，构成思想的张力和辩证的视野。这些栏目深受读者欢迎。

对其他"文学""艺术""研究与批评"等直白无奇的栏目，韩少功也予以重视，体现了他"中年人办刊物"的理念："一个刊物需要创意，需要变化，但其实并不需要处处特别，相反在很多方面倒更需要一些沉稳、笨重、木讷甚至保守……中年人办刊物尤其应该这样。处处特别的要求只合适奇装异服，只合适挤眉弄眼，不是中年人心目中的文学。正是基于这一考虑，我们选定牛皮纸做封面，选定汉简隶书做刊名用字，选定五号正宋作为刊物的当家字体，是一副不合潮流的姿态，决不使用消闲杂志或者青年杂志常用的那些花哨字体。"

在对待作者方面，韩少功向编辑部提出了许多增进与作者关系的工作要求：缩短初审稿件的回复时间，减少备用稿件的留存量，在重要的稿件发表之后，尽可能推荐给各选刊和报纸转载选摘，对有潜力的新人，给予超常规的版面，并组织有威望的人同时进行推荐。韩少功还就编辑对一个青海老教师的潦草的用稿回信一事提出了严肃批评①。

在编辑具体稿件方面，"他们刚来时都还较为缺乏刊物编辑的经验，每人一天得退上几个博士或者教授的稿件，作为审读者他们也还有学养

①　蒋子丹：《〈天涯〉杂事琐记》，《书城》2016年第9期。

的不足。编辑部订阅了《哈泼斯》《纽约时报书评》《批评探索》等数种英文期刊，但能够读懂外刊大要的编辑为数不多。我们只能面对现实。中国在报刊图书出版这一块到90年代还是官营计划式的管理，刊物是不可以随便拿到什么地方去办的，也不是什么人都可以随便调来任职的，光是户口、住房、编制、职称等等因素，就足以使远在边地的《天涯》无法自由和广泛地利用全国人才资源。这使《天涯》在承受产品销售市场化的压力的同时，还没有享受人才利用市场化的好处。"韩少功等通过聘请李陀、南帆等编外客座编辑，弥补这方面的不足。

　　韩少功对人事体制的积弊也尽可能地进行了改制，"这种改制是保守疗法中的激进，就是把企业民主这个往日革命化（书记专权）和当今市场化（老板专权）都遗弃了东西，真正引入到日常生活中来。工资这一块不好动，就先从别的方面下手。整个机关以及《天涯》杂志社开始实行一种季度民主考评制，相当于每个季度来一次民选并且加上'生产队记工'。其内容是每个人的表现按'德、能、勤、绩'四个项目接受全体员工的无记名投票打分，然后每个人的得分结果与奖金发放和职务升降挂钩。当然，这个制度主体还有一些配套措施，比如为了削弱个人关系和情绪的因素，每次统计平均分时都去掉最高分和最低分；为了体现对岗位责任的合理报酬，每个人的得分还辅以岗位系数，即重要岗位人员的得分自增百分之三十或百分之十五。还比如，为了照顾中国人十分要紧的脸面，等等，得分情况并不公示，但每个人都有查分的权利，以确保考评的公正和透明。我在事前的模拟测试中已经算出，根据这种新法，一个优秀的普通员工完全可以比一个慵懒的领导多拿到两倍多的奖金，可以有可靠的升迁机会。这种奖优惩劣的力度可能已经差不多了。"在"选票"管理上，"一步步学习运用民主和法制。我们逐渐发现，民主程序设计是必须悉心讲究的。比如投票者是强势时，就必须制约投票者，只能实行有记名投票并公示有关情况，由评委们票决青年文学大奖就采用过这种办法。相反，投票者是弱势时，就必须保护投票者，应实行无记名投票，推举协会各位负责人等活动中则采用这种办法。"但韩少功不是"唯民主论"者，他意识到民主"也非万能"，在遇到例如杂志增收既可以用来投入社会公益事业也可以作为员工奖金等问题时，他就"只好像个专横的恶霸，暂时充当民主的叛徒"，实行"独裁"和"集权"。他始终相信："真正成熟的民主体制一定要授权什么人，在群体利益形成对外侵害的时候，能够实行特殊议题上的一票否决。进一步说，民主不意味着民众崇拜，理智的民主则需要给自己装一个安全制动闸。"①

《天涯》改版初期，史铁生曾对"作家立场"栏目提出意见，并先后在《天涯》发表《我的遥远的清平湾》（1995 年第 4 期）、《"足球"内外》（1996 年第 1 期）、《说死说活》（1997 年第 1 期）、《病隙碎笔（2—5）》（2000 年第 3 期，2001 年第 1、第 4 期）等力作，在"推荐与研讨"刊发短评《得有自己的感情》（2001 年第 2 期）推介散文新秀谢宗玉。史铁生对《天涯》的支持，使《天涯》同人充满感激。在史铁生离世的七天祭日，《天涯》在海口、北京、广州等 18 个城市举行"史铁生之夜"缅怀纪念活动。同时向全国募捐，并上书中国作协，希望能在北京地坛公园给史铁生塑个铜像。史铁生妻子陈希米写出七万余字的长文《让"死"活下去》后，主编王雁翎以前所未有的篇幅连载，表达对史铁生的缅怀之情。

散文《什么是自由？》刊《文学自由谈》第 4 期。

从 20 世纪 90 年代中期起，韩少功的一系列作品在关注现实的同时，聚焦"语言"问题，坚持不懈地进行文体探索，这在《马桥词典》《暗示》中均有充分体现。

本年度重要研究论著

李少君：《思想的份量：评韩少功的随笔》，《文学自由谈》第 1 期。

刘舰平：《醒时复混沌——解读韩少功及其我们共同面对的世界》，《书屋》第 2 期。

季红真：《韩少功：末世的孤愤》，《芒种》第 3 期。

张浩之：《解读韩少功》，《文学报》第 16 期。

---

① 韩少功：《我与〈天涯〉》，《人在江湖》，人民文学出版社 2008 年版。

一九九六年　四十三岁

1月　《天涯》改版号出版。

《天涯》在短时间内获得了巨大声誉，奠定了在知识界的地位，也在国外产生了重要影响。改版当年被《新民晚报》评为1996年国内文坛十件大事之一（居第二位）；第二年被《书城》评为全国十二种精品杂志之一。英国著名社会学家、《新左翼评论》主编佩里·安德森，法国新小说派代表作家罗伯·格里耶，法国汉学家安妮·居里安，荷兰汉学家雷马克，美国汉学家朱迪·安利等先后到《天涯》访问。

《完美的假定》刊《天涯》第1期，《中华文学选刊》第3期转载。该文探究理想与体制的复杂关系，肯定理想主义者："这些多样而且多变的意识形态后面，透出了他们彼此相通的情怀，透出了一种共同的温暖，悄悄潜入我们的心灵。他们的立场可以是激进主义也可以是保守主义，可以是权威主义也可以是民主主义，可以是暴力主义也可以是和平主义，可以是悲观主义也可以是乐观主义，这并不妨碍他们呈现出同一种血质，组成同一个族类，拥有同一个姓名：理想者。"韩少功还批判了没有理想的"多元"与"丰富"。

该文引起争议。刘心武说："韩少功提出的一个见解还是值得考虑的，他认为知识分子的使命就是批判，批判工作是无论任何时代，任何地点，天然应该进行的，知识分子就应该站在俗世的对立面上，不管如何都应该按一种最高的标准来评价社会，应该给社会一些最高的原则。"张颐武说："恐怕不能像韩少功这样做一种比较机械的理解……我觉得张承志、韩少功等人的困境在于他们都对自己的运作方式，自己受到欢迎的情况，自己与市场的极为微妙的互动关系还缺少或根本没有反思……这样，他们的自信、自傲、唯我独醒，就不可避免地带有独断的色彩和专制的味道。张承志、张炜、韩少功，绝对否定世界，而绝对肯定自己。"刘心武又说:"他们对崇高的追求,首先就是以对自我的肯定为前提,来否定他人。这是很奇怪的,这在现代的世界上是很少了。"①

张承志《春水泛滥时》刊《天涯》第 1 期。韩少功、张承志、张炜、史铁生四人,在 20 世纪 90 年代中后期曾发表大量主张重建精神生活的文章。张承志鼎力支持《天涯》,先后发表《中原迷茫》(1997 年第 4 期)、《三营会》(1999 年第 3 期)、《树梢上的心》(2001 年第 1 期)、《祝福北庄》(2001 年第 3 期)。从 2007 年第 4 期起,张承志开设"红叶作纸"专栏,刊发其"日本印象记",持续至 2009 年第 2 期。张承志对《天涯》期待很高:"跟张承志的谈话要点在《天涯》的采稿标准到底怎么定,他用很有个性的语言表达说,门槛一定要高,不能让乌龟王八都进来","我请他举几个够门槛的例子,他笑着点了几个人,我掐指一算,照这个名单除非这些人写的所有文章都只供《天涯》发表,不然杂志肯定要拖期或者开天窗。……采稿标准制定,是每个编辑部都会碰到的问题,高度跟广度怎么才能搭配得恰到好处,是一个称职的主编最需要费思量的事情。太严了,势必曲高和寡;太松了,稿件积压过量,常会因为备用期太长招来作者抱怨,发稿时反而不能按需求从事,造成被动","张承志这么一说,倒是有点自投罗网的意思,于是我揪住不放,请他在创刊号上来一篇。"②

南帆《叩访感觉》刊《天涯》第 1 期。南帆是《天涯》的外聘编辑,曾长期支持韩少功与《天涯》,先后刊发《新的神话》《现代人》(1996 年第 3 期)、《面容意识形态》(1996 年第 5 期)、《一握成拳》(1997 年第 3 期)、《性的寓言》(1997 年第 6 期)、《札记:知识与人格》(1998 年第 4 期)、《电子时代的文学命运》(1998 年第 6 期)、《声音社会的诞生》(2000 年第 3 期)、《身体的叙事》(2000 年第 6 期) 等,并以短评《围绕着铁锨的世界》(1999 年第 5 期) 参与《天涯》对刘亮程散文的推介。1995 年底,韩少功到上海去开会,与南帆同住一室,产生邀请他担任特约编审的想法。韩少功感觉南帆读书扎实、头脑清楚、悟性不错,是个很有实力的作者,他的为人与为文的心状非常健康,是《天涯》难得的同道。③

---

① 刘心武、张颐武:《商品化与消费化:文化空间的拓展》,《作家》1996 年第 4 期。
② 蒋子丹:《结束时还忆起始》,《当代作家评论》2003 年第 5 期。
③ 蒋子丹:《结束时还忆起始》,《当代作家评论》2003 年第 5 期。

　　方方《暗示》刊《天涯》第 1 期。方方与韩少功私交甚深，曾在《天涯》发表《老教授旧时日记［上］》（1996 年第 4 期，与汪德佑合著）、《遥望苍茫夜空——忆徐迟》（1997 年第 2 期）、《过程》（1998 年第 5 期），并以短评《自然对我们的意味》（1999 年第 5 期）推介刘亮程散文。

　　2 月上旬　与作家王火、毕淑敏、邓一光，人民文学出版社副总编辑何启治，《当代》副主编常振家等参加人民文学出版社与"潮之阳"教育机构在海南举办的长篇小说创作笔会，就长篇小说如何在思想内容和表现形式上多做有益的尝试，以便更准确地描述人的生存状态和精神状态等进行了深入的探讨。

　　2 月　《记忆的价值》刊《萌芽》第 2 期，同期刊出毛时安《寻找沟通——推荐韩少功散文〈记忆的价值〉》。

　　《韩少功小说精选》由太白文艺出版社出版。

　　3 月　《中西各有其"甜"》刊《天涯》第 2 期。

　　《马桥词典》刊《小说界》第 2 期，同期刊出蒋子丹《韩少功印象》（《新华文摘》第 6 期转载）。"编辑者序"说：

　　　　为一个村寨编辑出版一本词典，对于我们来说是一个尝试。如果我们承认，认识人类总是从具体的人或者具体的人群开始；如果我们明白，任何特定的人生总会有特定的语言表现，那么这样一本词典就不是没有意义的。

　　　　语言是人的语言，语言学是人学。迄今为止的语言学各种成果，提供了人类认识世界和人生的各种有效工具，推进了人们的文化自觉。但认识远没有完结。语言与事实的复杂关系，语言与生命的复杂关系，一次次成为重新困惑人们的时代难题。本书的作者，把目光投向词语后面的人，清理一些词在实际生活中的地位和性能，更愿意强调语言与事实存在的密切关系，感受语言中的生命内蕴。从某种意义上来说，较之语言，作者更重视言语；较之概括义，作者更重视具体义。这是一种非公共化或逆公共化的语言总结，对于公共化的语言整合与规范来说，也许是不可缺少的一种补充。

　　　　为了支持这一工作，我们接受了这本词典编纂者的来稿。编撰者韩少功为著名文学家，写过《归去来》《爸爸爸》《女女女》等很有影响的作品，笔下多有小说笔法和散文笔法，行文不那么符合辞书的传统体例。考虑到这本词典的特定内容,考虑到辞书的形式也有探索发展的空间,我们鼓励他大胆试验,保留自己的撰述风格。

需要说明的是:

(1)编撰者原来是依照各词条首字的笔画多少,来决定词条排列的顺序。为了便于读者较为清晰地把握事实脉络,也为了增强一些可读性,我们征得编撰者的同意,改成现在的排列顺序,但保留了词条的首字索引目录于后,方便读者查检。

(2)我们还征得编撰者的同意,酌情删节了某些其他词典中已经有了的内容(主要是已经公共化的规范注音和释义),以免重复。

(3)每一个词都有一定的流传范围。在这本词典里,词目前加有△记号的,表示这个词的流传范围不限于马桥。相反,在词目后面加有▲记号的,表示该词流传范围限于马桥,甚至只为马桥个别人使用。

(4)为了减少读者阅读中的障碍,我们与编撰者商量以后,一致同意在释文中尽量少用方言。但这并不妨碍有兴趣的读者,可以在阅读过程中,运用本书已经提供的方言知识,有自己心目中对释文中某些相应的词进行方言转换,那样的话,可以更接近马桥实际生活原貌。

后来韩少功披露,这一"编者序"实际上已是小说的开始,为作者自己代撰。

《马桥词典》以"言"为纲,从语言角度切入对现实与人生的思考,小说多次对方言与普通话、南北方语言进行对比,考究外来词语进入马桥后的语义变化,同一词语在不同时期语义的衍变,意在揭示词语与权力、词语与人文地理、词语与生存体验的关系。这种写法曾对林白产生影响:"我记得1996年我们一起去瑞典开会,在飞机上你与我谈起韩少功的《马桥词典》,很激动。我有一个明显感觉,不知对不对,《万物花开》里面有很多结构上的、叙事上的特征,就有《马桥词典》的影子。小说里也出现了对一个词,一个概念,也就是对语言的特殊的关注,追求它们背后的意义。我看到里面好几个片段,都有这种感觉。"[1]

散文集《心想》由天津人民出版社出版。

---

[1] 陈思和:《"万物花开"闲聊录——林白访谈》,《当代文学与文化批评书系·陈思和卷》,北京师范大学出版社2010年版,第389页。

作品集《灵魂的声音》由吉林人民出版社出版。

张炜《如果我们杀生就残酷？如果我们素食就虚伪?》刊《天涯》第2期。张炜曾大力支持《天涯》，先后发表《读鲁迅四题》（1996年第3期）、《马颂》（1998年第3期）、《当代文学的精神走向》（1999年第1期）、《想象的贫乏与个性的泯灭》（2000年第1期）。并以短评《满目新鲜》（2001年第2期）推介散文新秀谢宗玉。

吴亮《生活在模仿表演》刊《天涯》第2期。吴亮与韩少功相交甚深，吴亮曾在《天涯》发表《自己的状况》（1996年第4期）、《都市的写作》（1997年第5期）、《后现代的绳套和眼镜》《批评的盛会》《论副刊》（1998年第3期）等。

韩少功坚持为不同观点的文章提供发表机会。蒋子丹回忆："《天涯》1996年第2期刊登社科院文学所张宽的《文化新殖民的可能》，立即被徐友渔指责具有反西方倾向，徐友渔说自己曾与朱学勤交换了意见，他也是这么认为。我对他的惊讶也感到非常惊讶，首先惊讶的是反西方在他看来是如此地不妥，其次是一篇旨在介绍后殖民理论的文章，怎么就决定了一个杂志的大倾向？但当时与学界的交道才刚开头，跟学者们也不是很相熟，我没有对杂志的所谓倾向作任何解释，只是笼统地说，你们有不同意见，欢迎写文章回应。后来我又打电话给朱学勤先生，想仔细听听他的反映，但他没有像徐先生那样直言以告，倒是反复追问我从哪里知道了他的态度，听口气他仿佛并不愿意将这个意见公布似的。这件事让我觉得，想把一个刊物办成各种观点兼容并蓄的场所并不是主办者单方面的意图就能促成的，中国知识分子向来习惯于以观点论亲疏，而给哪个刊物写稿也要以关系远近来决定。"①

《天涯》第2期"文学"栏目开设"新人工作间"子栏目，集中发表海南青年作家的作品，先后推出孔见、崽崽、张西、胡彬、符浩勇、李晓勤、单正平、符奋、张浩文、成可、张建东、植展鹏、严敬等十几位海南作者的小说散文，展示了海南青年作家的整体面貌，受到文学界的关注和好评（如李陀等）。这些作者后来都成为海南文学界的中坚力量。

4月22日　韩少功写信给《作家》编辑部，解释刘心武在《商品化

---

①　蒋子丹：《结束时还忆起始》，《当代作家评论》2003年第5期。

与消费化：文化空间的拓展》对话录中的一些话并非自己的观点。①

　　4月　回访当年下放劳动的汨罗市（县），为以后建房安居选址。

　　与李少君对话《马桥词典》的叙事艺术。韩少功谈到小说采用发散型结构的动机："以前认为，小说是一种叙事艺术，叙事都是按时间顺序推进，更传统一点，是一种因果链式的线型结构。但我对这种叙事有一种危机感……我对怎么打破这种模式想过很多，所以这次做了一点尝试，我不知道用什么方法来总结我这种方式，但至少它不完全是那种叙事的平面的推进。如果说以前那种推进是横坐标的话，那么我现在想找到一个纵坐标，这个坐标与从前的那种横坐标，有不同的维度。可以说，为了认识马桥的一个人物，我需要动用我对世界的很多知识来认识它；反过来也是这样，为了认识这个世界，我需要从马桥的一个人物出发。这就不像以前的那种方法，为了认识这个人物，我需要写这个人物，然后是在人物的命运、事件、细节里面打转转。我希望找到每一个人物、每一个细节与整个大世界的同构关系，一种微观与宏观打通的抽象关系。"韩少功说：小说中有些人物比较单薄，可能是自己笔力不够。他不想把小说人物分为主要人物、次要人物，"我想在小说中对所有人物都给予一种平等地位，没有中心，没有什么主要人物，没有中心事件，这接近生活的真实。从不同角度可以找到不同的中心。可以说这有点像很多散文与小说的连缀，不是经典意义和严格意义上的长篇小说。"在排列词条时，韩少功对传统小说和传统阅读习惯做了妥协："开始时我也想过任意排列，像洗牌一样，但我想这样会对传统阅读造成太大困难，可能一个特别先锋的作家会这样做。而我现在还是照顾到阅读的节奏，人物的连贯性，相对的完整性。"谈到"典型化""意义化"时说："我想尽量避免这个，我们的典型化、意义化——即把一种意义集中概括——服从此时意义的表达。我想尽量反其道而行之，保持非意义化。"韩少功将小说中的"议论"归为"感受式的议论"，"我选择感受式的议论，如果离开感受，它就和小说的亲缘关系弱了。感受性的议论，容易和小说融合，与氛围、人物融合……议论进小说，肯定得有一个共同的目标，如果议论和小说叙事目标不同，那么肯定融合不起来，共同的目标就是对人性进行一种新的发现和揭示，只有当叙事手段不足以达到这种发现和揭示

---

　　① 《韩少功致本刊编辑部的信》，《作家》1996年第6期。

的深度时，议论才出来帮忙……来拆除和打破传统叙事文体的束缚。但如果议论只是炫耀学识，增长篇幅，就无助于人们对人性的认识，就是强制性的。文学毕竟是文学，抽象手法是为了更好地呈现具象，而不是取代具象，不是要走向概念化。"谈到语言问题时，韩少功说：人们对语言的认识，不大可能在中短篇中完成，《马桥词典》就是个长篇的内容。他的小说兴趣是继续打破现有的叙事模式。①

与晓剑、梁晓声、史铁生、王安忆等编选的《知青文学经典丛书》五卷《岁月》《血色》《狂恋》《情结》《心路》由敦煌文艺出版社出版。韩少功的《昨天再会》《记忆的价值》被选入第二卷《血色》。

5月8日 《马桥词典》后记《我的词典》刊《中华读书报》。韩少功认为：词是有生命的东西。它们密密繁殖，频繁蜕变，聚散无穷，沉浮不定，有迁移和婚合，有疾病和遗传，有性格和情感，有兴旺有衰竭还有死亡。他的笔记里就捕捉和囚禁了这样一些词。他反复端详和揣度，审讯和调查，力图像一个侦探，发现隐藏在这些词后面的故事。

5月21日 出席海南省各文艺家协会第二次代表会议，致开幕词。

6月 访问荷兰和巴黎，在荷兰莱登大学与汉学家雷马克对话。雷马克著有《以出世之心做入世之事——论韩少功及其"寻根文学"》。近年来，韩少功一直在批判中国式的"后现代"理论。在与雷马克的对话中，韩少功对他们"怎么都行""世俗关怀""文学边缘化"等说法，对他们鼓吹"唯利益论""唯个人利益论"，对他们歪曲福柯的理论，都做出严厉的批评。他说：中国的许多报刊在市场的压力下休闲化、娱乐化了，但《读书》《花城》《收获》等期刊办得很不错，不光知识分子爱读，"《天涯》的邮购者中相当一部分就是普通工人、农民、农村信用社的什么人，他们经常对刊物提出非常到位的意见。在这一点上，中国比有些小语种国家的条件好。中国人口多，市场大，回旋余地大"，中国迫切需要恢复理论的实践品格，理论家应该对现实瞪大眼睛，《天涯》"比较喜欢作家型的学者，编辑和特邀编辑们都提倡中国古人说的'文章'，但它无意也根本不可能取代另外一些类型的理论刊物"，"我以为把道理说得深入浅出，生动活泼，不光是文体的问题，而是理论的实践品格问题，

① 韩少功、李少君：《词语与世界——关于〈马桥词典〉的谈话及其它》，《小说选刊》1996年第7期。

是学问是否通透的问题。我相信理论有时候无法避免艰涩，我只是怀疑那些只能写艰涩文章的人，据我看，好学问家都不是这样的。"①

韩少功从国外同行处得知佩索阿，并购其书三册。

《爸爸爸》法文版 *Pa Pa Pa* 由 Editions de l'Aube 再出版。

作散文《母语纪事》，后刊 1997 年《海南日报》。

7 月　为《刘舰平小说选》（湖南文艺出版社 1997 年版）作跋《美丽的眼睛》，后刊《芙蓉》第 5 期。

《天涯》第 4 期在诗歌专辑"九十年代诗歌精选之一"推出陈先发、伊沙、杨键、侯马、杜马兰、小海、欧宁等年轻诗人的诗歌。同时刊出李少君《九十年代诗何在》（署名"南君"）。《天涯》推出这些诗歌，起源于李少君与韩少功一次闲聊：闲聊中提及有人说当下的诗歌界很不景气，某著名作家在报纸上撰文说诗坛已经被解散，人员已经分流。李少君认为"这个人是胡说八道"，并向韩少功介绍当时比较活跃的诗人。韩少功让李少君给《天涯》做一期专辑。这些诗歌和李少君的评论在《天涯》发表后，在年轻诗人中反响很大。韩少功就让李少君每年都出一个专辑，总题名叫"九十年代诗歌精选"。后来周瓒考证说：当代文学史中"九十年代诗歌"的提法，就是由此而来的。②

8 月 29 日　海南大学社会科学研究中心举行《马桥词典》座谈会，座谈会纪要以《语言的追问》为题刊《文学报》。曹锡仁、张志扬、陈家琪、张三夕、萌萌、鲁枢元等参加座谈。部分与会者的发言刊《当代作家评论》第 5 期。

8 月　《夜行者梦语——韩少功随笔》由东方出版中心出版。

9 月 15 日　周政保《"无价之人"的"文"：韩少功散文读记》刊《文论报》。

9 月　《马桥词典》单行本由作家出版社出版。

《韩少功谈〈马桥词典〉》刊《当代作家评论》第 5 期。

为评论家张柠《叙事的智慧》（山东友谊出版社 1997 年版）作序《一个有生命的萝卜》。

---

① 韩少功：《九十年代文学的艰难选择——答荷兰汉学家雷马克问》，《南方周末》1996 年10 月 25 日。

② 毕光明等：《海南当代文学史》，海南出版社、南方出版社 2008 年版，第 107 页。

李锐在《天涯》第 5 期的"作家四人谈：关于第三代人"栏目中刊发《无言者的悲哀》。李锐与韩少功相知甚深，都以思想犀利见长，曾大力支持《天涯》，先后发表《从不能"解构"的地方开始》（1997 年第 5 期）、《精神撒娇者的病例分析》（1998 年第 1 期）、《语言自觉的意义》（1998 年第 6 期）、《血色多瑙河》（1999 年第 3 期）、《一个"人"的遭遇》（2000 年第 2 期）等。李锐还以短评《来到绿洲》（1999 年第 5 期）参与《天涯》对刘亮程散文的推介。

10 月 13 日　上海文艺出版社召开《马桥词典》研讨会。座谈会前后，不少报刊刊登评论文章。由于媒体批评热衷于制造轰动效应，有论者评论过火，称《马桥词典》"最具先锋特色""前无古人""旷古未有的创新杰作"。

10 月 14 日　《新民晚报》副刊《文学角》发表研讨会综述"韩少功长篇《马桥词典》进行研讨"。开头第一句将"昨天"误为"今天"，标题也存在语病。评论者指出《马桥词典》转换了关注日常生活的视角，让读者把目光投向词语后面的人，转化了小说的写作观念和叙事结构，对传统小说的主线霸权观念进行挑战，作品具有隐喻性，韩少功的思考是用理性和艺术两种手段进行的。该报道对《马桥词典》的知名度造成了很大影响。《新民晚报》还刊发项玮的访谈《把小说写成词典的人——访著名作家韩少功》，在后来的"马桥诉讼"中多次被引用，作者也差点被搅到官司中去。

10 月 16 日　陈瑞元《亦说〈马桥词典〉》刊《文艺茶座》，指出作品借鉴了《哈扎尔辞典》，并肯定作品"不乏独特见解和创造，完全是中国特色、中国风味"。

10 月　《完美的假定》《归去来》《爸爸爸》由作家出版社出版。

散文集《世界》由湖南文艺出版社出版。

11 月 1—16 日　韩少功、京夫等五人组成中国作家代表团，访问印度，并于 1997 年 2 月创作散文《岁末恒河》。访印度途中，受海南大学石川（杨国良）之托，与新加坡作家协会会长黄孟文见面，并为石川带回黄孟文生平录音带。

11 月 26 日　石川邀请韩少功、张志杨长谈，韩少功谈到访印度的感受，论及东方文化的多面性，中印文化的差异及作家、知识分子的距离等。石川与韩少功商谈创办《东方女性》事宜，并向韩少功约稿。①

11 月　翻译葡萄牙诗人费尔南多·佩索阿《惶然录》的部分章节，首发《天涯》第 6 期。

散文集《佛魔一念间》由北岳文艺出版社出版。

严力的《胡琴的身世》《一场赌出来的生命之延续》《罗兹威尔事件》刊《天涯》第 6 期。严力为著名旅美诗人、画家、朦胧诗人代表之一。此后，严力在《天涯》发表《九五年值得一别》《星期六的阳光明媚》《创作者》（1997 年第 3 期）、《母语的遭遇》（1998 年第 1 期）、《关于香港文化》（1999 年第 2 期）等。

12 月 1 日　王干在《东方文化周刊》上发表《回眸'96 文坛热点》，对《马桥词典》的过高评价提出质疑："被评论家看好的《马桥词典》，虽是韩少功的惨淡经营之作，但等那些评论家发现这部'首创'的新派小说的'母本'是发在 1994 年《外国文艺》上的《哈扎尔辞典》之后，就会懊悔那些赞美之词用得何等的廉价。"

12 月 5 日　张颐武的《精神的匮乏》、王干的《看韩少功做广告》刊北京《为您服务报》。张颐武指出《马桥词典》"不过是一部十分明显的拟作或仿作，而且这是隐去了那个首创者的名字和首创者的全部痕迹的模仿之作"，"只能说它是完全照搬《哈扎尔辞典》"，"完全照搬"一词引起巨大歧义。王干说："《马桥词典》模仿一位外国作家，虽然惟妙惟肖，但终归不入流品。"王干后来解释说：在写作此文的过程中，曾与《读书》编辑吴彬通电话说要写篇文章与韩少功开个玩笑。《读书》新任主编汪晖以"虽然对《天涯》有广告效果，但我略知蒋、韩们的艰难，心里总觉不忍。《天涯》毕竟是办得认真的刊物"为由给王干退稿。等看到韩少功的《马桥词典》后面蒋子丹的《韩少功印象》后，王干将文章作调整后，欲投寄给《天涯》蒋子丹，让她与韩少功会心一笑，也可增加《天涯》的可读性。不巧北京《东方》编辑至南京向他组稿，但未能刊用。王干此时想作罢，但《为您服务报》编辑杨文利约稿，等他见到发表出来的文章时，才觉得麻烦来了。②

---

①　石川：《黄孟文评传》，新加坡理想纸品印刷公司 1997 年版，第 187 页。

②　天岛、南芭编著：《文人的断桥——〈马桥词典〉诉讼纪实》，光明日报出版社 1997 年版，第 72—74 页。

12 月 8 日　入选参加中国作协第五次全国代表大会的海南省团体会员代表。韩少功比其他代表提前进京，为《天涯》组稿。

12 月 15 日　文敬志（曹鹏）在南京《服务导报》发表《文艺界频频出现剽窃外国作品公案》，将《马桥词典》作为例子之一，首次使用"剽窃"字眼，日后成为被告之一。

12 月 16 日　江泽民在中国文联第六次全国代表大会和中国作协第五次全国代表大会上发表讲话。

12 月 17 日　《文汇报》刊发《〈马桥词典〉抄袭了吗?》，报纸被送进京西宾馆每个代表的房间，引起轩然大波。

《文汇报》发表韩少功答记者谢海阳问。韩少功表示：模仿、抄袭、剽窃他人的作品，是为人所不齿的行为，他也对这种行为极为反感，倘若指控他抄袭的张颐武能公布出过硬的材料，他将十分欢迎。但如果只是武断地含糊其辞，他对此只能置之不理。

12 月 19 日　蒋子丹在《文汇报》刊文批评张颐武，"文学批评应当说理，与人为善，不能搞小动作，张颐武几年来在一些问题上与韩少功观点对立，去年在一个什么'对话'中不知从哪儿弄来一个'韩少功观点'硬安在韩少功头上批了一通，经指出后至今未作答复，现在又以这种方式对待韩少功的小说。太不光明磊落"。

《文汇报》还发表谢海阳采访张颐武文章，张颐武表态说：他在《为您服务报》上撰文认为《马桥词典》是一部明显的拟作或仿作，是后来有人在其他报刊转述时使用了"抄袭"之类的字眼，自己提出批评是针对评论界对小说过高的不适当的评价。

12 月 20 日　俞果在《劳动报》发表《翻〈马桥词典〉查抄袭条目》，肯定张颐武的言论，并借题发挥，言辞激烈。

12 月 23 日　张颐武发表《批评"词典"并无个人因素》反驳蒋子丹。

12 月 24 日　张颐武《〈马桥词典〉——粗陋的模仿之作》刊《羊城晚报》，1997 年 1 月 2 日《文摘报》摘录。该文照用《精神的匮乏》原文而只做部分改动，删去"完全照搬"四字。

12 月 27 日　李少君《可怕的学风》刊《羊城晚报》，尖锐批评张颐武的文风。此后对张颐武的批评文章在多家报刊纷纷刊出。

12 月　散文集《海念》由海南出版社出版。

翻译美国小说家约翰·斯坦培克《谋杀》，后被收入《精神的白天与夜晚》。

在海口参加"黄一鸣纪实摄影作品研讨会"。

年底　《天涯》杂志改版后的几期虽然令人耳目一新，引人注意，但并不表示已经被市场接受了。《天涯》在邮局的订户，在极小的基数上上升了一倍多，但在零售方面却受到很大挫折。邮局零售公司一下子退回了一堆过期刊物，结算的钱几乎为零。情急之下，韩少功等人想到了开辟书店零售渠道，并把一部分退刊订成精装合订本。这两项应急措施，后来成了《天涯》的正常业务。①

本年　韩少功组织作家到越南召开笔会。何立伟曾回忆："最后一次笔会是去越南，这回却是少功组织的，他先前允诺过，有好玩的机会叫上我，果然叫上了。在船上和陆地，我都是同他住一间房。我们聊起天来已显得非常之随便。"（《忽然想起韩少功》）

《生命中不能承受之轻》中文版由台湾时报出版。

《韩少功自选集》（四卷）由作家出版社出版。

《爸爸爸》《女女女》荷兰版 *Pa Pa Pa*，*Vrouw Vrouw Vrouw* 由 De Geus 出版，Mark Leenhouts 译。

从 20 世纪 90 年代中后期至 20 世纪初，是韩少功创作的文体探索期，主要代表作品有《马桥词典》《暗示》。

本年度重要研究论著

南帆：《〈马桥词典〉：敞开和囚禁》；墨哲兰：《〈马桥词典〉的语言世界同语言学旨趣的偏离》；陈家琪：《语言与记忆》；张三夕：《转向"语词"的小说》；萌萌：《语言的寻根》；鲁枢元：《用小说写语言》；张新颖：《〈马桥词典〉随笔》，《当代作家评论》第 5 期。

赵小琪：《世纪之梦：灵魂的拯救与重塑——鲁迅；韩少功对传统文化的矛盾判断》，《广州师院学报》第 1 期。

鲁枢元：《倾听言语的深渊——读〈马桥词典〉》；朱珩青：《"怀疑论"者的收获——读〈马桥词典〉》，《小说评论》第 5 期。

①　蒋子丹：《〈天涯〉杂事琐记》，《书城》2016 年第 9 期。

一九九七年　四十四岁

1月1日　夏林《张王联手　文坛杀马》刊《中华读书报》，首次将《马桥词典》的论争称为"马桥事件"。

1月3日　武汉《书刊文摘导报》转载俞果《翻〈马桥词典〉　查抄袭条目》（原载《劳动报》），改题为《〈马桥词典〉——抄袭之作》。

1月5日　在史铁生、何志云组织下，汪曾祺、蒋子龙、方方、李锐、蒋韵、何立伟、迟子建、余华、乌热尔图联名上书中国作协作家权益保障委员会，认为对韩少功的批评已经超出了文学批评的政策范围而牵涉到作家的正常权益，要求为韩少功辩诬。据说，首发《马桥词典》的《小说界》也正式向该委员会提出要求评审和仲裁的申请。

蒋子龙认为：《马桥词典》标志着中国新意识小说的成熟，在形式、内容、语言、思想上非常完整统一，完全是中国式的，是抄不来模仿不来的。

1月7日　高波《要求公正评审〈马桥词典〉》刊《羊城晚报》。

1月8日　《中华读书报》在《岁末年初的"马桥事例"》总标题下，用整版篇幅刊登反映各种观点的文章，除转载《精神的匮乏》《看韩少功做广告》外，还发表记者对李锐的访谈《"抄袭"和"模仿"从何谈起》，李少君的《〈马桥词典〉与〈哈扎尔辞典〉之比较》，吴跃农的《真是"根陋的模仿"吗？》等文，反驳张颐武和王干。此外，还发表记者萧夏林对韩少功的专访《他们终将向我道歉——韩少功答本报记者问》。

李锐在仔细对比两部作品后，认为都是很精彩的小说，虽然都是词典的形式，却提供了完全不同的生命体验，"《马桥词典》作为新时期文学的一个非常重要的收获，我们看不到它的任何抄袭和模仿的理由。韩少功这么一个许多年来非常严肃真诚的坚持文学探索的作家，会陷入这样一种被人泼污水的境地，这不是韩少功一个人的耻辱，而是我们文坛的耻辱。"

在转载时，王干的文章被压缩成三百字，张颐武的文章全文转登，许多人误以为王干的文章就这么短。5月初《钟山》在苏州开笔会期间，陆文夫说王干的文章太短，三四百字就断言人家做广告，有些武断。王干解释说原文有六千多字，并将全文复印寄给陆文夫。陆文夫看后对王干说文章主要不是针对《马桥词典》。①

1月11日　单小海《"〈马桥〉风波"意味着什么》刊《粤港周末》。

1月13日　《羊城晚报》刊登张颐武、韩少功答记者问，双方第一次正面交锋。张颐武的《我为什么批评〈马桥词典〉》说明自己的本意。

1月15日　《海南开发报》以《张王练手杀马　韩公不再沉默》为题，报道"马桥风波"的情况。"韩公"的称呼，说明韩少功在海南的声望和地位，却引起张颐武强烈不满。

1月18日　陈言《谁从马桥事件中得益?》刊《粤港周末》。

1月21日　南帆《〈哈扎尔辞典〉与〈马桥词典〉》刊《文汇报》。

1月26日　南帆《令人失望的答辩》刊《羊城晚报》，反驳张颐武的自我辩解。

1月30日　张颐武《我坚持认为〈马桥词典〉模仿〈哈扎尔辞典〉》刊《文艺报》，该文提出"模仿"的八条依据。

此后《文艺报》刊发系列报道，时任主编郑伯农、副主编严昭柱，曾被指责"保张批韩"。

1月31日　张颐武在《青年参考》再谈"马桥事件"。

1月　《批评者的"本土"》刊《上海文学》第1期。

《我们的残疾》刊《鸭绿江》第1期。

王蒙《道是词典还小说》刊《读书》第1期。王蒙对《马桥词典》评价极高：韩少功的无所不包的视野难能可贵，"这是一种将小说逼近宇宙的努力，这里似乎还有一点格物致知的功夫"，"如果我们有韩少功的这个视野和气魄，也许我们的文学风景会敞亮得多，我们的头脑会敞亮得多"，"长篇小说居然以词典的形式，以词条及其解释的形式结构，令

---

① 天岛、南芭编著：《文人的断桥——〈马桥词典〉诉讼纪实》，光明日报出版社1997年版，第70—71页。

人耳目一新，令人赞叹作者的创造魄力，令人佩服作者把他的长于理性思考的特点干脆运用到了极致。"韩少功以文化来解释某些政治事件，相比以政治解释政治，"不仅是结论上的不同，而且是方法论上的拓展"，"它显得更从容也更客观，更理性也更具有一种好学深思的魅力"，"令人叫绝的语言感觉与语言想象直至语言臆测比比皆是，到处闪光。""语言学者从中发现语言学，小说作者从中感受小说，民俗学社会学从中寻找真的与虚构的民俗，评论家从中共鸣或质疑于韩氏社会评论与文艺评论，这只能说是小说的成就，是韩书具有大信息量的表现。"

2月4日　韩少功致电《文艺报》反驳张颐武。

2月28日　为展鹏《风流铁骑》（南海出版公司1997年版）作序。

2月　中国新文学学会在海口市召开第十三届学术年会，蓝田玉和韩少功分别介绍了"两会"的精神和情况，强调人文精神的讨论要联系具体的文学创作并引导文学健康发展。

《哪一种"大众"？》刊《读书》第2期。同期还刊出戴锦华《文化地形图及其它》等关于"大众文化"的讨论文章。

陈青《韩少功答记者问》刊《中国现代、当代文学研究》第2期。

3月28日　韩少功对持续不止的谣言浪潮做出法律反应，委托律师李玦，向海口市中级人民法院提起诉讼，将张颐武、王干、《为您服务报》、记者文敬志（曹鹏）、《劳动报》、《书刊文摘导报》告上法庭，要求依法确认六被告严重侵害原告名誉权，责令停止侵害行为，以适当方式消除给原告名誉造成的恶劣影响，为原告恢复名誉并向原告赔礼道歉，承担相应的赔偿责任。法院于3月31日正式受理此案。韩少功表示，诉讼的目的在于使个别假借文学批评的名义来实行人身攻击的人引为教训，以促进文学创作和文学批评的繁荣和发展。"事件"的性质由文学论争变为诉讼案件，成为新中国成立以来第一起作家状告评论家的诉讼。

3月　为林河《古傩寻踪》（湖南美术出版社1997年版）作序《傩：另一个中国》。林河为侗族学者，韩少功对林河著《〈九歌〉与沅湘民俗》很着迷，曾对人说："我们写寻根文学，寻来寻去，才知道我们的根就在林河这里。"韩经常读林河的书，与林河探讨中华传统文化，并随他去少数民族地区作田野考察。韩少功支持林河的学术研究，1996年2月14日致信林河，透露《天涯》新开"环球博览"栏目，希望能为推介林河的研究成果"尽微薄之力"。①

《语言的节日》刊《新创作》第 2 期。谈到《马桥词典》的创作初衷:"我们并不能认识世界,我们只能认识在语言中呈现的世界。我们造就了语言,语言也造就了我们。《马桥词典》无非是力图在语言这个层面撕开一些小小的裂口,与读者们一道,清查我们这个民族和人类处境的某些真相。"

针对"马桥事件",《花城》第 1 期"花城论坛"发表墨哲兰《"马桥词典"的语言世界对语言学旨趣的反讽》。第 2 期临时撤换稿件,刊出《哈扎尔辞典》,并加"编者按":"作家韩少功的长篇新作《马桥词典》发表后,有论者指责该作有模仿、'照搬'塞尔维亚作家帕维奇 1984 年发表的《哈扎尔辞典》的嫌疑,'是一部粗陋的模仿之作',进而引起了文坛的震惊和广泛关注。《哈扎尔辞典》曾刊登在 1994 年第 2 期的《外国文艺》上,但读到该作的读者人数不多。鉴于此,我刊以'旧作新登'的形式,全文重登这部小说,希望能为广大读者提供一个参照文本。是是非非,读者自有公论。"同期刊出南帆的《〈哈扎尔辞典〉与〈马桥词典〉》。时任《花城》副主编的田瑛后来说:"我们刊发这些文章,一是为了见证当代文学,二是因为《哈扎尔辞典》当时国内不容易找到,此前有个中译本,但是比较早,发行量也不大。我们把它重新发出来有利于读者自己去阅读和鉴别。从南帆的评论中也可以看出,《马桥词典》与《哈扎尔辞典》是不同的,《马桥词典》在中国当代文学史上自有其意义,值得关注和肯定。"②

方方主编的《今日名流》第 2 期也临时撤换稿件,登出《〈马桥词典〉冤情似海》,其中对两部"词典"部分内容进行列表比照。

陈思和《〈马桥词典〉:中国当代文学的世界性因素之一例》刊《当代作家评论》第 2 期。陈思和指出《马桥词典》与《哈扎尔辞典》除了都尝试用词条的形式写小说外,文本的展示上并无相似之处,并分析了前者的独创性。

《马桥词典》由上海文艺出版社出版。

4 月 9 日　《〈马桥词典〉事件终于引出诉讼　韩少功状告评论家》

① 林河:《林河自选集(上)》,湖南文艺出版社 2004 年版,第 285 页。
② 田瑛、申霞艳:《九十年代:转型与尴尬》,《花城》2009 年第 5 期。

刊《新民晚报》。

4 月 14 日　李玦《韩少功为什么要起诉?》、张颐武《我的回答》刊《法制日报》。

4 月 17 日　《起诉:从马桥到海口之后》刊《文艺报》。

4 月 26 日　《韩少功海口起诉　六被告如何应答》刊《文艺报》。

4 月　《岁末恒河》刊《作家》第 4 期,《新华文摘》第 9 期转载。《韩少功作品自选集》由漓江出版社出版。

5 月 6 日　韩少功给《文艺报》发去长信《让我们节省一点时间和精力》,对批评做出回应。《文艺报》5 月 17 日刊出此信。韩少功表示:"对不大习惯讲道理的人,除了用法律迫使他们来讲道理以外,我想不出还有什么更好的办法。对分不清正常批评和名誉侵权的人,除了用一个案例让他们多一点法律知识之外,我也想不出什么更好的办法。"

5 月 10 日　《文艺报》报道:"'马桥诉讼'未开庭先有庭外争执,三被告提出管辖异议。"张颐武、王干、《为您服务报》提出,韩少功起诉的"名誉侵权"的发生地和结果地都不在海口,故不应受海口中院管辖。

5 月 15 日　《扬子晚报》报道,中国作协副主席陆文夫表示,如有可能愿意出面调解"马桥诉讼",未果。

5 月　到海南省琼海市挂职体验生活。当时文代会、作代会安排作家挂职体验生活,在落实时十分困难,最后只有韩少功去了琼海市委,救了这个场子(舒晋瑜《韩少功"挂职"为农》)。挂职期间,韩少功喜欢随同信访办的人下去调解纠纷。

《收水费》刊《中外书摘》第 3 期。

张英《"马桥事件"的是非始末》刊《名人》第 5 期。

许子东《当代小说阅读笔记》由华东师范大学出版社出版。认为"《爸爸爸》并非韩少功的转向,而是他初期理性反省'文化大革命'的继续",是对"文化大革命"的性质、起因、意义持续性思考的延续、深化和"变形"。"1981 年以后文学和政治的关系,使韩少功觉得《回声》式的思考很难继续下去"。《回声》之后,韩少功对"文化大革命"及整个中国社会动乱的起因的看法有了很大发展,"拉美魔幻现实主义恰在这时给韩少功的影响,使韩少功发现社会政治激情同时可连接现代主义观念和民族神话、乡土民俗",这篇小说"在结构、意念乃至细节处理上,都不无机智做作巧弄玄虚之处,这里既有艺术实验因素,也有策略上的考虑"。

6月3日晚　中央电视台"文化视点"于黄金时间点名批评韩少功"不能正确对待批评意见"。

6月7日　韩少功在《文艺报》发表答记者问《我随时愿意撤诉》，表示"还有庭内调解的机会"，但"撤诉的条件是对方道歉"。

6月初　中国作协几位领导有意出面调解"马桥纷争"，其中一位透露初步打算：让当事双方坐到一起吃饭，张颐武表示他没有说过《马桥词典》是抄袭，而韩少功表示欢迎文学批评，再由领导宣布韩少功是个好作家，张颐武是个有成就的批评家。韩少功感谢领导的关切和理解，但不同意此调解方案，称方案看似周到，但漏掉一个最重要也最不能漏掉的问题：张颐武等人的文字是不是正当的文艺批评？①

6月　接受《芙蓉》主编萧元采访，以《九十年代的文化追寻》为题刊《书屋》第3期，收入文集时改题为《世俗化及其他——答〈芙蓉〉杂志主编、评论家萧元》。韩少功质疑把世俗化等同于现代化，把理想和精神等同于体制和道统的言论，"如果知识群体的基本精神尺度都被'世俗化'视为大敌，那么这种'世俗化'恰恰是在建立一种压抑人性的权利关系"，从世俗化获益的只能是少数人，"'世俗化'常常成为他们扩张权势和剥夺财富的心理通行证"。

韩少功《余烬》列入山东友谊出版社《双桨文丛·中国当代小说名作名评》丛书出版。

7月3日　中院驳回被告管辖权异议申请，张颐武就此向海南省检察院提出抗诉申请。

7月　在济南为《马桥词典》签名售书，后至大连参加全国中年作家座谈会，韩石山、姜贻斌、高建群、李霁宇、林文询等参加。

随笔《遥远的自然》刊《天涯》第4期。后又刊《散文（海外版）》（1997年第6期）、《中外书摘》（1999年第1期）、《读者》（2004年第22期）、《科技文萃》（2005年第5期）、《文苑》（2007年第7期）等。

随笔《主义向人的还原》刊《天涯》第4期，署名郭浩。此文为韩少功6月在海南某大学的演讲稿，批判为"痞子主义""虚无主义"和"世俗主义"辩护的言论。作者反对以世俗主义来打杀人文精神，讥嘲道

---

① 高波、海平：《"马桥"故事》，《芙蓉》1999年第3期。

义、理想以及知识分子的精神承担，他反对笼统地谈论"世俗"，主张区分掠夺者的"世俗"和劳动者的"世俗"，并充分重视掠夺者与劳动者"常常兼备于一身"的复杂现实。简单地划分掠夺者与劳动者，把抗击掠夺的正义之举仅仅理解为矛头向上的"阶级斗争"，治标不能治本，除病不能断根。

《顾准日记》刊《天涯》第 4 期。当时韩少功想选发《顾准日记》中的四五万字，但编选者丁东担心选得太多，《顾准日记》出版后没有市场，后来只发表了一万多字。[①]

8 月　孙先科《颂祷与自诉——新时期小说的叙述特征及文化意识》由上海文艺出版社出版。在《"异人传"——"寻根小说"中的"异人"形象及其文化意识》一节，将丙崽归入"异人"形象序列，"他的'异人'特质，让人一方面感到历史进化中社会及生命现象的神奇、怪诞，另一方面也隐约感受到它的现实针对性"，"这一把握方式将人们从非此即彼、简洁明了的政治意识形态结论上引开，诱发出有关宇宙、人生、民族、社会等带有哲学和历史意味的文化性思考"。

黄锴坚《再谈〈马桥词典〉》刊《北京观察》第 8 期。

9 月　作《一九七七的运算》，后刊本年《人民日报》（华南版）。

《很有意思》刊《文化月刊》第 9 期。

《天涯》第 5 期刊发汪晖长文《当代中国的思想状况与现代性问题》。当汪晖的长文拿到编辑部来时，"我觉得眼睛一亮，立即建议主编破例一次，不惜版面发表这篇长文。据说汪晖本人一直犹豫是否应该更晚一些在国内发表这篇文章，李陀也建议他暂时不要发表，他们对《天涯》的果断可能都有些感到意外。就像很多人后来所知道的，正是这一篇长文成为了后来思想文化界长达数年一场大讨论的引爆点，引来了所谓'新左'对阵'新右'或'新自由主义'的风风雨雨经久不息。"《天涯》被人贴上"新左派"的标签，在某些圈子里被视为"新左大本营"。

《天涯》对教育、医疗、住房市场化的批评，对"弱势群体""利益集团""阶层""等级"等词语的使用，经常招致主管部门指责。韩少功认为："新左派"至少有两代的历史，早一代是指张承志、张炜、韩少功与别的一些作家和批评家。他们从各自角度对文化拜金大潮予以批评，

---

① 罗银胜：《顾准著作的刊布考》，《书屋》2005 年第 12 期。

被有些人视为"阻挡国际化和现代化"的人民公敌。发表汪晖一文时的
"新左派"可算是第二代。韩少功并不赞成某些"新左派"的观点：
"'新左派'里面鱼龙混杂，有的人不仅有问题，问题还大着哩。尤其是
有些人再一次开出'阶级斗争''计划经济'等救世药方的时候，我为他
们想象力的缺乏和生活经验的贫乏感到遗憾。当有些高调人士在强国逻
辑之下把中国一九五七年、一九六六年等人权灾难当做'必要代价'时，
我觉得这些红色英雄其实越来越像他们的对手：当年资本主义的十字军
同样是在'必要代价'的逻辑下屠杀着印第安人和各国左翼反抗群体。
'左派'接过'右派'的逻辑来批判右派，这种儿子不认老子的事情怎么
想也荒唐。"基于这一担忧，韩少功在《天涯》发表萧功秦、汪丁丁、李
泽厚、秦晖、钱永祥、冯克利等人的与"新左派"相异或相斥的文章。
"我们并不想和一把稀泥处处当好人，更没有挑动文人斗文人从而招徕看
客坐地收银的机谋，我们只是想让各种思潮都在所谓'破坏性检验'之
下加快自己的成熟，形成真正高质量的争鸣。""人的认识都是瞎子摸象，
都不是绝对真理，因此无论'左''右'都可能有肤浅之处；但只有一种
肤浅的'一言堂'肯定更糟糕，而两种或多种肤浅之间形成的对抗，才
有可能使大家往后都少一点肤浅。这就是为什么《天涯》的版面更多地
提供给'新左派'的原因。看一看周围，在全国百分之九十以上的类似
媒体都向资本主义体制暗送秋波或者热烈致敬的时候，《天涯》必须发出
不同的声音，否则我们就可能只剩下一种肤浅，即最危险的肤浅。"尽管
韩少功有意把杂志办成不同派别对话的平台，但还是不能避免学界里的
阵营划分（韩少功《我与〈天涯〉》）。

10 月 14 日　海南省高院再次驳回异议申请。

10 月　天岛、南芭编著《文人的断桥——〈马桥词典〉诉讼纪实》
由光明日报出版社出版。该书目录如下：第 1 章马桥事变；第 2 章风起于
"青评"；第 3 章话说《马桥词典》；第 4 章韩公少功；第 5 章"江湖"人
称张"后主"；第 6 章变批评为策划的王干；第 7 章美誉如潮；第 8 章联
手杀马？第 9 章莫名其妙的难过；第 10 章该告谁？第 11 章"车匪路
霸"；第 12 章"琼家军"；第 13 章韩公不再沉默；第 14 章当局者·旁观
者；第 15 章十一名作家签名内幕；第 16 章谁来保护批评家？第 17 章神
秘的木弓；第 18 章张"八点"；第 19 章《文艺报》活跃；第 20 章叶蔚
林剽窃新案；第 21 章被告应答各千秋；第 22 章打抱不平张晓陵；第 23

章杀出个程咬金；第 24 章抗议之声；第 25 章陆文夫出面；第 26 章中央电视台如是说；第 27 章谁在浪费时间和精力？第 28 章模拟法庭；第 29 章如何收场？第 30 章反思马桥风波。在附录"马桥公案重要文章"中，选收了《第三只眼看文坛：文人之争》（周洪）、《调门与选择》（王蒙）、《隐赋佳话》（李国文）、《批评家的胆量》（雷达）、《文艺批评的 ABC》（王干）、《过于脆弱的著名作家》（磊子）、《我们现在怎样做批评家》（童志刚）、《"马桥事件"与学风问题》（阎晶明）、《谁从马桥事件中得益?》（陈言）、《先锋的"模仿"——韩少功〈马桥词典〉读后随谈》（何东）、《利刃一般的外国文学批评》（袁筱一）、《批评的尴尬》（张力成）、《缺乏羞耻感》（何龙）、《"克隆"与文学》（刘安海）、《注意"马桥事件"之外》（陈子甘）、《我为什么批评〈马桥词典〉?》（张颐武）、《令人失望的答辩——兼答张颐武先生》（南帆）、《从〈马桥词典〉之争谈创新与模仿》（何满子）、《"词典"之争话"模仿"》（彭放）、《〈马〉、〈哈〉文本与寻根文学及昆德拉——兼同张颐武先生商榷》（宋丹）、《道是词典还是小说》（王蒙）、《词典式批评：关于〈马桥词典〉》（刘绪源）、《〈马桥词典〉随笔》（张新颖）、《〈马桥词典〉：中国当代文学的世界性因素之一例》（陈思和）。

11 月 《强奸的学术》刊《青年文学》第 11 期。韩少功的不少随笔一直在反省知识分子问题，本文尖锐地质疑体制化了的学院派知识分子，"即使这个世界上的人统统成了文凭闪闪职称赫赫并且学富五车满嘴格言的智识阶级，即使我们可以天天夹着精装书学术来学术去的，我们就离真理更近了吗？依我看：难。"

12 月 24 日 海口市中级人民法院公开审理"马桥诉讼"，双方对判决都有所不服。

12 月 与陈忠实、邓刚、李锐、陈世旭、陈村、王安忆、格非等参加上海文艺出版社召开的长篇小说创作笔会，讨论如何提高长篇小说的质量和产量。大家一致认为：大众仍然是文学作品的回归之地，目前需要疏通双方的沟通渠道，这必须借助制作方多部门的共同努力。韩少功要求出版界担负起通俗文学和高雅文学的分流工作，使它们成为社会文化的并立双峰，在文学功能的有益发挥上达到统一和归化。①

---

① 陈晓晖：《众作家指点长篇小说》，《创作评谭》1998 年第 2 期。

《洞庭湖》杂志创刊第 100 期出版，刊有韩少功的祝贺与感谢之词。

邓晓芒《沉默的马桥》刊《书屋》第 6 期。该文从语言的个别性与统一性、语言与人的关系批判韩少功的语言观。

本年　《马桥词典》繁体字版分别由台湾中国时报公司和香港三联书店出版，分别获《中国时报》与《联合报》该年度"最佳图书奖"。

本年度重要研究论著

柳建伟：《关于〈马桥词典〉的若干词条》；郜元宝：《超越修辞学——我看〈马桥词典〉》，《小说评论》第 1 期。

阎晶明：《"马桥事件"与学风问题》；朱衍青：《独特的〈马桥词典〉》，《文学自由谈》第 1 期。

何满子：《从〈马桥词典〉之争谈创新与模仿》，《文学自由谈》第 2 期。

韩石山：《我看"马桥之役"》，《文学自由谈》第 4 期。

李少君：《查时间先后　说形式模仿》，《文学自由谈》第 6 期。

敬文东：《方言及方言的流变——韩少功启示录》，《当代作家评论》第 2 期。

李少君：《马桥事件："模仿说"背后的实质》，《东方艺术》第 3 期。

田原：《〈马桥词典〉纷争要览》，《天涯》第 3 期。

昌切：《马桥小天地　天地大马桥》，《大家》第 3 期。

盲童：《〈马桥词典〉的独创性——〈马桥词典〉与〈哈扎尔辞典〉之比较》，《书屋》第 3 期。

邬萍萍：《从笔墨论战到侵权诉讼——"马桥事件"纪实》，《新闻记者》第 9 期。

陈剑晖：《记忆：重建世界的一种方法——〈马桥词典〉解读》；杨春时：《语言的命运与人的命运——〈马桥词典〉释读》；宋剑华：《特定语境中的文化阐释——〈马桥词典〉阅读随想》，《文艺评论》第 3 期。

张英：《"马桥事件"的是非始末》，《名人》第 5 期。

黄辛力：《北京大学副教授张颐武文理不通》，《作品与争鸣》第 9 期。

伊万（单正平）：《"批评家"韩石山的"文风问题"》，《今日名流》第 9 期。

一九九八年　四十五岁

1月3日　《文艺报》刊发《'97十大文艺圈风波》，以《"马桥事件"比〈马桥词典〉好看》为题，将马桥事件排在首位。

1月24日　《文艺报》刊发报道《海口到底有多远?》，称张颐武"抗诉"。

1月　《乏味的真理》刊《今日名流》第1期。

化名"雷斯"和"范闻彰"发表《亚洲经济泡沫的破灭》刊《天涯》第1期，《齐齐哈尔社会科学》第1期至第3期转载。

《韩少功散文》（两卷集）由中国广播电视出版社出版。

应陈建功"从旁劝说"，主编"国风文丛"湘鄂卷《渚清沙白》，由中国对外翻译出版公司出版。"国风文丛"由汪曾祺任总主编。

2月7日　《文艺报》发表《官司止于智者——访北京大学副教授张颐武》，张颐武回答记者伊士的28个提问。

2月22日　参加《今晚报》副刊部举办的"老插忆趣"有奖征文活动。

2月25日　散文《一天流水账》刊《中华读书报》。

2月　请辞海南省政协常委与省政协文史委员会主任，获准。

随笔《第二级危机——"酷"的文化现代之一》《第二级历史——"酷"的文化现代之二》刊《读书》第2期、第3期，《中外书摘》第6期转载。韩少功在分析品牌经济、明星文化等问题时认为：文化传媒不断地激发公众对"持有价值"的欲望，流行文化符号对人的心理、行为形成残酷的压迫；美国影视中无处不在的消费暗示，在不同国家之间确立了"新的依附关系"和"新的权力支配关系"，"在一个文本域符号超常生产的'传媒资本主义时代'，文化工业是一列制动闸失灵的火车，是谁也管不住的九头怪兽。"

回湖南，全家到八景乡山里考察，作散文《八景忆雪》，后刊本年《湖南日报》。

3月21日　《文艺报》刊出《海口讳莫如深》，海口中院合议厅工作人员称"现在很有压力"。

3月　《滇池》第3期"中国作家批判"栏目刊出宋家宏《〈马桥词典〉的价值迷失》。该栏目曾对谢冕、张承志、王安忆、王蒙、张贤亮、张铉、邓贤、邱华顿等知名作家展开批判。

4月　作《佩索阿：一个不动的旅者》，为其翻译佩索阿的《惶然录》跋。后以《译后记》为题刊《书屋》第5期。佩索阿被誉为"欧洲现代主义的核心人物""杰出的经典作家"，"最为动人的""最能深化人们心灵"的写作者。韩少功说"翻译非我所长，有时候心血来潮译一点东西，纯粹是读书的副业，是拾译家的遗漏，是为了让更多的人能分享我阅读的快乐……"

5月18日　海口市中级人民法院做出一审判决，判定韩少功胜诉。

5月　*Séduction. Foudre. Visite. Empreinte humaine* 由 Editions Philippe Picquier 出版。

散文《熟悉的陌生人》刊《天涯》第3期，《新华文摘》第8期转载。此文深入剖析文化身份的混杂性，并结合中外历史，阐释个人与群体的关系。韩少功说："我赞成过文化'寻根'，但不愿意当'寻根派'；我赞成过文学'先锋'，但不愿意当'先锋派'；我一直赞成'民主'，但总觉得'民主派'的说法十分刺耳；我一直赞成世俗生活中不能没有'人文精神'，但总觉得'人文精神'如果成为口号张扬和串通纠合不是幼稚可笑就是居心不良。我从不怀疑，一旦人们喜滋滋地穿上了派别的整齐制服开始检阅的齐步走，人的复杂性和丰富性就会成为我们的盲区，这样的派别检阅只能走向肤浅而危险的历史伪造。"

《天涯》第3期刊出杨向荣的小说《誓与圆囿巨人斗争到底》，后附短评《编者致作者》："时下很多一心跟着感觉走的作者其实毫无感觉，为文造情之作泛滥成灾，有时即便写到隐私性爱，也只有那么七八句公共套语，隔几页就'丰满'一下或者'狂暴'一下，殊为贫乏。而你的这一篇是真正有感觉的，有想象力的，一个乡间儿童的心理世界如此奇特和浪漫，与成年人常有的公共化经验构成了比照与紧张。文学应该创造世界而不仅仅是复制世界。当然，在你的笔下主人公的感觉似乎还可以更多一些发展与变奏，从儿童的视角也还可以对成年人世界的政治、性爱等等行为产生更多的审视与质疑……祝你继续探索下去并不断于沉静之中有所发现。"这是杨向荣首次在重要刊物发表作品，"据说这则短评是韩少功老师所写，它启迪了我后来写的这个系列中的若干篇"①。

朱寿桐主编的《中国现代主义文学史》由江苏教育出版社出版。在"韩少功'刨''根'的努力"一节中认为韩少功"是通过寻根而最终除'根'，断然拒绝这个根"，后通过分析《爸爸爸》认为"小说中的主体故事被切割成几个小故事，每个小故事推出几个人物形象，因人物具有的象征意味而物象化，从而使故事也成为抽象的寓言了。它们在整个叙事过程中作块面状排列和组合，使叙事呈板块组接状结构，可以看出作家通过将拉美魔幻现实主义、结构主义、象征主义、黑色幽默的杂糅而形成的独特的美学风格，由此也可看出对于民族文化之根的探寻无论从意识形态还是从艺术风貌上看都似乎走到了尽头"。

6月6日　《文艺报》称"马桥诉讼一波未平一波起"，报道诉讼各方对一审判决的意见。一审判决称："原告韩少功所著的《马桥词典》与《哈扎尔辞典》是内容完全不同的两部作品，到目前为止，尚无证据证明《马桥词典》与《哈扎尔辞典》之间存在着抄袭、剽窃和内容完全照搬的情形。被告张颐武在其撰写的《精神的匮乏》一文中，指称《马桥词典》在内容上完全照搬《哈扎尔辞典》，这一评论超出了正常的文艺批评界限，已构成了对原告韩少功名誉权的侵害"，"被告王干发表的题为《看韩少功做广告》一文，其内容并不涉及对韩少功名誉权的侵害，故韩少功诉请被告王干承担民事责任无理，本院不予支持"。法院判决张颐武、《为您服务报》等公开刊登声明，向韩少功赔礼道歉，共同承担案件的受理费用，并各自赔偿韩少功经济损失人民币1750元。

6月20日　为陈立平著《黑狼笔记》（长江文艺出版社1999年版）作序，后以《读梦者——序〈黑狼笔记〉》刊《书屋》1998年第5期。

6月　《公因数、临时建筑以及兔子》刊《读书》第6期。韩少功说：20世纪80年代以来的虚无主义剥夺了各种意识形态虚拟的合法性，却对"欲望""世俗""个人""自由""现代"等概念网开一面，"也可能成为一种新的独断和思想专制"。

---

① 杨向荣：《后记》，《果园之火》，北京十月文艺出版社2011年版，第246页。

《马桥词典》获上海第四届（1996—1997）"长中篇小说优秀作品大奖"一等奖。

於可训《中国当代文学概论》由武汉大学出版社出版。认为《爸爸爸》"正是通过对楚地先民的历史文化源头所作的这种批判性的审视，这篇作品确实较好地体现了作者的创作题旨，因而是这期间一篇比较典范的'寻根'作品"。

《精神的白天与夜晚》由泰山出版社出版。韩少功说自己"想得清楚的写散文，想不清楚的写小说"，"小说与散文之间存在着一种对抗、紧张的关系，tention 的关系。有时候，它们甚至互相怀疑和互相消解。大体上说，散文是我的思考，是理性的认识活动；而小说是我的感受，是感性的审美活动。它们承担着不同的功能，也有不同的价值观。在散文看来是很重要的东西，比如对现实问题的敏感，比如思想的深度，常常在小说那里变得不怎么重要。"韩少功的小说较多地写农村，随笔较多地写都市。

7月　徐国良散文集《叩问岁月》由花城出版社出版，韩少功作序。

8月　《惶然录》（十四则）刊《山花》第8期。

俞果《〈马桥词典〉：文人的断桥？——"马桥诉讼"的前前后后》刊《新闻记者》第8期。

9月1日　《小说界》举办百期庆典，韩少功贺电《祝〈小说界〉百期》，刊《小说界》第6期。

9月9日　出席上海第四届（1996—1997）"长中篇小说优秀作品大奖"颁奖仪式。

9月　小说集《故人》由湖南师范大学出版社出版。

山风《世纪末的喧闹——近来文坛官司种种》刊《飞天》第9期。

上海社会科学院文学研究所编《中国作家自述》由上海教育出版社出版。韩少功在自述中谈到他的三次"思想解放"："没有红卫兵武斗在我大腿上留下的枪伤，没有知青户充满着劳累呻吟和蛙鸣的孤独长夜，我是不会走向马克思主义的。这是我的第一次思想解放"，"我的第二次思想解放是在1978年进入湖南师范大学中文系之后。一个新的时代终于开始了，国门大开，思潮纷涌，西方现代主义尤其使我入迷。这个十分笼统的概念，应当包括海德格尔、尼采、弗洛伊德等等，也不应该落下来自自然科技的各种启智新学。如果在此之前，我把人生的黑暗归咎于阶级或社会集团，那么现在我相信，更大的难题存在于每个人的人性深处"，"我应该感谢佛经，比方禅的智慧。如果说我的思想有第三个发展阶段的话，那么包括佛学在内的中国传统文化，给了我及时的支持和温暖的护育"。

蓝白、黄丹《文学的追问与修养——韩少功访谈录》刊《东方艺术》第 5 期。韩少功谈到刊物的文化使命："我们正在进入以市场经济为主要特征的现代化进程，在这一进程中，有些旧的问题还没有完全消失，比如几千年官僚政治和极权主义的问题；有些问题正在产生，比如消费主义和技术意识形态的问题；有些问题是中国式的，比如传统文化资源的现代转换和运用问题；有些问题则是全球性的，比如经济一体化和文化多元性的问题，等等。当然，这些现实问题又牵涉到更多基础性知识原理上的清理和探讨。我以为，一个作家也好，一个文学刊物也好，回避这些问题或者在这些问题上人云亦云，不是自己的光荣；恰恰相反，如果真要关心人，关切大面积人群的生命存在，包括要建设一种能够保护人生和健全人生的现代化文明，时刻抗拒某些潮流中的谬见和欺骗是十分必要的。"

谈《天涯》的用稿标准："作为社长，第一，我不会以自己的观点去影响主编和编辑们对稿件的取舍，事实上，一些与我观点相异或者直接批评过我的作者，也在这个杂志上发表稿件；第二，我不以为自己的观点就一定正确无误，坦白地说，我自己的思想经常处于一种自相矛盾的悖论状态，并无终极的定见，而一些阶段性和局部性的结论，充其量不过是一些思考的'方便'而已。我总觉得自己在'摸象'，不应该把象腿或者象鼻子当作大象的全部。这样，从总体上来说，我比较赞成一种超主义的知识态度——虽然我明白主义之间的抗争是很必要的，'深刻的片面'也是很必要的。超主义的通达和宽容，正是以主义的执著甚至偏执为前提。"韩少功说："我对小说的热爱，并不妨碍我思想的兴趣……我觉得顺其自然比较好。也许哪一天我突然对思想理论的兴趣减弱了，这也是完全可能的。"

10 月 14 日　海南作协召开"符江、华子奇杂文创作研讨会"，韩少功、鲁枢元、晓剑、毕光明参加。

10 月　韩少功、程亚林、邓晓芒、孙卓、刘蒲生、罗啸等著的《我们一起走过——百名知青写知青》由湖南文艺出版社出版。本书的序为韩少功《记忆的价值》。

11月 《工具，有时也是价值》刊《琼州大学学报》第4期，后以《道的无名与专名》为题刊《今天》（1999年第1期）和《广东职业技术师范学院学报》（2007年第6期）。韩少功回顾20世纪的语言的变革，认为"语言本身就是一种意识形态"，"白话文与大众性的联姻很短暂，朦胧诗与感觉化的联盟也并不牢固"，"能指与所指之间的关系极其脆弱，没有一成不变的单线链结"，"语境是语言的价值前提"，"离开了特定的社会环境、文化格局以及生命实践的各种复杂条件，任何语言都只是一些奇怪的声波和墨迹，没有任何意义"。言与义、名与实的关系，"也常有相对恒稳的状态"，语言的变革"也可能引起严重的文化冲突、政治纠纷乃至血刃相见"，"这就不难理解，为什么在一定的情况下，白话文会成为政治，朦胧诗也会成为政治，一切新的小说形式也会成为政治。人们的价值指认和价值情感可以被相应的语符暂时锁定，不得不在语言冲突中表现为固守或强攻。""我们永远只能靠语言去捕捉价值，又无法把价值永远保存在既有的语言之网中。"

韩石山《马桥事件——一个文学时代的终结》刊《文学自由谈》第6期。

12月30日 《中华读书报》刊文《〈马桥词典〉边打官司边获奖》。

12月 海南省高级人民法院受理四位当事人不服一审判决的上诉，公开审理《马桥词典》案。

本年 《批评家们的"本土"》刊于钱中文等主编的《中外文化与文论》总第五辑。

英国著名学者佩里·安德森（P. Anderson）访问海南岛，在韩少功陪同下寻访其父在中国生活的遗迹。与安德森交谈《天涯》讨论过的种种问题，安德森认为这些话题都是当时世界最重要的问题，他很想知道中国人在这方面怎么感觉和思考（韩少功《我与〈天涯〉》）。

中短篇小说集《真要出事》由中央党校出版社出版。

本年度重要研究论著

王建刚：《不确定性：对韩少功文化心态的追踪》，《理论与创作》第2期。

刘恩波：《重温"好作品主义"》，《艺术广角》第1期。

张颐武：《〈马桥词典〉余波未息》，《上海戏剧》第3期。

一九九九年　四十六岁

1月27日　《"马桥事件"被告：等待判决》刊《中华读书报》。

1月　翻译费尔南多·佩索阿的《惶然录》节选刊《译林》第1期。

3月23日　海南省高级人民法院就《马桥词典》案下达《民事判决书》，除维持原判外，王干的文章"亦构成对韩少功名誉权的侵害，王干应承担相应的民事责任。原审判决认定王干的行为不涉及对韩少功名誉权的侵害错误，应予以纠正"。历时两年的"马桥诉讼"宣告终结。韩少功胜诉，但他没有要求法院执行最终判决。

3月　《大题小作——韩少功散文新作三则》（《自我机会高估》《乏味的真理》《饿他三天以后》）刊《芙蓉》第2期。

单正平《信口雌黄的韩石山》刊《文学自由谈》第2期。本文批判张颐武和王干的坚定支持者韩石山。韩石山曾在《文艺报》发表文章说：海南这个地方文风甚奇，出了个叶蔚林一抄再抄，又出了个韩少功一仿再仿。说海南作家如果不看《外国文艺》，说明他们是处在化外之地；如果看了《哈扎尔辞典》而不给韩少功说道说道，那他们就是一群"酒囊饭袋"；等等。"韩少功时时都想借助官方的力量来平息此事，最后还是借助法院的力量作出判决"。这是单正平第三次批驳韩石山，"马桥事件快要结束了，但一种狂躁嚣张的文风，一种置基本事实于不顾而乐意妄加猜测，无中生有，进行政治构陷的批评风气，还远远没有结束，最新的例证就是韩石山这篇文章。"

创作《Click时代的文学》，刊当年《海南日报》。后刊《网络传播》（2009年第5期）。

4月20日　致信《芙蓉》杂志主编萧元，刊《芙蓉》第3期。

4月　应美国哈佛大学等7所大学邀请，韩少功等赴美讲学，在哈佛与杜维明见面。其间，与蒋子丹在加利福尼亚大学伯克利分校讲学。

《饿他三天以后》刊《散文（海外版）》第 4 期。

5 月 ［葡］费尔南多·佩索阿著、韩少功译《惶然录》由上海文艺出版社出版。

高波、海平《"马桥"故事》，毛焰、朱文等《我仍这样说——南京艺术家谈马桥诉讼案》刊《芙蓉》第 3 期。前文坚决为韩少功辩护。而韩东、毛焰、朱文、吴晨俊、鲁羊等十位艺术家，则就"马桥"事件声讨法院和批评韩少功，每个发言后都以黑体字标明："我仍然这样说，《马桥词典》完全照搬《哈扎尔辞典》"、"我仍然这样说，《马桥词典》尽管广告满天飞，但仍不入流品"。

6 月 9 日《韩少功新译作能否再火》刊《中华读书报》。

6 月《感觉跟着什么走？》刊《读书》第 6 期。剖析 20 世纪 80 年代以来的感觉崇拜论给文学带来的负面影响。

《为什么写作》被《散文选刊》第 6 期转载。

为廖宗亮的散文集《走出青青山》（中国文史出版社 1999 年版）作序，后以《与遗忘抗争》为题收入《为语言招魂——韩少功序跋选编》。韩少功认为：人的记忆有使人之为人而不至于精神迷失的重要价值，"写作是对遗忘的抗争，是对往事的救赎"，文学写作对记忆的"珍藏、清理以及复活"，对自己的精神世界的精心"编织"，可以使人性得到记忆的烛照，得到文明史的守护和引导。

香港《亚洲周刊》评出"20 世纪中文小说 100 强"，《马桥词典》名列第 22，远远排在《白鹿原》《长恨歌》《浮躁》《古船》《四世同堂》等作品之前。因姜贵的《旋风》、王力雄的《黄祸》两部反共长篇小说入选，《中流》曾激烈批判这次评选，并把矛头指向王蒙、谢冕、余秋雨、王晓明四位大陆评委，以及定居海外的评委刘再复。

7 月《人在江湖》刊《美文》第 7 期，《散文选刊》第 11 期转载。

8 月 13 日 对话崔卫平，谈《马桥词典》，后以《关于〈马桥词典〉的对话》为题刊《作家》2000 年第 4 期。稍有改动后收入《马桥词典》（作家出版社 2009 年版）。韩少功说："对待方言和共同语，我没有特别的偏见。共同语中也有糟粕，也有精华，方言同样是如此。我唯一的取舍标准，是看它们对探索和表达我们的人生有没有帮助。"谈到"用声音来描述景象"时说："语音背后所隐藏着的社会、历史、文化，所沉淀的思想、情感、故事、想象，都需要人们将其挖掘出来。"谈到小说中事情与词语的真假时说：真真假假吧。也有些煞有介事的词是我瞎编出来的，"比如'晕街'。不过这种虚构得有一定的现实生活根据，也大体符合语言学规律，读者才可能接受。"谈到小说中知识性东西时说："在我的理解中，小说也是创造知识，只是这种知识与我们平时理解的知识不大一样。小说功能之一就是要挑战我们从小学、中学开始接受的很多知识规范，要叛离或超越这些所谓科学的规范。""小说不接受科学家的世界图景，而要创造另一种世界图景，包括在女人和鲜花之间，在什么与什么之间，重新编定逻辑关系。"谈到"马桥"人的时间观："'元（初始）'和'完（结束）'，作为两个完全不同的时间概念，在马桥人的发音和书写上的统一，也暗示了这种时间观。"谈及"语言与事实"的关系："语言与事实的关系是个非常危险的游戏，也是一个非常美丽的游戏。小说的长与短，成与败，都在这里。严格地说，任何事实用语言来描述之后，就已经离开了事实。""各种对事实的表达，也就是我们能够有的'事实'。长在稿纸上的树，就是小说家眼里实际上有的树。""有两种倾向我比较警惕：一种是语言与事实之间只有机械僵硬的关系，语言没有独立而自由的地位；另一种是语言与事实之间完全没有关系，语言独立和自由得太离谱，泡沫化的膨胀和扩张。""如果说小说有道德的话，'确切''精确'、逼近真实等等就是小说的道德要求。""小说天然地反对独断论，这也是小说的道德。不'自相矛盾'天理不容，如果'确知所云'就一定完蛋。"谈到《马桥词典》的文体时说："也可以说十分'旧'，至少可以'旧'到古代笔记小说那里去""我从八十年代起就渐渐对现有的小说形式不满意，总觉得模式化，不自由，情节的起承转合玩下来，作者只能跟着跑，很多感受和想象放不进去。我一直想把小说因素与非小说因素作一点搅和，把小说写得不像小说。""别的方法同样能写出好小说，小说不可能有什么最好的方法。不过散文化常常能提供一种方便，使小说传达更多的信息。说实话，我现在看小说常有'吃不饱'的感觉，读下几十页还觉得脑子'饿'得慌，有一种信息饥饿。""诗是小说的灵魂，一本小说可能就是靠一个诗意片段启动出来的。""小说还是要讲究艺术的节制，作者要低调，要平常心。""小说里宁可'不及'，不可'过'，我在这方面有过深刻的教训。"

8月 朱栋霖、丁帆、朱晓进《中国现代文学史（1917—1997）》由高等教育出版社出版。在论述作家对"根"或"文化"的态度时，将韩少功归为"持否定态度"的一类。认为《爸爸爸》"是韩少功突破自身思维模式的一次嬗变，而且对新时期小说观念的蜕变也起着推动的作用"，小说的不足之处是："存在着对哥伦比亚魔幻现实主义作家加西亚·马尔克斯的长篇小说《百年孤独》的模仿痕迹，一定程度上还存在着内容与形式的悖离倾向。"

9月30日　海南省作家协会主办"海南省文学探索者（1988—1999）三十强"评奖活动，韩少功、蒋子丹、冯麟煌、鲁枢元等三十名作家、学者获奖。

9月　应韩国西勒玛基金会邀请，赴汉城参加"寻求东亚特性国际研讨会"。来自美国的德里克"在听白永锐发言的时候，他给我递了一张纸条，上面抄写着一首中国的流行歌曲：'我们亚洲，山是高昂的头；我们亚洲，河像热血流……'这首歌当然可以证明中国人并不缺乏一般意义的亚洲意识，尤其是考虑到这首歌出现在 1989 年后中国遭到西方发达国家统一制裁之际，当时的中国人当然更容易想起同洲伙伴。我对他说，正是这样，我一直不担心中国人没有'亚洲'。在我看来，只要中国在奔现代化的道路上一旦与美国、欧洲发生严重利益冲突，中国人的亚洲意识会很快升温，国土上没有美国军队驻扎的中国难道不会比日本、韩国更容易'亚洲'一些？何况'儒家文明经济圈'一类说法早已层出不穷，正在成为很多中国人重构'亚洲'的各种心理草图。"（《国境的这边和那边》）

《天涯》第 5 期头条推出"刘亮程散文专辑"，刊发刘亮程《剩下的事情》《远离村人》《风把人刮歪》《对一朵花微笑》《走向虫子》《孤独的声音》《最大的事情》《狗这一辈子》《我改变的事物》《人畜共居的村庄》《村东头的人和村西头的人》《寒风吹彻》《永远欠一顿饭》《城市牛哞》等散文，并以"推荐与研讨"形式配发李锐、李陀、方方、南帆、蒋子丹的短评。此前，《天涯》刊发刘亮程的《住久了才算是家》《逃跑的马》，此后，刊发了他的《刮风》《新疆时间》《做闲懒人，过没钱的生活》等散文。《天涯》的鼎力推介，使刘亮程迅速引起文坛关注。湖北《今日名流》随即对刘亮程做长篇专访；中央电视台"读书时间"以"刘亮程和他的村庄"为题做专访。刘亮程很快获得"冯牧文学奖"。

刘亮程，1962 年生，著有诗集《晒晒黄沙梁的太阳》，散文集《虚土》《一个人的村庄》《在新疆》等，被誉为"20 世纪中国最后一位散文家"和"乡村哲学家"。

10 月 23—28 日 "生态与文学"国际研讨会在海南省三亚南山召开，海南省作家协会主办、南方航空公司海南分公司协办，韩少功主持大会。来自中国以及美、法、澳、韩等国的作家和学者张炜、李锐、苏童、叶兆言、格非、乌热尔图、方方、迟子建、蒋韵、黄灿然、蒋子丹、阿里夫·德里克、弗朗西斯·密西奥、安妮·居里安、西蒙·帕顿、申正浩等三十多人与会。研讨内容涉及生态问题诸多实践与理论的层面：如清理与反思发展主义（黄平、格非、陈燕谷等）、全球主义（德里克等）、"中产阶级"与"公共文化"（戴锦华、王晓明等）、"普遍性话语"及其思维方式（李陀等）、极端生态主义（密西奥、李锐等）等问题。王鸿生、乌热尔图、黄灿然等提供的青藏高原、大兴安岭、香港环境恶化个案给与会者提供了反思的现实活力。很多与会者剖析 20 世纪 80 年代以来文学写作中的物质主义和进步主义潮流（张炜、叶兆言、苏童等），对文学的作用和价值进行了新的思索和研究（居里安、陈思和、帕顿等），20世纪 80 年代以来二十多位作家笔下的大自然及其不同意义（南帆）。会后产生总结性文件《南山纪要》。研讨会记录曾以 *Why Must We Talk about the Environment? A Summary of Nanshan Seminar* 为题刊于 *Positions：East Asia Cultures Critique* 2004 年第 1 期。

童志刚《漂亮的思想：感受〈韩少功散文〉》刊《芳草》第 10 期。

11 月 9 日 收到刘再复来信。刘再复在信中说：在洛杉矶见到韩少功后，又重读《马桥词典》，更深信这是一部杰作。并向韩少功说明《亚洲周刊》评选"20 世纪小说一百强"事宜。"谢谢你回国后还关心我，实实在在地向上'进言'。不管他们有没有反应，您的努力使我感到故国仍有心灵的跳动。也谢谢你和子丹发了《独语天涯》的自序部分。有你们和其他朋友开个头，以后的路子会越走越宽。我们的读者毕竟在国内，大陆读者的热情在海外是看不到的。"韩少功与蒋子丹曾在《天涯》刊发李泽厚、刘再复、北岛、杨炼、严力、多多等海外敏感人士的作品，做了一些文化领域的破冰解冻之事。

11 月 《国境的这边和那边》刊《天涯》第 6 期。

12 月 作《体裁的遗产》，为"末路狂花——世纪末小说系列"（花山文艺出版社出版）总序。谈到小说的处境："小说可以多变，却无法万能。每一种体裁都有所长也有所短，都有审美能量的特定蕴积，因此便有这种能量的喷发或衰竭之时，非人力所能强制。"

本年　为杨晓萍散文集《枫叶红了》（花城出版社）作序《一个守约者》（《人生的失约者》），杨晓萍是韩少功的大学同班同学。

中短篇小说集《韩少功》由明报出版公司（香港）出版。

韩少功赴美期间，曾到科罗拉多拜访刘再复和李泽厚。

王蒙主编《中华人民共和国五十年文学名作文库》由作家出版社出版。韩少功《西望茅草地》入选《短篇小说卷》；《爸爸爸》入选《中篇小说卷》。

本年度重要研究论著

金汝平：《思想者的迷惘和怀疑：评韩少功的散文创作》，《文艺报》第 21 期。

单正平：《跳出小天地　走向大世界——我观〈天涯〉》，《当代作家评论》第 2 期。

邓玉环：《韩少功思想性随笔的精神性存在》，《写作》第 10 期。

二〇〇〇年　四十七岁

1 月　请辞海南省作协主席与《天涯》杂志社社长。

散文《人在江湖》入选《散文选刊》评选的 1999 年中国散文排行榜。

2 月　创作《文学传统的现代再生》，最初以法文和英文发表。

3 月 9—14 日　韩少功与李锐、苏童、张炜、北岛、高行健、也斯、安妮·居里安、杜特莱·德特丽、埃尔·杜特莱、金丝燕、张寅德等出席在法国巴黎国家图书馆举办的"中国当代文学二十年国际研讨会"，与会者还就"作家在当今社会的角色"举行圆桌研讨，这是 1988 年中国作家代表团访问法国以来比较重要的一次活动。

韩少功在法国举办的"中国文学周"上发言，删节后以《自述》为题刊《小说评论》2004 年第 6 期。"我对传统并没有特别的热爱，如果历史真是在作直线进步的话，如果中国人过上好日子必须以否定传统为前提的话，那么否定就否定吧，我们并不需要像文化守灵人一样为古人而活着。""正像我不会把'新'当作某种文学价值的标准，我当然也不会把'旧'当作这样的标准。特别是在文学正在全球范围内高度商业化的当前，怀旧、复旧、守旧也完全可以成为一种最'新'的文化工业，产生太多华丽而空洞的泡沫和垃圾。在这个意义上，一切崇拜——包括'新'的崇拜和'旧'的崇拜都很有些可疑，都可能成为文学创造的陷阱。""在我看来，一种健康的写作，是心灵的自我表达，是心中千言万语在稿纸上的流淌和奔腾，是无须刻意追求什么文化包装的。一个作家是否'本土'，出于批评者的感受和评价，而不宜成为作者预谋的目标。"

法文版 *Bruits dans la montagne et autres nouvelles* 由 Gallimard 出版。

在出访法国和意大利期间，发现《天涯》在欧洲因"新左派"而名声远播，在很多圈子里被议论，很多旅外华人都不谈他的小说而只问

《天涯》，这使他为自己小说家的身份感到悲哀，"我不得不一次次向好奇者解释，以我褊狭的理解，中国人在九十年代最忧心的倾向就是'权力与资本的结合'而不是这两者的对抗，'老左派'把守权力，'新右派'崇拜资本，而我们必须像李锐说的那样'左右开弓'，对权力和资本都保持一种批评性距离，以促成人民的市场和人民的民主……如果硬说神圣的'资本'碰不得，一碰就是'新左派'，那我们就'新左派'一次吧，被人家派定一顶有点别扭的帽子，多大件事呢？"（《我与〈天涯〉》）

4月　《时间的作品》刊《视野》第4期。

购买捷达牌私家车。

5月27日　笔谈《新世纪小说的流变与走向》刊《解放日报》，包括韩少功的《体裁的遗产》、王干的《挑战文体极限》、格非的《故事、小说和消息》、郜元宝的《小说往何处去》四篇。韩少功认为："随着社会生活和人性状态的流变，随着一些新兴媒介和新兴手段的不可阻挡地出现，每一种体裁都可能出现悄悄的角色位移，比如从青春移为成熟，从叛逆移为守护，或者从中心移向边缘。"小说的刺激手段和娱乐功能被电子视听产品大量夺走，小说滑入落寞和困顿，他担心"今天的小说能否避免昨天宋词和元曲的命运？"

5月　迁入湖南汨罗市八景乡兰家洞水库内修建的新居，新居命名为"梓园"，三面环水，附近山上遍布梓树、杉树，自然生态很好。妻子年年请假，不拿工资，已退休的姐姐、姐夫随同迁入。"我要辞职，我的工作单位不同意，最后是双方谈判，各让一步：我不辞职，但他们每年给我半年自由。这样，我就可以阶段性地待在乡下了。我觉得这样做的好处，一是可以劳动，出点汗，接近大自然，对健康也有好处；二是脱离知识分子这个圈子，换一个环境，了解社会底层的生活；三是节省一些时间，因为你在乡下可减少应酬，没有那么多饭局和会议。"①"他像一只候鸟，冬春栖在海南的都市，夏秋便飞往湖南的乡村了。"②"韩少功一般每年4月中旬回八景峒居住，10月回海南，因为他还得主持海南省文联的工作。虽然偏居乡村，但他可以跟城里人一样用宽带上网，看全国各

---

① 韩少功：《中国文学及东亚文学的可能性》，《湖南文学》2012年第2期。

② 李青松：《戴草帽的韩少功》，《绿叶》2007年第4期。

地的电视节目。"①

韩少功新居与八景学校相邻，他曾捐资架设管道，将水库对面山顶的泉水引到学校，解决了 200 多位师生的饮水问题。八景乡位于长乐古镇东北，与古镇仅一山之隔，韩少功经常开车到长乐镇换液化气，办理邮政业务，购买日用品。八景乡因"福果寺""八丈瀑""龙王潭""日月盆""三狮抱球""金蛙石""观音试掌""龙形古松"得名。

韩少功在乡下居住期间，李陀、刘禾、李锐、蒋韵、方方、蒋子丹、孔见、林恪夫妇等好友曾来此做客。韩少功在这里还接待了许多荷兰、英国、美国的朋友。此外，许多政府官员、记者、文学爱好者曾来此探访。

于此前后，挚友张新奇投资 200 万元，在八景乡修建占地 120 亩的作家山庄。

辞去《天涯》社长职位。

李锐《现代汉语的"现代化"困境——从〈马桥词典〉的词条谈起》刊《上海文学》第 5 期。李锐也是长期关注文学中的语言问题的作家，他认为："《马桥词典》作为一部充满创意的杰出小说，在字里行间时刻流露出对现代汉语的怀疑、审视、追问，精彩地表达出在历史压力下语言的扭曲、变形、患病、死亡和再生"，"充满了生命的活力和张力，比简化的现代汉语更丰富更贴近生命存在"。

6 月　许风海《韩少功访谈录》刊《博览群书》第 6 期。谈及"新左派"与自由主义论争，文化观念、传媒与市场的关系，国家、市场与民主的关系。

散文集《心想》由西苑出版社出版。

7 月初　出席海南省青年写作协会主办的"远岸诗歌研讨会"并发言。②

7 月　《依附与独立》刊《中国新闻周刊》第 27 期。

8 月 16 日　孙绍振《抄袭与模仿的历史纷争》刊《中华读书报》。

8 月 19 日　王樽《韩少功"隐居"湖南》刊《深圳特区报》，《作家

---

① 刘欢乐：《寄情山水　乐享田园》，《老年人》2007 年第 10 期。
② 潘乙宁：《心的歌—路扬起——"远岸诗歌研讨会综述"》，《海南日报》2007 年 7 月 3 日。

文摘》第 98 期转载。

8 月　韩小惠编《二十世纪九十年代散文选》由上海文艺出版社出版。韩少功《遥远的自然》入选。

9 月 14 日　《文学报》报道：由上海作协等单位发起组织的"百名评论家评选 90 年代优秀作家作品"问卷调查活动揭晓。韩少功入选 90 年代最有影响的 10 名作家，《马桥词典》入选最有影响的 10 部作品。

9 月　任海南省文联主席、省文联作协党组成员。

《老李醉酒》（原载《故事会》）被《民间故事选刊》第 9 期选载。后又刊《杂文月刊（选刊版）》（2004 年第 5 期）、《新读写》（2012 年第 7 期）。

10 月 4 日　在汨罗市新居接受黄灯采访，后以《返归乡村坚守自己——韩少功近况访谈录》刊《理论与创作》2001 年第 1 期。谈到下放汨罗的经历："我在汨罗下放的几年，最重要的是使我学会了摆脱功利效用原则，冷静地对日常世界所有物象和物态作一种公允的等价观照。"提到"寻根"时说："寻根不是单纯的复旧，这里有某种新的元素。事实上'根'固然重要，但'花''叶'同样不能忽视。"

12 月 20 日　《潘军印象中的韩少功》刊《中华读书报》，记与韩少功的交往。提到"马桥事件"的一个细节："我到的时候，他正在拆看一份特快专递，是山西的李锐寄来的《哈扎尔辞典》复印件。那个时候，他正陷入莫名其妙的'马桥事件'中，所以他说：我得好好看看自己是怎么'全部照搬'的。他很坦然自若，同时送给了我一册《马桥词典》。"

12 月　何立伟《忽然想起韩少功》刊《上海文学》第 12 期。

本年　《体裁的遗产：读小说选集〈末路狂花〉》刊《文艺报》第 11 期。

接受美国《纽约时报》、法国《世界报》等媒体电话采访，对高行健获本年度诺贝尔文学奖发表看法：

　　高行健从 80 年代起活跃于中国大陆文坛，90 年代主要在法国从事戏剧的写作和导演活动，可能不为中国年轻一辈读者了解。他是一位有成就的剧作家、小说家、文艺理论家，获得诺贝尔文学奖值得我们祝贺。第一个主要用中文写作的作家获诺贝尔奖，也表明中文写作正在世界文明进程中有越来越大的影响，这是一件好事。

当然，文学评奖不是体育比赛，获诺贝尔奖并不相当于拿世界冠军，其他评奖机构完全可以作出另外的选择和评价，但这并不妨碍高行健的创作值得用授奖的方式给予鼓励。

像大多数评奖一样，评定诺贝尔奖历来都难免政治因素介入其中。中国根据自己的国情从事改革和建设，不需要从任何机构领取政治指令。但人们即便不赞成诺贝尔奖所体现的政治倾向，也不能因噎废食，不能因政治废文学。连周作人的作品眼下在中国都大量印刷发行并广受好评，为什么一个高行健就不可以接受呢？很多政治倾向与中国主流标准不符的外国作家在获得诺贝尔奖或其他奖以后，都在中国受到普遍的推介和尊敬，为什么一个同胞、一个华裔作家反而就不能受到同等的宽容和善待？

高行健的文学创作获诺贝尔奖或其他奖都值得我们大家高兴。

法文版《山上的声音》出版，被评为"2000年法国十大文学好书"。

进入21世纪，韩少功开始新乡土小说创作，《山歌天上来》《白麂子》《土地》《月光两题》《生离死别》《末日》《怒目金刚》《赶马的老三》等是这一时期重要作品。

本年度重要研究论著

张木荣：《再论韩少功的寻根理念》，《当代文坛》第4期。

薛峰：《语言·意识·时空的扭结——重读韩少功的〈马桥词典〉》，《徐州师范大学学报》第1期。

二〇〇一年　四十八岁

1月　《语言的长征》刊《新闻天地》第1期，认为"语境是语言的价值前提"，创造者的"创造力首先表现在对具体语境的敏感、判断、选择以及营构，从而使自己在这一种而不是那一种语境里获得最贴切和有效的语言表现——价值就是在这个时候潜入词语"。

2月5日　《杭州会议前后》刊《海南日报》，同时刊《上海文学》第2期。

3月　《你好，加藤》刊《天涯》第2期。文中说："科学正在被自己孕育出来的物质主义所激变，民主正在被自己催养出来的个人主义所腐蚀，市场正在被自己呼唤出来的消费主义巨魔所动摇和残害。"

《老狼阿毛》刊《钟山》第2期。

《兄弟》刊《山花》第3期，同期刊出〔法〕安妮·克琳著、肖晓宇译《诘问和想象在韩少功小说中》。

《东岳文库·韩少功》（十卷）由山东文艺出版社出版，包括《马桥词典》（上、下）、《西望茅草地》、《归去来》、《爸爸爸》、《梦案》、《然后》、《文学的根》、《性而上的迷失》、《在小说的后台》。

为湖南少年儿童出版社编印的《当代作家短文示范精品》作序《给孩子们一条建议》，谈小读者应该如何学习范文，"那种对范文只讲优点，不讲缺点，只准盲目叫好，不准大胆质疑，结果总是把范文讲得枯燥乏味，像一道致人两眼昏眩手足无措的强光，掩盖了范文的真实面目，也扼杀了学生们对好作品可能有的亲近和热爱。"

5月　《好"自我"而知其恶》刊《上海文学》第5期，复印报刊资料《中国现代、当代文学研究》第7期转载。李陀《漫说"纯文学"》在《上海文学》2001年第3期发表后，该刊"批评家俱乐部"栏目发起关于反思"纯文学"的讨论。第4期刊发薛毅《开放我们的文学观念》、张闳《文学的力量与"介入性"》、葛红兵《介入：作为一种纯粹的文学信念》；第5期刊发吴炫《文学的穿越性》、王光东《文学意义的当下思索——关于文学与现实关系的一种理解》；第6期刊发南帆《空洞的理念——"纯文学"之辩》、王斑（新泽西罗格斯大学）《文学的危机与市场——回应李陀"纯文学"访谈》、杨扬《蜕变与分化》；第7期刊发罗岗《"文学"：实践与反思——对一个论题的重新探讨》。韩少功以此文参与讨论，他认为20世纪80年代自我至上、形式至上、现代主义至上，均被列入"纯文学"范畴，并重点讨论"自我至上"产生的流弊：在许多作家那里诱发了自恋与封闭，"镜子里的自我不是越来越丰富，而是越来越封闭"，"自我"成了蔑视他人、蔑视公众、仇视社会的伪贵族的假爵位。韩少功期待关切社会与关切个人的合理的平衡：自我从来就不是个体，一个人越要认识自我，就越要认识世界；一个人越是在表达世界，就越是在表达自我。一个真正闪耀着自我光彩的写作人往往是世界的投入者，而不是逃避者，甚至不是旁观者。温铁军说1985—1988年是中国经济的黄金时期，韩少功也认为那是一个国民心态的黄金时期，当时告别了社会至上的红色教条，尚未陷入自我至上的白色教条。

《流动的解说》刊《小说选刊》第5期。

《韩少功作品精选》由长江文艺出版社出版。

《后革命的中国（编辑存邮一束）》刊《上海文学》第6期，后被选入《守护民间：〈上海文学〉随笔精选》（上海辞书出版社2003年版）。

8月30日　俞小石访谈《文学要改革　眼睛须向下》刊《文学报》。

9月29日　蒋晓丽访谈《直面现实　感受基层》刊《文艺报》。

9月　译作《惶然录》繁体字版在台湾出版。

中短篇小说集《领袖之死》由北岳文艺出版社出版。

文论《镜头的许诺》刊《天涯》第5期。

10月　《经济全球化：国家化的放大?》刊《金融经济》第10期。

时代文艺出版社推出《中国小说50强》大型丛书，《爸爸爸》入选。

安妮·居里安翻译从《马桥词典》节选出的《甜》（*Sucré*）刊于 *La Nouvelle Revue Franҫaise* 第559期。

11月　《母语纪事》刊《中华文学选刊》第11期，选自9月19日《香港文汇报》。

12月18—23日　中国作协召开第六次全国代表大会，韩少功任主席团委员。

12 月　和李锐等几位作家到法国,参加法国国家图书馆举办的以中国为主题的读书周活动。韩少功做《进步的回退》演讲,后刊《天涯》2002 年第 1 期。

《人情超级大国(一)》刊《读书》第 12 期。

本年　《我与〈天涯〉》刊李陀、陈燕谷主编的《视界》第 3 辑。

Curien A 的 *Le' Dictionnaire de Maqiao' by Han Shaogong as an Example of New Chinese Narrative* 刊于 *Nouvelle Revue Francaise* 第 559 期。

本年度重要研究论著

潘雁飞:《试论韩少功小说中的思父意识》,《理论与创作》第 3 期。

二〇〇二年　四十九岁

1月　《进步的回退》刊《天涯》第1期。

《人情超级大国（二）》刊《读书》第1期。该文对比中西政治史，反思"重人情"的文化传统在中国制度更迭中的利弊，提出人情资源"正面地用之于制度建设是否也有可能"，"能否从现实出发，找到一种既避人情之短又能用人情之长的新型社会组织方案"的问题。

《多嘴多舌的沉默》刊《书摘》第1期。

《笔》刊《语文世界（初中版）》第1期。

《农民当网民》刊《湖南农业》第2期。

《没意思》刊《德语学习》第1期。

《韩少功读本》由花山文艺出版社出版。

谢冕主编百年百篇文学精选读本短篇小说卷《遍地风流》（上、中、下）由天津教育出版社出版，韩少功《西望茅草地》入选。

2月3日　张立国《韩少功的智者之思》刊《北京日报》。

2月9日　陈仲庚《什么东西在"逼"韩少功?》刊《文艺报》。

3月　到美国参加会议，顺便看望在那里读书的女儿。

受聘为岳阳师范学院兼职教授。

春　Vivian Lee 的 *Cultural Lexicology：Maqiao Dictionary by Han Shaogong*（《文化词汇学：韩少功的〈马桥词典〉》）发表于 *Modern Chinese Literature and Culture*（《现代中国文学与文化》）2002年第1期。

4月11日　《知识危机的突围者》刊《中国经济时报》，又刊《东方杂志》第5期。本文是韩少功为卢周来《穷人经济学》（上海文艺出版社2002年版）所作的序。

4月　获法国文化部颁发的"法兰西文艺骑士勋章"。

5月　在八景峒为《暗示》的修改与定稿紧张工作。这段时间，曾反复与《钟山》编辑贾梦玮邮件来往，商谈《暗示》修改事宜。其间，为大学同学武吉海著《回眸转型》作序。

作品集《蓝盖子》由春风文艺出版社出版。

6月12日 徐亚平《韩少功回到心灵的故乡》刊《中国文化报》。韩少功说："作家眼观四路，耳听八方，但最重要的一点是要向底层看，看最多数人的基本生存状态。"

6月 贾梦玮赴长沙开笔会，在作家宋元带领下，驱车前往乡下会见韩少功。①

《时间的作品》刊《读者》第12期。

8月4日 《从幻想到理想——看电视剧〈没有冬天的海岛〉》刊《人民日报》。

9月9日 访谈《韩少功说这是我的立场》刊《北京青年报》。"我刚写完《马桥词典》，就有了一个想法，认识生活除了语言的角度，显然还有另一个非语言的角度。""写《马桥词典》和《暗示》，我就尝试着把小说和非小说的因素结合起来，我觉得重新恢复中国笔记小说的传统是有意义的。《暗示》的纵坐标是思考路线，横坐标是叙事路线，两者相互碰撞，有些思考需要以具体的感性方式传达，有些生活现象需要理性框架的关照。"

9月15日 访谈《韩少功养鸡种菜写小说》刊《北京娱乐信报》，后又刊《深圳商报》（2003年3月29日）。

9月25日 舒晋瑜《希望知识分子更优秀一些——访作家韩少功》刊《中华读书报》。指出自己想把"小说"扩展成一种广义的"读物"，《马桥词典》是个尝试，《暗示》是尝试继续。它不是严格意义上的小说，有很多非小说因素夹杂其中，也可以看作叙事性的理论。它企图展示语言和具象在一般情况下，怎样互相压缩和互相控制，从而影响我们的日常生活，包括导致很多悲剧和喜剧。谈及自己创作的变化："写'伤痕'式的抗议文学和反思文学得了好几个奖，但自己并不满意，才有1985年'寻根'的提出。这当然是一个转折点。但文化传统清理也不是文学问题的全部，或者说只是很多问题中的一个，所以'寻根文学'并不是一个很恰当的概括。实际上，90年代以来随着"冷战"结束以后权力与资本

---

① 贾梦玮：《温暖的思想》，《文艺争鸣》2003年第1期。

出现十分错综复杂的扩张状况，我更注意的问题是如何吸收又如何克服现代主义，这才有了《马桥词典》和《暗示》等。""《马桥词典》近年来一直受到批评，包括一些厉害的批评，这都是应该欢迎和保护的。但这恰恰是恢复了游戏规则以后的成果。当那本书被构陷成抄袭照搬之作时，批评的前提和被批评的资格就没有了，法律底线被践踏了，流行舆论只剩下狂热的道德打杀而独独没有文学批评。"谈到为何写思想性随笔："一个作家也没有必要把自己局限在一种体裁。我写随笔既无志向，亦无计划，完全是遭遇90年代思想冲突的一个意外结果。90年代以来是"冷战"结束以后全球性的一次思想大开拓和思想大混乱，身处其中，小说这种文体不足以表达我的感受和思考，所以就随手拿起了随笔这个工具。"针对《暗示》中写知识分子虚伪的不合时宜说："一个族群的文化主要是由这个族群的知识分子来承担和实现的，知识分子的质量集中表现了整个族群的质量。很多读书人经常感叹民众的愚昧，而我更愿意让读书人来反省我们自己的问题，比如势利，比如无知，比如对权力社会和资本社会的跟风赶潮。这些问题常常因为读书人具有更多的说辞而得到掩盖和辩护。我这样做不是反对知识分子，而是希望知识分子更加优秀一些。"

9月　长篇笔记体小说《暗示》刊《钟山》第5期。

《暗示》单行本由人民文学出版社出版。后入选由中央电视台《读书时间》《中国图书商报·书评周刊》等60余家媒体编辑记者联合推选出的"2002年10种书"。

《暗示》刚一问世，即引来多方质疑。有人认为作品在文体上更趋向于随笔；有人指出这种从头到尾没有贯穿人物和情节主线的写法不能称作长篇小说。《暗示》延续了《马桥词典》的某些思路，更接近中国古代杂文学样式。在切入对生活和人生的思考时，《马桥词典》以"言"为纲，《暗示》以"象"为纲，两者既"对抗"又"互补"。"写完《马桥词典》以后，我感觉有些生活现象从语言分析的这个框架里遗漏了，或者说没法放入这样的框架……我觉得具象分析可能是另一个框架，并且与前一个框架有形成互补的可能。"① "我在写完《马桥词典》一书后说

---

① 《大题小作——韩少功、王尧对话录》，《大题小作》，人民文学出版社2008年版，第247页。

过：'人只能生活在语言之中。'这有点模仿维特根斯坦或者海德格尔的口吻。其实我刚说完这句话就心存自疑，而且从那时候起，就开始想写一本书来推翻这个结论，来看看那些言词未曾抵达的地方，生活到底是否存在，或者说生活会怎样地存在。"① 从《马桥词典》到《暗示》，韩少功对语言、语言哲学的思考在逐步深入，再联系《马桥词典》之前的"寻根"创作，可以看出，韩少功的创作已从"寻根"时期的对人的"文化—存在"的关注转变为此时对人的"语言—存在"的展现。

散文《山之想（三题）》（包括《土地》《生命》《感激》）刊《天涯》第 5 期，又刊《羊城晚报》（2003 年 3 月 3 日）、《初中生世界》（2005 年第 27 期）、《绿叶》（2006 年第 1 期）、《小作家选刊》（2009 年第 6 期）等。其中《土地》又在《语文教学与研究》（2003 年第 6 期）、《新华文摘》（2005 年第 17 期）、《少年小说》（2009 年第 2 期）、《初中生世界：八年级》（2015 年第 1 期）刊载。2005 年 6 月，《土地》被湖北省作为高考语文阅读材料。《生命》刊《中外书摘》（2002 年第 12 期）、《东西南北》（2003 年第 7 期）、《教学与研究：读写天地》（2005 年第 12 期）、《意林》（2008 年第 1 期）、《新读写》（2009 年第 7 期）、《视野》（2010 年第 19 期）、《文学与人生》（2013 年第 1 期）等。

《大学时代》创刊于长沙，执行主编吴新宇。创刊初期，吴新宇曾花大力气向韩少功、史铁生、张承志、蒋子龙、毛志成、赵丽宏、邵燕祥、余杰等著名作家约稿。创刊号刊出韩少功的随笔《文明之旅》与史铁生、张承志的稿件。韩少功结合自身经历，辨析"乡村""都市"与"人性""文明"的复杂关系，"我最终明白了文明是什么，既不在古代也不在现代，既不在城市也不在乡村，只是在每一个人的心里。"

《政治家的行为艺术》刊《领导文萃》第 9 期。

《读解生活的隐秘信息》刊《青年博览》第 9 期。

《数据掩盖了什么》刊《金融经济》第 9 期。

10 月 16 日　杨柳访谈《韩少功：写到生时方是熟》刊《中国文化报》。谈《马桥词典》与《暗示》的文体形式："形式可以因题材而异，因思想与情感的表达需要而异。""现代社会里传媒发达，人们很容易知道这个世界发生了什么事，因此，一个文学写作者描述这些事可能是不

---

① 韩少功：《前言》，《暗示》，人民文学出版社 2002 年版，第 1—2 页。

重要的，而描述这些事如何被感受和如何被思考可能是更重要的。这就是我有时会放弃传统叙事模式的原因。我想尝试一下将笔墨聚焦于感受方式和思考方式的办法，于是就想到了前人的笔记体或者片断体。我不能说这是最好的方法，也不能说我以后就会停留在这种方法。"把握小说与理论二者的关系，"其实很简单，回到我们日常说话的状态就行。我们日常说话就是夹叙夹议的，就是跨文体的，不可能成天都是一种理论家或者小说家的口吻。当然回到这个状态对于我来说并不容易，我曾经数易其稿，写到一半又从头来。因为自身有一种写作恶习，一动笔就有'理论腔'或者'小说腔'，不是人写文章而是文章写人了。我必须重新找到写作的自由。"

10 月 18 日　杨柳《韩少功访谈录》刊《法制日报》。韩少功谈到乡下环境对写作的影响："换个地方能够切断一切负面的信息渠道，一些负面的人际关系，是节省时间和精力的技术手段。我对这里的生活当然满意，不仅是满意它有益于写作，更重要的是满意这种生活本身。"就写作时是否考虑读者反应说："写作就是交流，哪怕只准备给极少数读者看，也会下意识地考虑到读者反应。在这一点上我并不赞成作者无须顾及读者的极端性说法。但修辞立其诚，作者如果因为名或利的考虑迁就一些特殊读者，比如评论家、出版社、出版商、评奖要员、流行舆论的控制者等等，就可能以牺牲'诚'为代价，就可能花拳绣腿装模作样，落入虚伪的写作态度。我尽力在《暗示》一书中直言，不打算迁就什么人，因此书中很多地方也许会遭人诟病乃至气愤。我不是真理的化身，愿意接受各种批评。"

10 月 19—20 日　参加《读书》编辑部与清华大学中文系共同举办的"当代文学与文化研究研讨会"，洪子诚、李陀、王晓明、黄子平、葛兆光、陈思和、蔡翔、南帆、格非、王中忱、丁帆等参加，会议就 20 世纪 90 年代文学研究和批评的重心从作协系统转到大学之后，学术体制与文学批评的关系进行了研讨。① 韩少功在发言中说："现在文学写作是否还能提供一些有意思的话题，变成了一个大家都很忧虑的事情。有时我想，是否我们要求太高了，老是想不断革命，老是充满着激情，处于创作的巅峰状态？但看看历史的话，这样的时期其实是很少的，大部分时期都

---

① 赵晋华：《一代文学才俊相聚清华》，《中华读书报》2002 年 10 月 30 日。

是处于无力的时代，人文理性对社会的改变、对人间的不平处于一种无力的状态，它解释不了许多东西，也推动不了许多东西。从历史上看，文学批评和文学创作曾经很辉煌、令人激动的时期也是很少的，大部分时期文艺也是一种娱乐的东西，宋代知识分子普遍看不起文艺，朱熹他们都觉得写诗是下流的事情，陆游写了几首诗后来都表示很不好意思，就好像今天的作家、学者客串写电视剧赚钱一样，觉得不好意思。外来思潮的影响，从 80 年代始，一直可以上溯到'五四'，这百年来对文艺家特别的尊重，称为'人类灵魂的工程师'，确实作家和批评家也提供了很多观察中国的新的方式、新的角度，提出了新的看法，'五四'时期写小人物，写车夫、写保姆都成为大的文化事件，但这类事情在历史上是非常短暂的，在历史长河中就那么几块。我们看欧洲的历史，文艺变成一个非常严肃的、崇高的、对社会精神有建设性的、有感召力的也就是18、19 世纪这段时期。我们期待文学创作和批评提供一种新的价值判断，实现一种革命性的转换，对社会有一种建设性的作用，我们要考虑到它在什么条件下可能出现这种东西。回顾历史，有时是因为外来思潮的输入，有时是因为社会本身发生一种大的变革，有时是因为技术条件的出现（比如印刷、纸张、电影的出现），当这些条件都不太具备的时候，文学是会有一个相当沉闷的时期存在，不以我们的意志为转移，因此我们要做不同的准备，估计到做事情的难度。作家们也是很苦恼的，一些作家还是想做很多事情，但常常会感到很多障碍，甚至不知道这些障碍来自什么地方，也不知道怎么去克服。作家们找不到新的思想的动力，也找不到新的解释生活的一种方法，一个角度。"会议期间，王晓明、南帆、韩少功、葛兆光、李陀、黄子平、蔡翔还就"当代文学教育"问题进行座谈，韩少功对"文学本身是不是能用来教学，特别是用今天的模式来教学"充满疑问，他认为中学语文教学抹杀了文学的多义性，而社会上实用主义的倾向，也不利于接受文学所提供的精神价值观。座谈会记录以《寻求为生活的文学》为题刊《读书》2003 年第 10 期。

10 月 24 日　访谈《韩少功：我的写作是"公民写作"》刊《南方周末》。韩少功说《暗示》对自己来说是一本非写不可的书，但对别人可能并不重要，"我对出版社一直在泼冷水，希望他们不要一下印那么多，因为我觉得不会有那么多读者。这是一本思考的书，要动脑子的书，虽然含有小说的因素，但严格意义上不是小说，顶多就是长篇'随笔'或者

'读物'吧。""如果说《马桥词典》是我为一个村子写的词典，那么《暗示》就是记录我个人感受的'象典'——具象细节的读解手册。我在国外看到过一本薄薄的笑脸标本图集，觉得有趣，觉得这也可以成为一种写作的思路。"谈到《暗示》与文学批评关系："一个作家如果没有生存上特别的困难，去迎合你说的那些特殊读者，是毫无必要的，也是很丢人的。""我不认为中国现在的流行舆论很健康，即便很健康，一个写作人也不必刻意地迎合什么人。相反，如果一个人敢于挑战全社会，一个作家敢于与所有的评论家闹掰，那倒可能有出息了。流行舆论其势汹汹，其实大多短命，很快就会被同样其势汹汹的东西覆盖掉，什么也留不下来。"谈"寻根"并未过时："'寻根'在 20 世纪 80 年代中期的提出，意在倡导对中国文化遗产的清理，意在通过这种清理更好地参与全球文化交汇，更好地认识现实的生活和现实的人，并不是希望作家都钻进博物馆，或者开展文学上的怀旧访古十日游。这个问题现在并没有过时，在未来的文化、经济、政治建设中可能还有重要位置。它本身是全球化的产物，又是对全球化的参与。"

韩少功是在与"知识分子写作""民间写作"的对比中来阐释"公民写作"的，他不愿把自己归为"知识分子写作"。单正平很认同韩少功"公民写作"的提法及其创作实践，"他在创作之外，对社会始终保持高度关注与批判性思考"，"这乃是一个有良知作家所应有的职业道德，是公民意识和公民责任在文学专业领域的具体体现。"①

10 月 25 日　《韩少功：至少也要诚实地写下去》刊《中国图书商报》。他说《暗示》对非小说因素和小说因素的结合，在中国是很有意义的。《暗示》的纵坐标（思考）与横坐标（叙事）不断地发生碰撞，"这样写的方便之处是有些思考性的东西可以用感性的方式来传达，而有一些生活现象方面的东西可以用理性判断来观照，这样表达会更自由。它的危险性在于可能夹生，表达不好的话，叙事也没意思，理论也会漏洞百出，但这是一个尝试的方向。"

10 月　理论集《进步的回退》由春风文艺出版社出版。

11 月 1—3 日　海南作协在儋州召开海南青年作家作品研讨会，韩少

---

① 单正平：《公民写作与叙事伦理——由韩少功的一个主张说起》，《扬子江评论》2009 年第 1 期。

功应邀介绍和交流《暗示》的创作过程和经验。

11月6日　萧文访谈《韩少功：不愿意拘泥一法》刊《中国青年报》。谈及《马桥词典》《暗示》在写法上如何向中国传统学习。

11月20日　在苏州大学文学院作"冷战后：文学写作新的处境"演讲，后刊《当代作家评论》2003年第3期。

11月　受中国作协委派率中国作家代表团访问蒙古，毕淑敏、东西等参加。

《草原长调》刊《天涯》第6期，又刊《香港文学》2003年第1期。

小说《行为方案6号》刊《红豆》第6期，《小说选刊》2003年第2期选载。小说揭示了中国的现代行为艺术家在美国的生存窘境。

《我必须重新找到写作的自由》刊《中华文学选刊》第11期。

散文《面容》刊《科技文萃》第11期。后《中国文化报》（2002年12月18日）、《交际与口才》（2005年第1期）、《东西南北》（2005年第3期）、《小品文选刊》（2007年第19期）、《语文教学与研究：读写天地》（2008年第4期）等曾刊载。

12月13日　雪峰访谈《韩少功：我喜欢冒险的写作状态》刊《南方日报》。

12月15日　王永改《〈暗示〉究竟"暗示"了什么?》刊《深圳商报》。

12月16日　出席首届中国（海南）生态文化论坛，作《遥远的自然》主题发言。

12月21日　《文汇报》刊出邹平《关注文艺的"新工具革命"——也说小说文体的变化》与杨扬《〈暗示〉：一次失败的文体实验》。前文肯定不同文体之间的融合，文学与文学之外的文体融合，认为韩少功是在自觉地超越小说文体的原有规范，是一种"超文体"写作。后文不反对文体实验，但并不认同无限制地淆乱文体界限。

12月27日　担任第四届海南省青年文学奖评选活动评委。

12月　《代沟》刊《科技文萃》第12期，后刊《时代青年》2010年第12期。

《岁月》刊《书摘》第12期。

与韩刚合译米兰·昆德拉所著的《生命中不能承受之轻》盗版书出版，出版社标注为"时代文艺出版社"，韩少功对该书从未授权，也不知情。另外在市场上见到一本同款盗版书，更换了译者姓名，但未改动原译一字。

本年　Mark Leenhouts：《词典还是小说？——论韩少功〈马桥词典〉中的游戏性》（*Is it a Dictionary or a Novel？—On Playfulness in Han Shaogong's Dictionary of Maqiao*），收入韩安德（Anders Hansson）、杜博尼和 Francis Weightman 编的《中国人在游戏：节日、游戏与闲暇》（*The Chinese at Play：Festival，Games and Leisure*）。

在法国演讲，说自己在城市化和现代化的进程里，愿意做一个逆行者，掉头去寻找一些失去的东西。

本年度重要研究论著

陈仲庚：《韩少功：从"文化寻根"到"精神寻根"》，《文艺理论与批评》第 2 期。

方长安：《对语言现代性的反思——韩少功〈马桥词典〉新论》，《理论与创作》第 3 期。

文贵良：《〈马桥词典〉：话语与存在的沉思》，《中国文学研究》第 4 期。

南帆：《诗意之源——以韩少功二十世纪九十年代的散文为中心》，《当代作家评论》第 5 期。

二〇〇三年　五十岁

1月　小说集《北门口预言》入选"二十世纪作家文库"，由江苏文艺出版社出版。

韩少功与蒋子丹主编的《天涯精品系列丛书》由云南人民出版社出版。该丛书包括《在亚洲的天空下思想：作家立场卷》《是明灯还是幻象：经典文献卷》《失控与无名的文化现实：理论卷》《能在天堂走多远：小说卷》《剩下的事情：散文卷》《让世界重新洗牌：特别报道卷》《民间档案：民间语文卷》七卷。

散文《货殖两题》刊《当代》第 1 期。

《〈进步的回退〉自序》刊《当代作家评论》第 1 期。

《给生活一幅满意的相貌——人过四十，要对自己的相貌负责》刊《中华养生保健》第 1 期。探讨人生经历、社会历史对人的"面相"的塑造。

《爱情·女人·朋友》刊《读书文摘》第 1 期。

《感激》刊《东西南北》第 1 期。后又在《散文选刊》（2004 年第 1 期）、《教学与研究：读写天地》（2005 年第 5 期）、《杂文月刊（选刊版）》（2006 年第 1 期）、《青年博览》（2007 年第 1 期）、《南京日报》（2015 年 7 月 13 日）、《小品文选刊》（2015 年第 19 期）刊载或选载。

南帆《文明的悖论——有感于韩少功的〈暗示〉》、汪政《语言内外》、贾梦玮《温暖的思想》、余杰《拼贴的印象　疲惫的中年》，刊《文艺争鸣》第 1 期。南帆认为《暗示》的一个重要主题，是继经济压迫、政治压迫之后的"语言符号的压迫"，韩少功看到了反抗"语言符号压迫"的必要性。余杰认为《暗示》"不仅没有体现出作者在形式探索上的丝毫进展，也没有反映出作者在思想力度上的任何开拓"，"缺乏对历史的冷峻反思和对血腥青春的自觉忏悔"。

曹文轩《二十世纪末中国文学现象研究》由作家出版社出版。认为韩少功 20 世纪末对中国当代文坛的贡献是"在最普通、最底层的现实状况中，发现了一个极为形而上的命题：人是一种语词的动物"。

2 月 18 日　覃佐菊《具象的意义》刊《文艺报》。

2 月　当选海南省人大代表。

《论白开水》刊《南风窗》第 3 期。

《民主的高烧与冷冻》刊《南风窗》第 4 期。

3 月 15 日　《韩少功谈〈生命中不能承受之轻〉的翻译》刊《深圳商报》。

3 月 28 日　《〈暗示〉前言》刊《青海日报》。

3 月　《知青爱情》刊《东西南北》第 3 期。

《重说南洋》刊《新东方》第 3 期。

舒晋瑜访谈《他总要在文坛引起争议——对话韩少功》刊《北京青年周刊》。

为蔡葩《有多少优雅可以重现》（山东画报出版社 2005 年版）作序《找回南洋》。

4 月 5 日　参加由中国小说学会主办、海南师范学院中国现当代文学省重点学科承办的中国小说学会第七届年会的开幕式，年会的主题是"当代小说在当代生活中的位置"。

4 月 18 日　在首届"华语文学传媒大奖"中获得"2002 年度小说家"大奖，授奖词为："韩少功的文字一直呈现着一个探索者和怀疑论者的坚定面容。他智慧的笔触，时刻渴望在历史、文明和语言的死结中突围，这迫使他的写作必定更多地关注被压抑和被遮蔽的生活真相。他一次次地勇敢探索，一次次地突破语言和文体的边界，似乎就是为了追问，在现有的语言未能抵达的地方，生活到底是一种怎样的存在，精神又到底是一种怎样的形状。韩少功把写作变成了一种高难度的自我较量，他用语言反抗语言，用具象反抗概念，背后却在找寻语言与内心焦虑之间的秘密通道。他的写作已经成了文体变革和精神探索的象征，这个象征，因为有了 2002 年度出版的《暗示》，开始初具经典的意义。"

杨鸿雁《〈暗示〉：智慧的"分泌物"》刊《青海日报》。

4 月 24 日　《韩少功访谈：选择隐居的先锋作家》刊《南方都市报》。韩少功谈《暗示》："传统小说的因素仍然在这本书里发挥重要的作用，尽管我在这里想'一鸭两吃'，把这本书写得既是小说又是理论"，"维特根斯坦以后，西方出现著名的'语言学转向'，哲学差不多都成了语言哲学，开启了一个很大的认识空间。但诊断生活光抓住语言是不够的，具象也是一种很重要的信息，具象与语言之间有一种互相压缩和互相蕴含的信息发生机制，一根筋的'语言学转向'还是理性主义当家，很可能通向'语言学陷阱'，离真实的生活越来越远，而且无法最终解开语言之谜。这就是我完成《马桥词典》以后立刻准备写作《暗示》的原因，是力图用感觉论和实践论来补充'语言学转向'的原因。"谈受到其他作家影响："我很喜欢苏轼、鲁迅等等，喜欢托尔斯泰、卡夫卡等等，但这些大师给我启发，一定时候也可能成为我创造的限制和障碍，这就是说，影响如何将因人而异，因时因地而异。因此，我主张阅读时学习与怀疑并举，还主张阅读'杂食'，读各种各样的作品，包括文学以外的作品。"

5 月　散文集《完美的假定》由昆仑出版社出版。

创作谈《论困境》刊《青年文学》第 5 期。

《万泉河雨季》刊《当代》第 3 期，《散文（海文版）》第 5 期。

与许钧的对话《关于〈生命中不能承受之轻〉：新老版本译者之间的对谈》刊《译林》第 3 期。

《文体与精神分裂主义》刊《天涯》第 3 期。韩少功认为："对文体的关注，也许是我们必要的基础性作业之一。我们当然不必要也不应该统统投入跨文体和多文体的写作，不必要也不应该接受对任何形式的迷信。但我们至少应该心脑并用，通情同时达理。'通情'的理论就是富有经验感觉积蕴的理论，哪怕最为枯燥的思辨推理中也伏有情感的脉跳。'达理'的文学就是富有思想智慧积蕴的文学，哪怕最为冲动的诗情画意中也隐有思想的重力和引力。""我们还应该对文体分隔壁垒抱有必要的反思与警觉，对某些'非典型写作'援以宽容。"

《冷战后：文学写作新的处境——在苏州大学"小说家讲坛"上的讲演》刊《当代作家评论》第 3 期。谈及下乡汨罗县的原因：第一是在海口杂务、应酬很多，必须想办法逃避；第二是人和自然的亲近很重要，文明和自然的一种平衡，是其最向往的生活方式；第三是觉得农民很有智慧，很多时候远非有些知识分子能比，是一种直接从土地里生长出来的原生智慧。谈及自己作为理想者的创作："我觉得一个作品里面一定要有感觉，最好要有感动。感动不是制造催泪弹，不是煽情，搞得眼泪哗哗流。感动是内心对内心的同情，是透明和温暖的东西，可以表现为高兴也可以表现为伤感。这个感动里面一定包含了理想的力量。不管社会演变到哪一步，理想的星光永远在我们头顶照耀。"

与王尧的对话《在妖化与美化之外的历史》刊《当代作家评论》第3期。指出："文化大革命"中的红卫兵有好几代：第一代骨干多是高级干部子弟，是要保卫红色政权；第二代骨干多有知识分子家庭背景，医师、教师、工程师子弟多，大多受过压抑，容易滑向所谓极"左"。"即便同是极'左'的红卫兵，也有不同的思想成分：当时有的崇拜吉拉斯，有自由主义色彩；有的向往格瓦拉，有共产主义目标。如果这些千差万别统统被抹杀，历史就不可理解了，也不可能被诊断了，就只能用'全民发疯'来解释——事实上，现在的一代青少年对'文化大革命'就是以'发疯'一言以蔽之。这正是多年来'文化大革命'缺乏如实分析和深入研究的结果，是再一次'文化大革命'式愚民的结果，将使人们难以获得对'文化大革命'的真正免疫力。'文化大革命'中某些群众性的骚乱，本身也是对'文化大革命'前已经出现的很多社会弊端的一种消极性惩罚。"

陈润兰《韩少功创作论稿》由延边人民出版社出版。本书目录为：第一章 精神家园的痴情守望者；第二章 韩少功的创作嬗变；第三章 韩少功创作的精神性存在；第四章 从"人"出发的社会写实；第五章 激扬美丽的飞翔梦想；第六章 冷峻深沉的文化反思；第七章 温馨质朴的民间情怀；第八章 精彩纷呈的散文世界；第九章 学识才华与人格操守。

6月4日　《中国国土资源报》刊出《暗示》责编杨柳（人民文学出版社）与韩少功的对话《坚持公民写作》。韩少功批评学院派文学批评："因为教育体制等方面的原因，很多现代文化人的知识几乎全部来源于书本和校园，严重脱离社会生存实践，这将严重限制他们对生活的理解，对文学的理解。他们的批评常常是从书本到书本的学术旅行和学术倒卖，只是王阳明说过的'口舌之学'而不是'心身之学'。如果我们不想浪费精力，想得到真情实感和真知灼见，当然只能寄望于那些在生活中摸爬滚打过的知识者，哪怕他们的立场观点与我们完全不一样；而不能寄望那些读了什么书就讲什么话的知识者，哪怕他们的立场观点与我们完全一样。冲突是知识成长的动力，但一定是要真实的冲突而不是玩弄概念的虚假冲突。"

6月　为孔见著《赤贫的精神》（中国人民大学出版社 2004 年版）作序，后以《心学的长与短》为题收入《为语言招魂——韩少功序跋选编》。

散文《喝水与历史》刊《读书文摘》第 6 期。

7月18日　许钧《重译是有价值的》刊《中国图书商报》。谈到自己所译的《不能承受的生命之轻》与韩少功译本的不同：第一是所依据的版本不同；第二是影响与制约翻译的社会、政治环境和对翻译产生直接影响的一些重要因素如意识形态不同；第三是对原文的理解、领悟和阐释有所不同。

7月　《冷战后：文学写作新的处境——在苏州大学"小说家讲坛"上的讲演》刊《短篇小说（选刊版）》第 7 期。

《默契》刊《新一代》第 7 期。后又在《视野》（2003 年第 12 期）、《科技文萃》（2004 年第 2 期）、《读者》（2004 年第 9 期）刊载。

蔡翔《日常生活：退守还是重新出发——有关韩少功〈暗示〉的阅读笔记》刊《文学评论》第 4 期。蔡翔认为《暗示》链接了 20 世纪 80 年代的文学传统：20 世纪 80 年代文学界对人物复杂性的追求，使小说中的人物性格远离了社会，在《暗示》中"人和他的存在语境（社会的、阶级的、意识形态的，等等）的联系被再次有机的恢复"，《暗示》以一个个"个人"的故事，与独断的"文化大革命"历史叙述相对照，旨在"恢复历史的全部复杂状态，揭示更深层的历史存因"；《暗示》延续了 20 世纪 80 年代小说家"陌生化"的叙事传统，比他们走得更远，旨在打破文学与现实的"甜蜜"关系，打破"甜蜜"叙事中所充满的假象和陷阱。

8月29日　散文《山里少年》刊《文汇报》，后又在《科技文萃》（2003 年第 11 期）、《中外书摘》（2004 年第 11 期）、《新一代》（2007 年第 2 期）刊载。

8月　为林建法、徐连源主编的《中国当代作家面面观——灵魂与灵魂的对话》（浙江文艺出版社 2004 年版）作序，后以《走出围城》为题收入《为语言招魂——韩少功序跋选编》。

9月9日　与许钧对话《"只能理解我们理解中的昆德拉"——关于"生命之轻"的对话》刊《南方都市报》。

9月18日　吴铭访谈《"生命之轻"的对话　作家韩少功和翻译家许

钩教授专访》刊《社会科学报》。韩少功说自己翻译昆德拉，"主要是因为他的这本小说写得好，眼界和技巧都有过人之处。中国与捷克是两个很不同的国家，但都经历过社会主义实践的曲折。看看捷克作家怎样感受和表达他们的生活，对中国作家和读者是有启发的。"

9 月　蒋子丹《结束时还忆起始》刊《当代作家评论》第 5 期。

与王尧的对话《文化的游击战或者游乐场》刊《天涯》第 5 期。

10 月 9 日　杨泽文《看上去有些惶然》刊《光明日报》，认为《暗示》在文体上远未达到他所希望的"文体破坏"与"文体置换"的艺术高度，至多只能算是基本合格的"文体整容"。

10 月　《词语：逻辑之网或生活之镜》刊《创作》第 10 期。

《真正的自由》刊《爱情·婚姻·家庭（情感美文版）》第 10 期。

熊育群《一直在奔跑：艺术大师对话》由中国文联出版社出版。其中收有访谈《栖居乡村，追寻生活的陌生化——作家韩少功对话》。韩少功批评文学"太过于向上看"，"不管是宗教，还是哲学、文学，都离不开一种悲悯情怀，提供一种对人世的关怀，都是向下看，看到了一些弱者"，"文学需要改革，意义是会有的"，办报的所有人每天做文字工作，也是一种文学。"每一句话写得漂亮一点，这就是文学。"小说散文等文体一定需要改革，"因为整个社会历史发生变化，我们的媒介和传播发生大的变化，生活方式和生产方式发生变化，所以我们原来遗留下来的那些体裁它要发生变化。"

11 月　与王尧的对话《八十年代：个人的解放与茫然》刊《当代》第 6 期。

《骨感美人》刊《新一代》第 11 期，后刊《渤海早报》（2012 年 2月 14 日）。

理论集《韩少功　王尧对话录》由苏州大学出版社出版。

黄灯《今夜我回到工厂》刊《天涯》第 6 期。据黄灯回忆：她 20 多万字的处女作《细节》完成后，韩少功一天看完，挑出其中的一部分《今夜我回到工厂》推荐给《天涯》，激发了她写作随笔的兴趣，并视韩少功为文学上的导师和引路人。她还提到魏建华《此身何处》（《天涯》2016 年第 1 期），也得益于韩少功的发现与推荐，并称"每一个汨罗写作者的背后都站着一个韩少功"。

12 月 15 日　在海南大学作《我看小说》的演讲。

12 月 16 日晚　海南大学举行兼职教授聘任仪式,海大校长颁发聘书,聘请韩少功、蒋子丹为文学院兼职教授,韩少功为比较文学与世界文学硕士生导师。

12 月 20 日晚　海南省作协主办、海南创新书店协办的"诗歌之夜"——"创新杯"诗歌大赛颁奖晚会在海南师范大学举行,韩少功出席。

12 月 27 日　著名经济学家于光远致信韩少功。

12 月 28 日　《心灵的再生和永生——序王厚宏〈感悟集〉》刊《海南日报》。王厚宏（曾任海南省副省长、省委副书记）《人生从容：感悟集》本年由海南出版社出版。

12 月　接受《深圳商报》记者、评论家王樽采访,访谈刊 2004 年《深圳商报》,以《穿行在海岛和山乡之间》为题,刊《时代文学》2008年第 1 期。韩少功说:"就中国现代文学而言,两类作家我都喜欢,像沈从文、孙犁这样诗性的作家,还有赵树理、老舍那些地方性很强、泥土气息较浓、吸收民间文化的,我也很喜欢。就像文人画和民间画,我都乐意欣赏。至于外国作家,早先读契诃夫和托尔斯泰,后来读海明威、卡夫卡、君特·格拉斯,可能都受到一定影响。""我还喜欢读科普读物,读历史和哲学。""在我的阅读中,一极是诗,另一极是理论。前者是感悟性的,特别不讲道理;后者是思辨性的,特别讲道理。这样的交叉阅读有时候很享受。"谈及最看重自己哪种身份:"我最想做一个快乐的人。作家不必被写作异化,不必把写生活置于生活本身之上。""我觉得作家首先是人,人的概念要优于作家的概念。第一是做人,第二或者第三才是当作家。"谈到主办《海南纪实》和《天涯》两个时期写得很少:"我没有把当编辑甚至打工谋生看成是一件很痛苦的事,看成一种精力浪费。当编辑也自有乐趣,自有价值。"

本年　《马桥词典》由上海文艺出版社出版。

Julia Lovell 翻译的英文版《马桥词典》(*A Dictionary of Maqiao*) 由 New York：Dial Press 出版, 2005 年再版。

《暗示》（繁体）由联合文学出版社（台湾）出版。

本年度重要研究论著

陈村:《印象点击:〈暗示〉》,《当代作家评论》第 1 期。

蔡翔：《日常生活：退守还是重新出发——有关韩少功〈暗示〉的阅读笔记》；旷新年：《小说的精神——读韩少功的〈暗示〉》，《文学评论》第 4 期。

张伯存：《韩少功：含混的〈暗示〉》，《北京日报》1 月 12 日。

舒晋瑜：《公民写作者韩少功》，《中国图书评论》第 1 期。

吴俊：《〈暗示〉的文体意识形态》；洪治纲：《具象：秘密交流或永恒的悖论——论长篇小说〈暗示〉》；芳菲：《一次健康精神运动的肇始——读韩少功的〈暗示〉》，《当代作家评论》第 3 期。

陈润兰：《〈马桥词典〉"主流话语"的文化解读》，《学术交流》第 5 期。

方方、王尧访谈：《有爱无爱都铭心刻骨》，《当代作家评论》第 4 期。

刘学明：《〈马桥词典〉的文化解读》，《西南民族大学学报》第 8 期。

李万武：《〈暗示〉何必是小说》，《文艺理论与批评》第 5 期。

张伯存：《韩少功"象典"手册眉批》，《山东文学》第 10 期。

樊星：《超越虚无主义的尝试》，《华中科技大学学报》第 5 期。

晓华、汪政：《"大文"无体——韩少功新作〈暗示〉略说》，《名作欣赏》第 11 期。

董之林：《逃离"语言"的魔障——读长篇小说〈暗示〉》，《视界》第 10 辑。

徐葆耕：《让血性冲破牢笼》，《读书》第 3 期。

陈思和：《论〈马桥词典〉》，《不可一世论文学》，人民文学出版社 2003 年版。

二〇〇四年　五十一岁

1月22日　张英、季进《李欧梵：当代没有知识小说》刊《南方周末》。李欧梵谈对《爸爸爸》的看法：跟明清白话小说有直接的关联，但通俗文化的东西比较少。

1月　与王尧对话录《再启蒙：社会的破碎与重建》刊《当代》第1期。

韩少功、王尧《历史：现在与过去的双向激活》刊《小说界》第1期。

韩少功、王尧《语言：展开工具性与文化性的双翼》刊《钟山》第1期。

《时间的作品》刊《上海采风》第1期。

《冷漠》刊《爱情·婚姻·家庭（情感美文版）》第1期、《爱情·婚姻·家庭（冷暖人生版）》第2期，后又在《视野》（2008年第14期）刊出。

吴洪森随笔散文集《崩溃的脸皮》由广西师范大学出版社出版，韩少功作序。

《个性》刊《小说选刊》第1期，《新华文摘》第8期转载。韩少功指出小说创作两大症状："没有信息，或者说信息重复"，"信息低劣，信息毒化，可以说是'叙事的失禁'"；韩少功提醒写作者：小说需要个性，但个性并非新的普遍性。他还以卡夫卡的《城堡》、马尔克斯的《超越爱情的永恒死亡》《没有人与之写信的上校》等小说为例指出，它们揭示了拉美资本化和所谓民主化进程下的血泪人生，其实具有强烈的公共关切和社会热情。可惜的是，我们曾经有目无珠，仅把这些作家的先锋性解读为个人性。这是20世纪80年代中国文坛的"严重事故"之一。该文在文艺界引起关于小说个性与小说复制问题的讨论：2月16日，《文汇报》以"一场关于个性化写作的交锋"为题,刊发一批作家和评论家的反馈意见。蔡翔说:"我同意韩少功的观点……所谓'个人性'在今天已经转换为一种新的普遍性,从而构成了另一种意义上的压抑机制。"郜元宝认为"这样的话作为对作家同行的一种善意提醒是可贵的"。也有人表示质疑,叶辛认为"我觉得小说的人物不是传递信息,这是媒体的责任","韩少功在文中提到了贪婪,贪婪和爱情、生死一样都是文学永恒的主题"。尹丽川言辞激烈地说韩少功的论调"毫无新意""大错特错","韩没有资格就当代小说发言","只说年轻一代,李师江、李红旗、曹寇、赵志明、巫昂、路离、吴右……这些名字估计韩听都没听过,因为他大概还是从传统媒介和官方文学刊物找小说看的。""另外,我可以很负责任地说,连带我本人在内的不少作品同样具有公共关切和社会热情。只是韩先生没有看到或者没有看出来,或者不愿意看到不愿意看出来。"

随后,孟繁华《这个时代的小说隐痛——评〈小说选刊〉兼及一种文学观念的讨论》(《小说选刊》第4期)对韩少功提出批评:"在韩少功的批评中,隐含了一种强烈的文学理想化要求和非历史主义的倾向","小说创作的状况需要具体的探讨而不是包打天下或居高临下的指责和抱怨。仅就《小说选刊》刊发的作品而言,韩少功的批评也是没有针对性的'批评的空转'","就当下小说创作的最高水准而言,对它乐观的评价仍然是可以给出的。我的阅读经验是,除了莫言、余华、苏童、刘震云、叶兆言、贾平凹、阎连科、刘庆邦、王安忆、张抗抗、铁凝、方方等在内的80年代成名的作家,仍有好作品不断发表之外,毕飞宇、李冯、鬼子、东西、徐坤、赵凝、韩东、麦家、吴玄、红柯、艾伟、北北、须一瓜、叶弥、邵丽、朱日亮、齐铁民、陈希我、陈应松、欧阳黔森等作家的中、短篇小说,可以说仍然不在韩少功的评价之内。这些作家的小说不能说没有参与当下历史处境中的公共事务,不能说他们的'个人性'已经成为'普遍性'。韩少功的判断,如果不是武断的话,那么可以肯定的是他对当下中、短篇小说创作的情况并没有太多的了解,或者说,即便他有所了解,而把小说的整体形势描绘成了'万恶的旧社会',也是不能让人同意的。我为当下小说创作做如上辩护,并不意味着我对当下小说创作的状况没有条件的认同。恰恰相反,我是希望能够面对小说创作的具体问题,并且能够在具体分析的基础上做出判断,而不是以君临天下的面目'横扫千军如卷席'。"

韩少功对此做出回应，写信给《小说选刊》编辑部，指出孟繁华文章一开始就偷换前提，把"较为普遍"偷换为"全部""总体"的意思，制造了一个假想论敌；并指出：如果采用同样的手法，把对方所批评的"白领""官员""妓女""中产阶级""都市小资产阶级"等也拿来统统一棍子打死，这种相互的吹毛求疵就"没有多少意思。"并作出解释。信件全文刊《小说选刊》。

2 月 11 日　《韩少功撰文批评当前小说》刊《中华读书报》。

2 月 25 日　兰守亭《西方人眼中的〈马桥词典〉》刊《中华读书报》。

2 月　为欧阳昱译《英语的故事》（百花文艺出版社 2005 年版）作序《为语言招魂》。

《错误》刊《小说选刊》第 2 期。

《超越"民族"》刊《招商周刊》第 6 期，又刊《科技文萃》第 5 期。

3 月 6 日　《韩少功〈马桥词典〉在西方引起关注》刊《羊城晚报》。

3 月 18—24 日　与蒋子丹、陈建功、格非、苏童、铁凝、迟子建、莫言、余华、阿来、残雪、北岛、杨炼、多多以及也斯、王璞、陶然等香港作家共 37 人，组成华文作家团，受邀参加第 24 届巴黎国际书展。①

3 月 21 日　在巴黎"书籍沙龙 2004"与陶然、阿来、潘琦等主讲"遥远的地区"。

3 月 26 日　张薇访谈《韩少功写作的暗示》刊《香港经济日报》。

3 月　在香港国际英语文学节上做演讲《语言的表情与命运》，后刊《南方文坛》2006 年第 2 期。"我不认为世界上存在着一种恒定的、普适的以及独尊的文体"，"在中国古代很多作家的笔下，小说与散文常常混为一体，甚至文、史、哲之间的区别界限难以辨认。显然，人类的生活总是变化不定和丰富多样的，那么作为对生活的反映与表现，文学及其形式其实从来也无法定于一格"，"采用词典体首先出于我对语言的兴趣"，"文化大革命"期间下乡"我很惊奇地发现，我几乎走进了一个巨大的方言博物馆。我不得不竖起双耳来注意这些新的语言，不得不了解很多词语的用法和来源，进而比较不同方言系统之间的差别。在这一过程中，我注意到不同语言之间的词汇常常是

---

① 高远：《中国文学饮誉法兰西》，《文学报》2004 年 3 月 25 日。

不那么对应的。""一个世界就是我们所知道的世界，只能是我们思考和感觉中的世界。我们几乎不可能离开语言去思考与感受这个世界。这意味着，对于我们来说，一个靠词语造就的世界几乎就是世界本身。本着这一点，我把语言当作了我这部长篇小说的主角，一如很多小说家把人物当作他们的主角。在这本仿词典的小说里，每一个词条就是一扇门，一个入口，通向生活与历史，通向隐藏在每一个词语后面的故事。"

在清华大学人文学院作演讲，整理稿《现代汉语再认识》刊《天涯》2005年第2期。韩少功反思20世纪上半叶的汉语拉丁化、拼音化运动，认为汉语的处境不存在危机。从用字的俭省、输入的速度、理解的方便、语种的规模四个方面来看，"汉语是很有潜力甚至很有优势的语言"，汉语正在"由弱到强"，处在"重新崛起的势头上"。他致力于探索"外来语、民间语以及古汉语这三大块资源，在白话文运动以来发生了怎样的变化？在白话文运动以后，在经过了近一个多世纪文化的冲突和融合以后，这三种资源是否有可能得到更优化的组合与利用？包括文言文的资源是否需要走出冷宫从而重新进入我们的视野？"在与古汉语的对比中，韩少功说："汉语中的很多动词都在失传，汉语固有的一些语法特征，包括名词、动词、形容词互相隐含互相包容的传统，也正在失传。这不是一件好事。"在与西方和其他民族的语言的对比中，韩少功得出结论："语言主导文字，或者文字主导语言，各有各的好处，也各有各的问题。最可行的方案可能是语言与文字的两元并举，是两者的相互补充与相互制约。这是我们以前一味向表音文字看齐时的理论盲区。"韩少功提倡"创造优质的汉语"，优质的语言要有很强的解析能力和形容能力，解析能力支持人的智性活动，形容能力支持人的感性活动。"知识分子代表着社会文明的品级高度，应该承担一个责任，使汉语的解析能力和形容能力不断增强。正是在这一点上，我们不能说白话文已经大功告成。白话文发展到今天，也许只是走完了第一步。"

此后，韩少功曾在华东师范大学、湖南师范大学、海南医学院作过《现代汉语再认识》同题演讲，每次演讲的内容都有所增删修改。

与王尧对话录《文学：文体开放的远望与近观》刊《当代》第2期。韩少功谈到自己创作起步时说，"除了浩然、赵树理、周立波以外，高尔基、普希金、法捷耶夫、契诃夫、艾特马托夫，还有一个柯切托夫，写过《茹尔宾一家》和《叶尔绍夫兄弟》的，是我最早接触的外国作家。海明威和杰克·伦敦的书读过。""我想把小说做成一个公园，有很多出口和入口，读者可以从任何一个门口进来，也可以从任何一个门口出去。你经历和感受了这个公园，这就够了。""好的文学一定是关怀社会的文学，但好的文学不一定能改造社会——至少不可能把社会改造成文学所指向的完美。""如果说我在写作中运用了思想，更多的时候只是为了给感觉清障、打假、防事故，是以感觉和感动为落脚点的。"

作散文《镜中的陌生人》。

散文集《阅读的年轮：〈米兰·昆德拉之轻〉及其他》由九州出版社出版。

春　与李陀、王晓明、陈思和等人的座谈 *Why Must We Talk about the Environment？A Summary of Nanshan Seminar* 刊于 *Positions：East Asia Cultures Critique* 第 1 期。

4 月 18 日　萧杰《〈马桥词典〉英文版在美国引起强烈反响》刊《海南日报》。

4 月　《传统》刊《小说选刊》第 4 期。

《一个作家眼中的全球化——韩少功在汨罗市乡镇干部会议上的演讲》刊《散文百家》第 8 期。

中短篇小说集《空院残月》由云南人民出版社出版。

5 月　参与修建的八景乡大同村十华里公路竣工，韩少功题写纪念碑文。

《马桥词典》列入"中国当代名家长篇小说代表作"丛书，由人民文学出版社出版。

《韩少功自选集》由海南出版社出版。

《相术》刊《上海采风》第 5 期，后又刊《渤海早报》（2011 年 1 月 15 日）。

张炜《〈暗示〉阅读笔记》刊《当代作家评论》第 3 期。

6 月 25 日　访谈《廿年前的刺　廿年后的根》刊《中国图书商报》。

6 月　海南移动通信公司和《天涯》杂志、海南在线天涯社区联合举办首届全球通短信文学大赛，韩少功担任评委。

7 月 24 日　《一种与青春欣然相遇的方式》刊《海南日报》，本文是为远岸《带上我的诗歌去远行》（南方出版社 2004 年版）所作的序。

7月　美国罗格·盖德曼著、崔婷译《一百个出自乡村孤独的中国词条》，布莱德雷·温特顿著、崔婷译《当词语超越含义之时》刊《当代作家评论》第4期。认为《马桥词典》"写作手法是实验性的"，"内容严肃，笔法独特，无愧为一部优秀的长篇小说"，"捍卫了独具特色的地方文化，同时向千篇一律的泛国际化趋势吹响了反抗的号角"，"运用修辞手段使这部小说既有纪实性又有文学性"，"人们很少看到这种集可读性与娱乐性于一身的高质量小说"。同时还谈到"文化大革命"以后中国小说能够在本土得以繁荣，却未能在美国引起回响，是因为商业出版机构缺位和失职。原文分别刊于2003年8月10日《旧金山书评年鉴》与2003年8月31日《台北时报（英文版）》。

韩少功在八景乡耕读，园子里的庄稼长势良好，解决一家人吃饭之外尚有剩余。他对每年的收成情况都有较为详细的统计。在八景乡的农居生活，阻隔了外界芜杂的人际关系、纷扰世事，韩少功在开垦耕种的同时舒展了身体、陶冶了性情，提高了读书写作的进度。在与孔见的对话中，谈到与土地、植物打交道的劳动生活对其心灵和文学的意义："恢复身体力行的生活，可以克服文人清谈务虚的陋习，把自己的知识放到生活实际和大面积人群中去检验。当然，身体力行的方式很多，下乡只是其中一种。通过这种方式与自然发生关系，与社会底层发生关系，会有一些新的感应和经验。"①

《感谢那些猪》刊《视野》第7期。

8月9日　与王尧对话《小说，太多的叙事空转与失禁》刊《解放日报》。

8月　作散文《归家的温暖》，该文是为湖南省汨罗市文联征文集《汨罗美，家乡美》所作的序。

《男女有别》刊《上海采风》第8期。后又在《爱情　婚姻　家庭（精华版）》（2005年第2期）、《爱情　婚姻　家庭（生活纪实版）》（2015年第10期）刊载。

9月7日　《生态的压力》刊《羊城晚报》。

9月15日　《韩少功：感悟英语难学》刊《光明日报》。

9月　小说《801室故事》《是吗?》刊《上海文学》第9期，同期刊

① 《韩少功、孔见对话录》，《韩少功评传》，河南文艺出版社2008年版，第227页。

出周立民的评论《在探求"可能性"的路途中》。

《月光两题》（包括《空院残月》《月下桨声》）刊《天涯》第 5 期，《新华文摘》第 22 期转载。《空院残月》又刊《视野》（2015 年第 16 期）、《小品文选刊》（2015 年第 11 期）；《月下桨声》又在《读者》（第 19 期）、《雨花（下半月）》（2013 年第 3 期）、《现代班组》（2014 年第 2 期）等刊载。

《你看出了一条狗的寒冷》刊《读者》第 18 期，后又刊《文化博览》（2005 年第 9 期）、《意林》（2007 年第 11 期）、《太原日报》（2008 年 6 月 24 日）、《老年日报》（2008 年 11 月 27 日）、《学习博览》（2008 年第 12 期）、《中学生优秀作文：中考专刊》（2012 年第 6 期）等。

10 月 11—13 日　在青岛出席中国海洋大学 80 年校庆"科学家与文学家对话"活动，活动的主题是"科技·人文·未来"。王蒙邀请赵长天、查建英、张炜、毕淑敏、方方、熊召政、张平、赵枚、唐浩明、邱华栋、陶东风、南帆等作家、学者参加，管诗桦校长主持，作家们与科学家们之间出现争辩。韩少功为论坛题词"道术兼备，文理并举"，并作"超越民族主义"的主题演讲，收入会议论文集《高山流水——"科技·人文·未来"论坛实录》出版。

10 月　《山歌天上来》刊《人民文学》第 10 期，《北京文学（中篇小说月报）》第 12 期、《小说精选》第 12 期选载，入选林建法主编《2004 年中国最佳中篇小说》。

《韩少功中篇小说选》由上海社会科学院出版社出版。

11 月 4—6 日　参加在海南召开的"文学期刊与中国当代文学研讨会"。《当代》《十月》《小说界》《小说选刊》《散文》《钟山》《花城》《文艺报》《山花》《红豆》等刊物的主编及资深编辑，与海南省近年来创作比较活跃的 30 余名作家，研讨文学与时代、市场经济下的期刊与出版等问题。

11 月 6 日晚　出席中国首届全球通短信文学大赛颁奖仪式，接受中新社记者采访时表示：相对小小说、小小散文，手机短信文学是超短或极短文学：在短短数百字内营造意境，展开情节，作者必须有较高超的文学驾驭能力。"短"并不意味着短信不是文学。短信文学不会取代传统文学，它是传统文学的延伸，是文学新品种。短信文学作品不会比网络文学或一般的文学作品品位低或更苍白。

11 月 7 日　在海南师范大学参加王蒙、余光中散文研讨会。

11 月 13 日　接受卓越网访问。韩少功说："使内容本身形式化，是写作艺术的成熟标志和高峰标志"，"以前人们常把内容与形式的关系比作酒与瓶子，其实是一个很不好的比喻。对于好作品来说，内容与形式的关系，是灯与光的关系，是不可分的"。在谈到文学杂志时说："把产品做好，是第一位的要求，期刊要能够向读者提供新的思想、感情、趣味、知识等等"，只要做到这一点，刊物就能生存，办刊物应该"守正出奇"，"'守正'是道，'出奇'是术，要道术兼济。"在谈及如何评价当代作家的整体创作时说："也许是生活经历接近的关系，我对同辈作家的作品读得多一些。对同时代的老辈作家也爱看，比如高晓声、汪曾祺等等。很多晚辈作家各有千秋，可以成为我的老师，比如迟子建、刘亮程、毕飞宇、阎连科等等。总的印象，中国作家很多单项成绩不错，但综合实力很强的选手还嫌少，所以骄傲不得，浮躁不得，腐败不得，还得卧薪尝胆，十年磨剑。"

11 月 25 日　为肖晓琳《谁能记谁到永远》（中国人民公安大学出版社 2004 年版）作序。

11 月　《小说评论》第 6 期"小说家档案"栏目推出"韩少功专辑"，刊出《自述》、《用语言挑战语言——韩少功访谈录》、《仍有人仰望星空——韩少功的 1992—2002》（张均）、《韩少功主要著作目录》。於可训在《主持人的话》中回忆韩少功在武汉大学学外语期间二人相识的过程："那次带朋友见了少功出来，我脑子里突然冒出一串类似于麻衣相士的术语：此公绝非常人，乃卧龙也，日后必有大成"，"韩少功自出道二十余年来，在文学上和思想上始终坚守的一种特立独行的超然姿态。这种超然姿态，既非思入空冥的形而上学，亦非无关痛痒的超然物外，而是与文学和思想的对象始终保持一种若即若离的适度距离"，"这二十多年来，从《月兰》的暴露伤痕，到《西望茅草地》的反思历史，再到《爸爸爸》的倡导'寻根'，韩少功在哪一股文学潮流中，都堪称得风气之先，或作为首开风气的始作俑者，从未落在时代潮流的后面。""韩少功近二十余年来在文学和思想上的特立独行，包括他一贯超然的生活态度和现今某种隐逸的写作方式，决不是一种故作的姿态，而是以这种姿态，在争得一个不为文学和思想的多数所同化，而为现实的多数思考和写作的权利。"

在《访谈录》中，韩少功谈及写作中的诗意："我主张宽泛地理解诗意，不仅仅把诗意理解为多愁善感，甚至理解为催泪弹式的煽情。一般来说，凡是动心的写作都含有诗意，包括一些看似冷静甚至冷峻的作品。我在1985年以后的写作，大概由于年龄的关系，显得比以前要冷静一些，要心狠一些，但自己觉得还不是心如枯井。《归去来》对一个陌生山村和知青岁月的感怀，比如《爸爸爸》对山民顽强生存力的同情和赞美，包括最后写到老人们的自杀，写到白茫茫的云海中山民们唱着歌谣的迁徙，其实有一种高音美声颂歌的劲头。也许是一种有些哀伤的颂歌。""我从不把揭露丑恶看成唯一目标。"从20世纪80年代后期到90年代，因工作和个人兴趣，"涉猎了历史、哲学等方面一些新的知识成果，知识配置发生了变化，对社会与人生当然也可能产生新的视角"，从《马桥词典》开始，"形式主义的试验已经降温，象征、神秘、野性之类的审美冲动也可能有些减弱，但小说与非小说的文体杂交，使自己突然有一种豁然开朗的自由感，有一种甩掉现代主义这根拐杖的冲动。"与五四新文学相比，《马桥词典》"力图走一个相反的方向，努力寻找不那么欧化，或者说比较接近中国传统的方式。文史哲三合一的跨文体写作，小说与散文不那么分隔的写作，就是中国文化的老本行"。

"《马桥词典》的关注点是生活怎样产生了词语，词语反过来怎样制约生活，制约我们对生活的理解与介入。但这一点显然不够，因为还有言外之意。绕开语言我们仍然可以得到意义，信息的传播不一定要依靠语言。这是成了我写《暗示》的聚焦点。我必须重新回到生活中来，看一看我们的回忆、感受、想象、情感、思想是怎么回事，看一看具象是如何隐藏在语言里，正如语言是如何隐藏在具象里。"《暗示》考虑的是人、语言、具象的"三边关系"，"差不多是我做了一件不自量力的事情……说实话，我也对这本书的体裁定位十分困惑，不知道它是什么东西。"

《世说新语》刊《中外书摘》第11期。

12月11日下午　在海口出席由海南省作协、人民网海南视窗和海南电信天涯热线联合举办的"海南省倡导健康文明网络人生座谈会"。韩少功认为：网络时代的写作是民主的写作，它所实行的"后审"制度，能够快速送达民意，用得好，可以把民主与集中结合起来，推动中国社会的健康发展；网络写作凭的是真心感受，听从内心的召唤，写作动机较单纯，容易出现感人的作品。但要避免网络写作的低俗化和恶俗化，雷同或类同，希望能够长效短效并举，多出网络精品。

12 月　请辞中国作家协会全委会委员、主席团委员，未获批准。

《空间和距离》刊《上海采风》第 12 期。

荷兰学者雷马克的专著《以出世的态度入世——韩少功及中国寻根文学》在荷兰出版。

本年　《一元钱故事》刊《少儿科技》第 A1 版。

中篇小说集《韩少功作品精选》由正中书局（台湾）出版。

Eckle Sabine 的 *Word Power* 刊于 *Far Eastern Economic Review* 第 10 期，评介 Julia Lovell（蓝诗玲）翻译的《马桥词典》。

本年度重要研究论著

洪子诚：《读有关〈暗示〉的批评》，《海南师范学院学报》第 1 期。

南帆：《推荐韩少功〈伪小人〉》，《语文建设》第 3 期。

黄灯：《〈暗示〉暗示了什么？——对当代文学批评的一种思考》，《文艺评论》第 3 期。

杨春燕：《湖湘文化濡染的韩少功》，《湖湘论坛》第 3 期。

崔云伟、魏丽：《论〈马桥词典〉的"中心"问题》，《理论与创作》第 4 期。

彭继媛：《韩少功小说创作研究述评》，《理论与创作》第 4 期。

罗关德：《韩少功〈暗示〉的隐秘信息》，《江淮论坛》第 4 期。

周立民：《在探求"可能性"的路途中——读韩少功〈801 室故事〉〈是吗〉》，《上海文学》第 9 期。

向卫国：《天涯诗说——从〈天涯〉杂志与诗歌的"互动"看当代诗歌的发展》，《诗探索》第 Z2 期。

二〇〇五年　五十二岁

1月20日　第二届中国全球通短信文学大赛正式开赛，韩少功、方方、李锐、迟子建、陈村、周国平、蒋子丹担任终评评委。

1月28日　随笔《笑容》刊《湖南日报》，《杂文选刊》（下半月版）第3期选登。

1月　小说《白麂子》、创作谈《浑身有戏》、序《走出围城》刊《山花》第1期。韩少功认为："如果一个小说家文路很窄，笔力很浅，没有火爆的折腾就呆头呆脑行尸走肉，甚至没有暴力戏和色情戏撑着便有气无力碌碌无为，那么这个作家基本上就已经作废。""好小说家常常是沉静的，因为自信而从容不迫"，往往能将生活中平静的事物写得生龙活虎，变化多端；"文学就是把生活不断重新感觉和重新发现的过程，就是把我们的全部生活不断重新侦破的历险，不光是守候在藏春阁和太平间。"同期刊发吴励生的《从词典到"象典"——评韩少功的两部长篇小说》。

《百姓应用文一束》（与蒋子丹合著）刊《读书文摘（灵感）》第1期，选自《民间档案：民间语文卷》。

2月　《思想的声音——韩少功谈话录》刊《新作文（高中版）》1—2期合刊。

《邻居》刊《今日文摘》第4期。

4月13日　《他们没有隐居——中国现当代作家现状》刊《中华读书报》。其中有"韩少功：回到内心"部分。"我并不是仅仅作为一个作家到乡下去生活的"，"即使我没有写出什么好作品，再一次上山下乡也是我人生的重要收获。"

5月　《关于文学……》《生活选择了我》《土地》刊《文学界》第5期，同期刊有凌翵《走进韩少功的农家院落》。《土地》后被《新华文摘》第17期转载。

迟美桦访谈《寻访韩少功》刊《档案时空》（史料版）第 5 期。

演讲、对话集《大题小作》由湖南文艺出版社出版。

《犯错误》刊《布老虎青春文学》第 3 期。

6 月 11 日（端午节）上午　出席岳阳汨罗江国际龙舟节祭屈原、祭龙大典，与余光中、谭谈、李元洛、陈亚先等人担任主祭。

6 月 28 日　迟子建为《额尔古纳河右岸》写跋，提及在创作的过程中，通过韩少功事先联系，在海拉尔拜访鄂温克族作家乌热尔图。

6 月　作散文《重新生活》，韩少功谈及小说对自己的重大意义，"小说至少能弥补过去的疏忽和盲目，或者说，至少能洞开一种新的过去，使我增收更多惴惴于心的发现，增收一种更加有意义和有趣味的生活。"

7 月　小说《报告政府》刊《当代》第 4 期。后来马原在 2006 年 12 月 22 日《新京报》上对这一作品表示赞赏："韩少功的《报告政府》我看了后很激动。""一个接一个的动作，在细节上武装到牙齿"，"比我青年时读索尔仁尼琴被禁打入冷宫，后出版震动朝野的中篇小说《伊万·杰尼索维奇的一天》还要棒"。

在湖南汨罗市八景乡谈"怎么赚钱"，发表于《文汇报》《湖南日报》，2008 年收入《大题小作》一书，又以《赚钱》《赚钱其实很简单》《穷人怎么赚钱》《怎么赚钱》《会算账才会赚钱》《这样也是赚钱》《如何赚钱》《算好几笔赚钱账》等为题刊《青年博览》《报林》《喜剧世界》《躬耕》《每日新报》《西南民兵》《羊城晚报》《黑龙江农村报》等多家报刊。其中的"教好子女就是赚钱"部分又刊《合肥晚报》（2008 年 12 月 23 日）、《共产党员（下半月）》（2009 年第 1 期）、《应用写作》《学习博览》（2009 年第 3 期）。

为台湾女作家阿宝《讨山记》（湖南文艺出版社 2005 年版）作序，后以《行动者的启示录》为题收入《为语言招魂——韩少功序跋选编》，以《序〈女农讨山记〉》为题刊《江南》2006 年第 3 期。阿宝的《讨山记》记录了她如何把对山林土地的关怀付诸实行，告别都市正式成为梨山女农，艰难地寻找生态农业之路。这与韩少功定居汨罗乡村的抱负相似，韩少功在序言中对本书评价很高，认为这是一本"科学的书""文学的书""尖锐和炽烈的人文哲学"的书，更是"行动者的启示录"，"真理永远只是'心身之学'而非'口舌之学'，无行之知不为知也"，"求知之道在于言词更在于行动，在于说法更在于活法，常常只取决于求知者能否收拾行囊走向实践，能否走向充满着尘土、汗水以及伤痛的长途——这对于现代人来说是更为严峻的一项使命。"

为陈益南《青春无痕——一个造反派工人的十年"文革"》（香港中文大学出版社2006年版）作序《"文革"为何结束?》，刊2006年《开放时代》及《今天》。

小说集《暗香》由中国社会出版社出版。

8月　《天涯》第4期推出"严敬小说专辑"，刊发《到三江喝茶》《五月初夏的晚风》《肖蕙》三篇小说，并配发韩少功、蒋子丹、周晓枫、洪治纲的四篇短评。韩少功在短评《小说中的诗眼》中说："严敬写的故事，不是当事人物的故事，是作者如何想象和感受这些人物的故事，因此是自由的，奇丽的，甚至是神秘的"，"严敬用小说来写诗，下的是险棋，读者不一定很多。若缺乏小说的长跑功夫，诗性的短跑或跳高，一般都不易持久。这对作者构成的挑战压力，通常在第一本书以后会慢慢呈现，需要作者有所准备。"

严敬是韩少功与《天涯》重点培养的作家：他在海南省某养猪场工作时，《天涯》推出其处女作《为桑亚姐姐守灵》《一个疯子》（2001年第6期），由《天涯》牵线，严敬被调至一个中学任办公室文员，有了好的工作和写作环境，曾获第五届海南省青年文学奖。代表作有小说《一个疯子》《昨晚的罗大佑》《猪场故事》《正午的阳光》，散文《栀》等。

为海南省小说创作丛书"海南文丛"（南海出版公司出版）作总序《小说是"重工业"》。

9月21日　《长吟常忆莫应丰》（与佚名、肖建国合著）刊《文化艺术报》。

9月　中短篇小说集《报告政府》由作家出版社出版。在后记中，韩少功提出"写小说是重新生活的一种方式"。

《马桥词典》英译本 *A Dictionary of Maqiao* 由 Dial Press 出版（首次出版在2003年），译者为英国汉学家蓝诗玲（Julia Lovell）。

这部小说在在线读书社交网站 Goodreads 上引起美国读者的持续关注，评分为3.89分（满分5分）。

於可训主编的《小说家档案》由郑州大学出版社出版。其中收有韩少功的自述、访谈、评论、主要作品目录。

10月11日晚 韩少功在八景乡中学与教师座谈，谈及文学创作成功的必要条件：深厚的学识积累；丰富的生活积累；反复的写作实践。要向生活、同行、普通民众虚心学习。

10月17日 《韩少功脾气不好拒做编剧》刊《京华时报》。韩少功说：自己的个性不适合集体性和团队性的创作，对摄制组望而却步。导演、摄影师都可以干预剧本的创作，大牌演员也有指挥权，"讨论剧本的时候，鸡一嘴，鸭一嘴，互相启发也可能互相磨损和压抑。编剧得有好脾气，得周到服务。这种好脾气难能可贵，但我一时半刻还学不了。"

10月21日 萧三郎的《写作的"追风少年"》刊《新京报》。该文批评"现实主义作为一种文学样式又成风潮"，"今天的作家正在制造一种写作边缘群体的新'写作景观'"……韩少功小说集《报告政府》也是如此，"韩少功就是文学道路上的一个老牌'追风少年'。他喜欢有什么时髦就写什么作品，而他写作的老资历可以保证其切入任何题材都保持优美的身段以及娴熟的写作技巧。"

10月23日上午 到巴金家吊唁，为巴金送行。

10月 《抓住第二级需求》刊《经济管理文摘》第20期。

11月4日 访谈《韩少功：我不是老牌追风少年》刊《信息日报》。韩少功认为萧三郎的批评的精神可嘉，可没有批在要害。"追风"的意思是跟着大家写，大家写什么你就写什么。"我这些年的《暗示》《山歌天上来》《报告政府》等等，是跟着人家哪些作品写的呢？也许我孤陋寡闻，不知道哪些作品已经成'风'？"

11月16日晚 在海南大学做"我的文学道路"演讲。通过大量图片、人物、事例讲解自己文学创作之路和办刊经历，梳理自己的思想历程。

11月30日 访谈《韩少功：写小说是重新生活的一种方式》刊《中华读书报》。韩少功说《报告政府》描写的囚犯是社会最底层的一群人。完成小说后对罪犯有了新的理解，他们走到这一步，有社会的原因，也有人性本身的原因。罪犯和"良民"的差别，并不像我们想象得那么大。"从人性和社会的角度，分析造成犯罪的各种条件，甚至看到现存法律的某些局限。文学应该比法律看得更为深远。"写作《报告政府》的初衷是："我们这一代作家，经常容易沉溺在'文革'啊'反右'啊'下放'啊等情结里。……一旦描写现实生活，又很容易局限在酒吧啊女人啊成功人士啊等都市时尚里。文人都已进入都市，过着比较优裕的生活，往日苦难和都市繁华以外的一切，就可能成为盲区。……我希望自己的写作既不能完全沉溺在过去，也要尽量打破模式化都市生活的围城，把盲区中隐藏着的东西解放出来，看一看那里的生活状态和生命存在。"韩少功说自己 20 多年来的写作就像开汽车，总会左右不断调整，在关注社会、关注个人、关注形式、关注内容等方面时有侧重。但写作中的基本特质还是比较持久的。"我一直不能接受那种不动心不动肺的技术化操作，也一直不能接受那种黑白分明的、忠奸对阵的故事，人性的复杂性一直是我的兴奋点之一。"隐居的影响是"一个是都市，一个是乡下，一个是岭南文化，一个是湘楚文化，它们之间的反差带给我很新鲜的刺激，也会给我多种营养。""我最初从事写作为了谋生，功利性很强，但慢慢地对自己的要求一步步提高，写作的意义也在发生变化。从事写作，会让我觉得自己会变得好一些，生活会更丰富更有意义。每次写完一篇小说都会觉得自己有些不一样，有一些让自己感到高兴的变化。"韩少功认为长篇小说"不仅是短篇或中篇的拉长，还应表达作者对于人生与社会某种系统性的感受和思考，挑战一些人性认识的重大难题，那才是最理想的长篇。"

11 月　何言宏、杨霞所著韩少功评传《坚持与抵抗：韩少功》由上海人民出版社出版。目录如下：第一章 红色少年；第二章 知青时代；第三章 最初的创伤；第四章 归去来；第五章 南方的自由；第六章 在《天涯》；第七章 与异域；第八章 人世间；第九章 历史深处的逼问；第十章《马桥词典》；第十一章 皈依与出击。

12 月 20 日　"《天涯》十年：中国的思想与文学"座谈会在海口召开，韩少功作《我们傻故我们在》的发言，刊《天涯》2006 年第 2 期。与会者有陈村、方方、林白、于坚、何立伟、张新颖、韩德强、刘继明、邱华栋、周晓枫、刘齐、薛野等作家、学者及评论家，还有本地作家、学者蒋子丹、王小妮、耿占春、单正平、孙绍先、毕光明、伍立杨、晓剑、蔡旭、张浩文、崽崽等及《天涯》现任负责人孔见、李少君、王雁翎。韩少功在发言中谈道："有人说我们是'新左派'，有社会主义的色彩。这种说法应该说言之有据，因为我们确实一直关注社会公正的问题。""还有人说，《天涯》具有自由主义的色彩。这种说法也应该说言之成理。因为我们一直倡导民主与自由，呼吁人权保护，注意各种边缘的声音。""一篇文章要发表，一定要言之有据和言之成理，这就是六十分及格。六十分以下不能发表。""《天涯》不是一个畅销的杂志，按照某种流行的成功标准，我们没有暴得大利和大名，是不成功的……人生要有意思，恐怕还需要做点傻事。"

12 月 21 日　出席由中国移动 e 拇指文学艺术网主办，《天涯》杂志社、"天涯社区"协办的首届手机文学研讨会暨作家签约仪式。

12 月　*Leaving the World to Enter the World：Han Shaogong and Chinese Root – Seeking Literature* 刊于 *The China Quarterly*。

本年　历任国际比较文学学会主席、名誉主席的佛克玛教授访华，在清华大学发言时强调：西方学者一直认为 20 世纪中国文学受到西方文学的极大影响，因而不是很有原创性。可是，我对 20 世纪中国文学或现在的中国文学了解越多，我就越发为其原创性而感到惊奇。"韩少功的《马桥词典》给我留下了非常深刻的印象。他的作品一方面坚实地立足于中国传统，另一方面，我认为他也有意识地使用了西方现代主义和后现代主义的一些创作手法。"

参加云南出版集团和云南省禁毒与防治艾滋病基金会发起的"以爱的名义"出版文化公益活动，捐赠《土地》版权，与贾平凹、陈忠实、王安忆、铁凝等作家的作品结集为《爱——在叙述中聆听》（云南人民出版社 2005 年版）。

本年度重要研究论著

邓菡彬：《对抗重复：2004 年期刊中的韩少功小说》，《文艺理论与批评》第 3 期。

黄灯：《韩少功的精神世界》，《江汉论坛》第 5 期。

陈润兰：《思辨艺术与感性想象的完美融合》，《求索》第 6 期。

二〇〇六年　五十三岁

1月27日　散文《乡戏湖南》刊《湖南日报》。

1月　《山居心情》刊《天涯》第1期。

《"文革"为何结束?》刊《开放时代》第1期。

《归去来》《湖面》刊《小说选刊》第1期。

《窗前一轴山水》刊《书城》第1期。

《爸爸爸:山歌天上来》列入"九元丛书",由人民文学出版社出版。

《韩少功精选集》列入"世纪文学60家"书系,由北京燕山出版社出版。汇集了韩少功的《月兰》《西望茅草地》《归去来》《爸爸爸》《女女女》《暂行条例》《鞋癖》《山歌天上来》《是吗?》《报告政府》等中短篇小说,后附"创作要目"。

由白烨、倪培耕、陈骏涛、贺绍俊总策划的"世纪文学60家"评选活动于2005年春开始,采取专家评选与读者投票相结合的方式,韩少功以专家评分54、读者评分57列第45位。选集序言《与民间的对话》为王光东、李雪林所写,二人从"民间"的角度梳理韩少功文学创作与"民间"的关系,将韩少功的创作分为三个阶段:"揭露和疗救:对民间发出呐喊","寻找和倾诉:民间有没有文化的根?""发现和向往:与民间平等对话"。

《马桥词典》与短篇小说集《归去来》由春风文艺出版社出版。

2月7日　散文《金钱之外的财富》刊《湖南日报》。

2月19日　《展望一片明丽辽阔的水域》(海南出版社"海岸文丛"总序)刊《海南日报》。

2月24日　《韩少功:"扛着锄头"写作》刊《钱江晚报》。

3月3日　访谈《韩少功:到乡间寻找一片月光》刊《天津日报》。谈到体验生活:"以前对体验生活的理解过于机械,好像这个生活是一个客观的东西，在远方的某一个地方藏着，作家要像深山探宝一样把它给挖出来。其实，应该说生活无处不在。但是一个生活阅历丰厚、广博的作家，和一个生活阅历狭窄、浮浅的作家还是有区别的。而且这个区别还来自于这个作家的感受能力。""有条件的话，作家还是需要不断地补充生活。""作家最主要的还是要观察他周围的人，接触到各色人等，有深度的了解和体会。"谈到自己定居汨罗的经过：县里一个领导来海南招商引资，给他打电话，韩少功开玩笑说"你们到海南来招商，招谁呀！顶多也就是把我招回去"，没想到他们当真了，回去后不断地给韩少功打电话。韩少功以长沙为圆心，周围200公里左右为半径转了一圈，"最后还是觉得这个地方不错，后来我也就当真了"。

散文《杀猪佬》刊《湖南日报》。

3月27日　访谈《韩少功：能理解我的人只有少数》以及《韩少功其人》刊《钱江晚报》。

3月　《小说写作的特权》刊《青年文学》第5期。

《青砖》刊《文学教育》第6期。

小说散文选集《韩少功作品精选》由长江文艺出版社出版。

《乡土人物（四题）》（《青龙偃月刀》《船老板》《卫星佬》《蛇贩子黑皮》）刊《佛山文艺》第6期。《青龙偃月刀》《蛇贩子黑皮》被《小小说选刊》第17期、《小说选刊》第7期转载，入选《2006年中国小说排行榜》。《青龙偃月刀》后刊《天池小小说》（2007年第6期）、《新世纪文学选刊》（2008年第4期）、《青春岁月：校园版》（2012年第7期）、《传奇·传记文学选刊》（2015年第5期）、《微型小说选刊》（2015年第11期）、《襄阳晚报》（2014年11月5日）等。

4月　《现素抱朴　直指人心》刊《语文学习》第4期。

5月25日　访谈《有一种身份是不能忘记的，那就是公民身份》刊《南方周末》。

夏榆《〈天涯〉10年：左手问题，右手主义》刊《南方周末》。

5月　《山居心情》刊《小说界》第3期。

《韩少功研究资料》（吴义勤主编）由山东文艺出版社出版。

6月1日　出席海南省文学艺术工作者第四次代表大会与海南省作家协会第四次代表大会，当选为省文联主席。

6月5日　《书城》休刊半年后复刊，韩少功、王安忆、冯象等人被列入固定作家群。

6月底至7月1日　在上海大学首届文学周做演讲"梦游与苏醒"，刊《上海文学》第10期，指出文学创作已陷入"同质化"危机。其中谈到文学的四个"旧梦"：精神导引，个人发现，热点娱乐，强势媒介。"如果人性仍然让我们屡感陌生，文学就应该在这里苏醒。"

6月30日　散文《旅游》刊《湖南日报》。

7月5日　散文《雨读》刊《湖南日报》。

7月17日　《写作经验寄生于报纸或影碟，是可耻的》刊《中国青年报》。

7月21日　《文学的一个旧梦》刊《文汇读书周报》，后又刊11月1日的《文化艺术报》；散文《太阳神》刊《湖南日报》。

7月28日　散文《公路》刊《湖南日报》。

7月　《草木的心思》刊《中国城市农业》第4期。

《气死屈原》刊《金融经济（市场版）》第7期，又刊《剑南文学（经典阅读）》（2007年第3期）、《文化博览》（2007年第4期）、《杂文选刊（上半月）》（2007年第5期）、《郑州日报》（2007年8月3日）、《椰城》（2010年第12期）等。

8月6日　《现代汉语再认识》刊《文汇报》，本文是作者在华东师范大学"全球文化条件下的中国现代文学研究"暑期研讨班上的讲演，与2005年刊于《天涯》的版本略有不同。

8月10日　《劣质文学源于垃圾霸权》刊《深圳商报》，认为作家进入中产阶级并非不可能优秀，"除了一部分口头民间文学，文学的主流从来都有广义的中产阶级烙印，从来都属于那些可以写闲书和读闲书的人士"。优秀的文学离不开经验资源与文化资源。

8月26日　小小说《母亲的力量》刊《今晚报》，《小小说选刊》第21期转载，又刊《语文教学与研究：读写天地》（2007年第1期）、《政策》（2007年第2期）等。

8月　《作家的创作个性正在湮没》刊《探索与争鸣》第8期，这是韩少功在上海大学首届文学周活动中就如何评价当下的文学创作等问题的发言记录，指出作家创作的"同质化"是因为生活资源、艺术感觉、文化修养方面的欠缺。

《光荣的孤独者》刊《新文学史料》第3期、《上海文学》第8期。

本文仔细回忆与老辈作家严文井交往的经历，并以严文井的人格精神表达自己的价值观念。

在编辑部主任廖宗亮的联系下，韩少功被《金融经济》杂志聘为顾问。①

为敬文东《随"贝格尔号"出游》（河南大学出版社 2010 年版）作序，后以《语言之外还有什么》为题刊《书城》（2015 年第 11 期）。

《开荒》刊《出版参考》第 23 期，后又刊《思维与智慧》（2007 年第 10 期）。

美国评论家 Danny Yee 的书评 *A Dictionary of Maqiao*（translated from the Chinese by Julia Lovell，Dial Press 2005）刊于 dannyreviews.com。论文指出："《马桥词典》并未聚焦政治，然而，在本书中与其说是描述不如说是展示了'文化大革命'和知青下乡的影响，对官僚主义、西方对中国政治的刻板印象的评论等也附带着得以展现。""《马桥词典》由于巧妙的安排，而远比短篇小说集合在一起那种形式更富有气势。尽管所处理的原素材不乏沉重，但由于叙事结构上产生的分离效果，总体上格调还是明快的。这就使得这部小说可读性较强。"（按：王松锋译）。

9 月 9 日　接受《华西都市报》记者采访，访谈《韩少功首次讲述隐居生活》刊 9 月 10 日《华西都市报》，9 月 14 日《文学报》。

9 月 10 日　偕夫人与肖复兴、赵丽宏等参加"著名作家四川行"活动。

9 月　在四川音乐学院作《情感的飞行》主题演讲，畅谈自己对于音乐的理解，后刊《天涯》第 6 期。

长篇散文《山居笔记（下）》刊《钟山》第 5 期。

《养鸡》刊于《青年博览》第 9 期，后又刊《小小说选刊》第 20 期、《江南》（2013 年第 2 期）、《小作家选刊（时文素材）》（2014 年第 10 期）。

10 月 10 日　张弘《〈天涯〉：从文学到思想的经典转型》刊《新京报》。

10 月 26 日　专访《韩少功：没有人可以挽留昨天的长辫子》刊《新京报》。韩少功说《山南水北》"并没有回避和掩盖农民的缺点，这

---

①　宗亮：《少功山居造访》，《金融经济》2006 年第 9 期。

有白纸黑字为证。我只是在谈到这些缺点时尽量避免某些都市人的一种缺点，即对农民的冷漠与无知，还有建立在这种冷漠与无知基础上的歧视。我不以为歧视才是批判"。谈如何评价农耕文化及其衰落问题："就文化心理而言，就我们面对的精神问题而言，古人与今人几乎是共时状态的，是面对同一张考卷。如果我有过抗议的话，我只是抗议某种线性进步史观，抗议某种现代人肤浅的优越感。他们以为技术的进步就是幸福的升级，但事实从来不能证明这一点。相反，工业时代的战争是最多的，死人是最多的。人类如果是有出息的话，就是要发扬工业文明、农业文明等各种文明形态中好的东西，尽可能避免各种文明遗产中的糟粕。"

10月30日　访谈《韩少功：文人最忌圈子里的同性繁殖》刊《北京青年报》。谈到作家独特的个人经验："文人要警惕文人圈里的同性繁殖，最好多与文人圈以外的社会群体接触。可以接触农民，也可以接触其他人。真正的个性是在社会打磨中形成的，不是闭门自恋的结果。即使不写作，一个人多一些生活经历也很愉快和很合算，等于一辈子过了人家几辈子。我以前就幻想把工农兵学商全干一遍，只是没有条件那样做。"针对《山南水北》是否有意屏蔽农村生活的缺点时说："揭丑攻恶一直是文学之职，但文学的最高境界是诗，是感动。在这本书里，我也没有回避乡村中的问题，但文学不能有'嗜痂癖'，不能错把歧视当批判。这里的区别在于，歧视是冷漠的，缺乏对他人理解与同情的能力。歧视也是无知的，往往知其一而不知其二，知其表而不知其里。"

10月　长篇散文《山南水北》由作家出版社出版，后被《中华读书报》评为"2006年全国十大好书"之一，是入选的唯一原创文学作品。

对金立鑫就《现代汉语再认识》一文的批评做出简要回应，初刊2006年百度网。

《生离死别》《向生而死》刊《山花》第10期。

《笑大爷》刊《文学与人生》第19期。

《每步见药》刊《金融经济》第10期。

《山居心情·夜晚》刊《北方音乐》第10期。

《儒家的鸟巢》刊《小品文选刊》第19期。后又在《意林》（2007年第3期）、《嘉定报》（2014年6月24日）刊载。

11月1日　《文学的一个旧梦》刊《文化艺术报》。

11 月 6 日　《韩少功新作讲述隐居生活》刊《京华时报》。

11 月 9 日　做客"清华大学新人文讲座",做主题为"文学——梦游与苏醒"讲座。在首届上海大学文学周做同题演讲,刊《上海文学》(2006 年第 10 期)。

11 月 10 日　在北京参加第八次全国文代会和第七次作代会,当选为中国文联第八届全国委员会委员、中国作协主席团委员。

11 月 16 日　刚从北京返回海南即接受《海南日报》专访,提到当前农村题材小说时说:"很多写农村题材的作品把农村写得很阴暗,作者有一种身处现代文明的优越感。这种情绪比较盲目,所以我的写作与他们不一样。城市在水面,乡村在水底,两者不能完全分开,但是,我们不能只看到水面。乡村可以让人思考一些最本质的问题。"

11 月 17 日　舒晋瑜《韩少功:投身生活中的敞亮和欢乐》刊《工人日报》。

11 月 20 日　访谈《韩少功:乡村里的灵魂之思》刊《北京晚报》。谈写作《山南水北》:"这本书没有小说家创作那种原型与角色的区别。写作这么多年,我一直想找到一种直指人心的表达方式。所以在这本书的写作中,我突然不太想文体这件事了,你可以看到它有散文的因素,也有小说的因素。必要时,还有应用文。对我来说,这算是一个冒险。""实际上我的兴奋点是在灵魂与文化。有我对当下文化的思考,只不过我不是在做论文,而是在用小故事说它。你也可以看做文化或是社会人心的田野调查。"

11 月 23 日　访谈《韩少功:我从未离开——韩少功与他的〈山南水北〉》刊《南国都市报》。韩少功谈《山南水北》与美国作家梭罗的《瓦尔登湖》的区别:"批评家可以做各种比较,我没有权利干涉他们","《瓦尔登湖》所反映的心态比较孤寂,而我这本书是开放的,向社会和文化的纵深领域开放。"

11 月 23—24 日　天涯杂志社、深圳商报社和"自然之友"联合在深圳举办"自然论坛暨'自然生活与思想'写作征文颁奖仪式"。韩少功在发言中从"资本"与"人本"的关系出发谈生态环保,反思有了"资本"反而没有了"人本",人的生命受到威胁,认为生态环保不是一种技术,不能靠资金和技术来解决。李陀从生态环保的角度,尖锐质疑"发展"和"进步主义",与韩少功互相呼应,默契配合。韩少功的发言以

《一个人本主义者的生态观》为题，刊《天涯》（2007年第1期）。

11月25日　访谈《韩少功：当个"文字帝国的暴君"》刊《晶报》。就如何面对环境、文化心理等社会现实问题谈道："我曾经感到焦虑和无奈，每个人都有想法和愿望，但是你实现的效果却不尽如人意，这是无可回避的现实，需要找到一个合适的行动方式。所以我们应该像一盏灯，首先照亮我们周围。行动就是一切，中国从来就有一种知行合一的传统。"谈《山南水北》里面的批判："没有批判精神的作家，就不是好作家。《山南水北》里，有些看法是我必须告知大家，但这些看法甚至到了'人民公敌'的程度。正如当全世界的人都认为现代是个美丽神话时，我就偏说现代文明其实有很多危险。"谈《山南水北》的文体选择、跨文体的初衷："为了与读者更好地交流，要根据具体情况来做判断。像欧式小说有几百年的发展，现在叙事的功能向新闻流失，娱乐功能向娱乐业流失。小时候看小说是最大的娱乐，可现在很多人看小说是比较费力的事情。我写小说是希望真实放松地表达自己的感受，有时候不能拘泥于一种文体，把小说与非小说的元素进行链接和组合是必要的。"

11月26日　做客深圳市关山月美术馆"四方论坛"为市民讲解《"文学"梦游与苏醒》，解析文学"梦"的复苏。《韩少功谈"大写作——小文学"》刊本日《深圳特区报》。

11月28日　《韩少功书写乡村体认》刊《光明日报》。

11月30日　《韩少功畅谈文学"梦"的复苏》刊《文学报》。

11月　《公平正义：和谐文化的核心价值》刊《今日海南》第11期。

《天空》刊《基础教育》第11期、《语文教学与研究：读写天地》第11期。

Jin Yihong, Kimberley Ens MANNING and Lianyun CHU 的 *Rethinking the "Iron Girls"*: *Gender and Labour during the Chinese Cultural Revolution* 刊于 *Gender and History* 第3期。在阐述"铁姑娘"问题时，引用了韩少功的《暗示》。

12月1日　散文《耳醒之地》刊《湖南日报》。

12月3日　出席由海南省作家协会和海南大学诗学中心联合举办的天涯国际诗歌节的"中国新诗90年及现代诗30年纪念座谈会"并发言。

12月5日　叶蔚林因病逝世。

12 月 7 日　参加叶蔚林遗体告别仪式，撰悼文《第一次握手》，刊 12 月 25 日《海南日报》。韩少功肯定叶蔚林在 20 世纪 80 年代湖南文学界的重要地位："只要读过散文《过山谣》《九嶷神话》以及小说《蓝蓝的木兰溪》的人，都会在他茂盛的才情面前目瞪口呆，然后毫不怀疑他在湖南文学界真正的核心地位。他家里成了青年们出入最多的地方，聚会的灯光总是亮得最晚。连当红的古华、莫应丰、王蒙、蒋子龙、谌容等作家也尊崇有加，口口声声称他'叶帅'。"

12 月 8—12 日　在海口参加由苏州大学文学院、海南大学社会科学研究中心和学林出版社联合主办的"生态时代与文学艺术"田野考察暨学术交流会，并在开幕式上致辞。

12 月 11 日　访谈《韩少功：恢复同情和理解就是文学的大政治》刊《中国青年报》。谈底层关怀对提升文学品质的意义："一个好作家应该超越阶层身份局限，比如一个穷人作家，最好能体会上层人的苦恼，不能囿于阶级仇恨；一个小资或大富的作家，最好能关注下层人的艰辛，不能止于阶级傲慢。这就是所谓大心。在当前社会等级制趋势严重的情况下，有些人因事立言，反对拜金附势之风，提倡关注底层，应该是一种有益的提醒。""底层并不是什么灵丹妙药，正如蔑视底层更不是什么灵丹妙药。""作家们关注底层，一要热情，二要冷峻，第三还要有写作的修养，不能把政治标签当饭吃"，"我从来反对神化人民。这种神化就是五四运动以后一些知识分子膜拜底层身份的背景。这种膜拜也许出于某种'左派'幼稚病，与膜拜市场的'右派'幼稚病貌离神合。但我们反对仰视，不是主张俯视。反对神化，并不意味着人民就是垃圾，精英就有理由自恋和自大。"

12 月 19 日　《当代文学病得不轻》刊《科学时报》，《中国现代、当代文学研究》（2007 年第 2 期）全文转载。

回复《飞过蓝天》责编何志云的来信。韩少功在信中说："文学其实是一高风险领域，因为文学不是煎烧饼，不是做装修，不是倒腾房地产，其技术因素虽然不可或缺，但并不构成写作的最重要条件。如史铁生说，文学最核心的价值是心魂的舞蹈和燃烧——这简直是把自己的一辈子赌在笔下，赌在直剖人心的刀口，赌在孤独、虚假、权势、压迫、剥削的观察前沿。然而，一旦进入所谓精英的惬意小日子，除了索取和扩张，还有多少作家愿意向自然和社会交出热情？还有多少人愿意寻找心魂的感动?"有人批评《山南水北》"写农民多少有些矫情""诋毁城市",韩少功表示:"我当然算不上一个真农民,正像我缺乏豪气一说向善就尽卖家财开粥厂,一说反战就去中东或阿富汗堵枪眼,但多接触一些农民至少不是耻辱吧? 多接触一下山水不算太堕落吧?""我批评农村之语从不刺痛这些昨天的乡下人。退一万步,即使我诋毁了城市,又能算什么罪名? 农村被很多文艺作品嘲弄甚至诅咒过,但似乎并没有农民跳出来追讨名誉权。现代化被川端康成、布莱希特等作家攻击过,但似乎也没有多少现代人为之愤愤。为什么中国某些都市人俨然是高等华人,变得如此神经脆弱,一不留神又要制造新的言论禁区?"

何志云、韩少功二人的信件,以《关于〈山南水北〉》为题刊《西部》(2007 年第 5 期)。

12 月 25 日　出席中国移动、天涯杂志社、天涯社区联合举办的"第三届 e 拇指手机文学原创争霸赛"颁奖仪式。

12 月　《李家兄弟》刊《金融经济(市场版)》第 12 期。

《非典时期》刊《法制博览(下半月)》第 12 期。

于金凤《为生活立传的作家:韩少功》刊《语文世界(初中版)》第 12 期。

本年　春节刚过,中共中央政治局委员、书记处书记、中宣部部长刘云山在三亚与海南省文化艺术界人士座谈,两次与省文联主席韩少功握手,感激海南文艺界深入农村、讴歌农民,创作反映"三农"的精神食粮,活跃农村文化生活。

野莽在《汨罗江边的隐士》中回忆:"马桥之战"的始作俑者曹鹏曾来家拜访,"他说之后张颐武打电话把他请去,鼓励他宜将剩勇追韩王的时候,他却为自己的贸然感到了自责。曹鹏佩服韩少功的非凡气度,他任《主流》总编向韩少功约稿,近年写得极少的韩少功不计前嫌,竟真的给他写了一篇,这使他对当年那位无辜受伤的马桥人益发地心存歉意。"[1]

本年度重要研究论著

宋如珊:《走向暗示的文学道路——论韩少功的小说创作(1979—

①　《此情可待　当代文化名流的传奇与轶事》,地震出版社 2014 年版,第 148 页。

1996)》，《人文杂志》第 1 期。

东西：《为野生词语立传》；张柱林：《差异：〈马桥词典〉的诗学和政治学》，《南方文坛》第 2 期。

李少君：《〈天涯〉十年：折射中国思想与文学的变迁》，《文艺理论与批评》第 2 期。

陈润兰：《怀疑与警觉：两代知识分子的精神脐带——论韩少功与鲁迅的现代性探索》，《西南民族大学学报》第 4 期。

王丽丽、程光炜：《如何"现代"？怎样"寻根"？——重读韩少功〈爸爸爸〉》，《上海文化》第 5 期。

周展安：《重新发现乡村——读韩少功的〈山居心情〉》，《当代作家评论》第 5 期。

二〇〇七年　五十四岁

元旦前夕　带领文艺家到乐东黎族自治县利国镇抱新村慰问困难群众。

1月2日　李敬泽《词典撰写者》刊《文艺报》。"韩少功之'不'小说与张承志之'不'小说，是上世纪90年代以来小说写作中的两个真正事件，他们的'不'相对于当下广大、热闹的小说写作，可能更透彻地表达着小说艺术的真实境遇和问题。""体认生命意义，这个问题在韩少功这里变成了体认城与乡，他执念于此。对他来说，斟酌自我与斟酌城乡是同一件事，吾道一以贯之，韩少功的'寻根'、回乡，他20几年来的写作和生活，演绎着一个中国人在城乡之间的焦虑和选择。他把认识自我的问题执著地推广为认识中国的问题。""他是知行合一的，他力图提供另一种对中国的认识路径，他力图将被轻率删减的乡村的意义加入正在迅速更新的对中国的想象和认同中去。""词典是对世界的整理和编纂，词典是散文，而小说的根本旨趣其实通于词典。在我们这个时代，一部关于中国的庞大的新词典正被撰写——所有中国人都是撰写者，而韩少功，他要补足被我们遗漏或忽略的一系列词条。"

1月13日　出席"建设社会主义新农村与'八荣八耻'歌曲征集评选暨新作品视唱会""2007音乐创作座谈会"，提出要多创作"三贴近"的好作品。

1月17—18日　出席海南省作家协会第四届二次理事会，18日上午应邀作题为"文学：梦游与苏醒"的主题发言，介绍文学思潮的兴衰流变，探讨作家创作中遭遇到的种种问题，鼓励重视本土文化资源，要把传统的文学手段与现代的技术成果结合起来。

1月25日　访谈《文学韩少功："次优主义"生活》刊《南方周末》。

1月26日 《最后的握手》刊《湖南日报》。回忆与叶蔚林的交往。

1月 《一个人本主义者的生态观》刊《天涯》第1期。又刊《深圳商报》（2007年3月4日）、《三峡文学》（2007年第5期）。

《中国式礼拜（外一篇）》刊《书摘》第1期。

《行动者的启示录》刊《绿叶》第1期。

《怀旧的成本》刊《意林》第1期。后又刊《文苑》（2007年第7期）、《晚报文萃》（2011年第1期）、《张家口晚报》（2013年1月24日）等。由建房时购置青砖的失败，辨析情感与欲望的关系："所谓人性，既包含情感也包含欲望。情感多与过去的事物相联，欲望多与未来的事物相联，因此情感大多是守旧，欲望大多是求新"，"无法减速和刹车的经济狂潮正铲除一切旧物，包括旧的礼仪，旧的风气，旧的衣着，旧的饮食以及旧的表情。从某种意义上来说，这使我们欲望太多而情感太少，向往太多而记忆太少，一个个都成了失去母亲的文化孤儿。"

《小红点的故事》刊《意林》第2期，《微型小说选刊》第8期选载。

《树苗也能看得懂脸色》刊《视野》第2期。

《三毛的来去》刊《青年文摘（绿版）》第1期，摘自《山南水北》。

丁帆等著《中国乡土小说史》由北京大学出版社出版。在论述韩少功时说："韩少功的《爸爸爸》一反《西望茅草地》和《风吹唢呐声》式的审美观念，博采象征主义（包括神秘主义）、黑色幽默等现代主义艺术手法，用'土'得出奇的内容和语言，不仅创造了多视角和多层意识的'空阔而神秘的世界'，而且呈现出'使小说的时空含义以及整个美学精神超越它自身的天地'的艺术境界"，"可说是对正统'湘军'的一次严肃的背叛"，他"以'寻根'为旗帜的艺术突破，带给'湘军'的是福音"。作者认为《爸爸爸》"背景的淡化或漂移，则是作者在描写文化心理积淀时的自觉要求，作者企图表现的是经过历史大潮冲击后渐渐渗透寄植在我们民族心灵深处的文化心理状态"，"在《爸爸爸》中还能找到'新小说派'的影子"，"如果说'新小说派'对文学的反动在于它贬斥小说的社会意义的话，那么，《爸爸爸》绝非纯形式主义的艺术雕琢。我们可以在一鳞半爪、凌乱不堪的事物中寻觅到有整体价值的社会思想内容，而且，其思想内涵愈隐蔽就愈显其深刻，愈使人感到作品的穿透力之强，就愈能开启人们对人生的顿悟和对艺术的感知能力。"

　　王尧的学术随笔集《错落的时空》由河南大学出版社出版，其中收入《〈山南水北〉：新寻根文学》《说韩少功》等，认为韩少功"在一个'微点'上让自己的思想与美学在乡村中找到了本原并深深扎根。正是在这个转换中，韩少功把'书斋'搬迁到了'田野'，这才有了顶天立地的可能：亲近大地，仰望星空。回到'原来'已经不可能，但在那里重新出发仍然充满诱惑力。在这个意义上，《山南水北》可以称为'新寻根文学'"。

　　2月5日　《时尚女魔头与韩少功》刊《杭州日报》。

　　2月18日　《回归本源韩少功》刊《杭州日报》。

　　2月26日　李浩《韩少功：躲避难度的"字典撰写者"？——从新作〈山南水北〉想到的》刊《北京时报》。"我觉得这类的写作多少属于躲避难度的写作。一，他使用的是一种属于大众性的语言，没有特别用力的地方，它是少些新奇的；而言说之人之物的'点到为止'也多少停留在了表象上、记录上。""这些文字中却包含了去智化的成分，他的文字中对乡规民约和人物的认同是少了些审视的。"

　　《韩少功与他的〈乡土人物四则〉》刊《珠江商报》。

　　2月　《老地主》刊《三峡文学》第2期。

　　《八溪峒笔记》刊《小品文选刊》第3期。

　　《蛮师傅》刊《小小说选刊》第4期。

　　《那山那水那人民》刊《乡镇论坛（中旬刊)》第2期。

　　《隐者之城》刊《视野》第3期。后又刊《意林》（2007年第13期)、《侨报》（2007年9月18日)、《文苑：经典美文》（2014年第2期）等。

　　《月夜》刊《都市文萃》第2期，后刊《中学生阅读（高中版)》(2008年第1期)、《写作》（2011年第20期)。

　　朱航满《文人的一次乡村秀》刊《山西文学》第2期，批评《山南水北》。

　　3月29—30日　召开海南省各市县文联工作座谈会，主持会议并作报告。

　　4月5日　与法国汉学家安妮·居里安在海南大学人文传播学院会议室进行关于法国文学和中国文学的对话。

　　4月6日　在海南师范大学图书馆，参加为海南现代文学馆从五指山迁到海口举行的揭牌仪式并发言。

4月7日　在暨南大学"百年暨南文化素质教育讲堂"以"消费时代的文学"为主题讲学。

下午，参加《南方都市报》与《南都周刊》联合主办的第五届"华语文学传媒大奖"颁奖典礼，《山南水北》荣膺"2006年度杰出作家"称号，获10万元奖金。谢有顺撰写的授奖词为："韩少功的写作和返乡，既是当代中国的文化事件，也是文人理想的个体实践。他的乡居生活，不失生命的自得与素朴，而他的文字，却常常显露出警觉的表情。他把一个知识分子的生存焦虑，释放在广大的山野之间，并用一种简单的劳动美学，与重大的精神难题较量，为自我求证新的意义。他的文字，也因接通了活跃的感官而变得生机勃勃。出版于二〇〇六年度的《山南水北》，作为他退隐生活的实录，充满声音、色彩、味道和世相的生动描述，并洋溢着土地和汗水的新鲜气息。这种经由五官、四肢、头脑和心灵共同完成的写作，不仅是个人生活史的见证，更是身体朝向大地的一次扎根。在这个精神日益挂空的时代，韩少功的努力，为人生、思想的落实探索了新的路径。"韩少功发表获奖感言："作为一个领奖者，我深深知道，与其说我接过了一份奖品，不如说接过了一次临危上阵的驱遣：一场决定生死的精神复兴之战，对于我和同行们来说，其实都还远未见分晓。""一个作家最为可怕的挑战其实来自自己，来自心中所设定的标高，来自对自己麻木、怠惰、势利、浮躁、浅薄的克服。""我们没法把书店面里的前辈经典作品统统下架，没法像鸵鸟一头扎进小得小失，回避更高品级和更高强度的精神竞比。因此，能否与古今中外优秀的心灵展开真正的对话，能否在高峰林立的文学领域里真正添砖加瓦，恐怕就成了悬在每一个作家头上的首要逼问。""因为有那么多真诚的读者存在，因为有今后几代乃至几十代读者们苛刻的目光投来，我们不能放弃。这种坚持也许意义不在于曾经喧嚣一时的'中国文学走向世界'，而在于文学重新走向内心，走向我们的感动和创造，走向当代人可能的文明再生和精神圣诞——这不一定能成为现实，但至少是我们每写完一本遗憾之作以后不能忘记的目标。"《当代作家评论》第3期刊有"第五届'华语文学传媒大奖'专辑"。韩少功的获奖感言经删改后以《一场决定生死的精神复兴之战》为题刊《海燕》第8期。

4月8日晚　接受《海南日报》记者专访。

4 月 10 日　蔡葩《让文学重新走向内心：访"华语文学传媒大奖"得主韩少功》刊《海南日报》。

4 月 13 日　韩少功访谈《文学要走出小圈子》刊《南方日报》。"文学要走出小圈子、走出书斋，避免技术化的花拳绣腿，避免自恋化的无病呻吟，向历史与现实展开搜索的方向。如果你认为这就是'寻根'，或者是'新寻根'，那么我并不反对这样的叫法。""一个作品要做到朴素自然，但并不是简陋，需要很深的功力与到位的火候。这是我奢望的目标。我以前也写过一些形式感很强的作品，像《爸爸爸》之类，但我也想尝试一下表面上看起来形式感不那么强的作品，《山南水北》就是这一种。从表面上看，它非常简朴，甚至像流水账，像博客和日记。我想比较一下两种形式的效果，看什么方法最方便于我自由而准确地表达内心。""作为一个作家，写农村还是写城市并不重要。重要的是我们需要了解生活在发生什么变化，而人性在这个变化过程中如何曝光。"

4 月 20 日　《农痴》刊《湖南日报》。

4 月 25 日　陈蓉霞《韩少功是"最自由的农民"？》刊《东方早报》。

4 月　李青松《戴草帽的韩少功》刊《绿叶》第 4 期。

《草木的心思》刊《新一代》第 4 期。

访谈《韩少功：中国文人是半个牧师》刊《南都周刊·生活报道》第 112 期。韩少功不希望人们用"寻根"这个词谈论《山南水北》，《山南水北》是自己重新认识农村的结果，意在"给读者提供一个他们接受的观念之外的东西，打破他们已经沉淀的东西，而这些沉淀的东西也许是我们的某些观念，某些教条和已经狭隘化的经验。文学要做的事情，就是使他们动摇，使他们产生新认识的可能性"。

与中国人民大学博士生李建立就"寻根"文学进行对话，后整理为《文学史中的"寻根"》刊《南方文坛》第 4 期。"要我开出一个《爸爸爸》的产品配方，我也会感到为难。因为写这个作品的时候，我动用了自己对政治的感受，也动用了自己对文化和历史的感受，而且这些感受在多大程度上能传达到读者那里，我并不知道，毫无把握。这个作品里当然有尖锐的批判，但也有同情甚至赞美。对美丽自然、质朴民风、顽强的生命力，包括老人们在危机时舍己为人的自杀等等，我都是心存感动的。各种复杂甚至自我对抗的心绪扭结在一起，就形成了这样一个作品。""我并不特别关心理论，只关心理论对现实的解释，而大词常常妨碍和损耗这种解释力。在可能的情况下，我们最好慎用大词，多研究具体问题。我常常建议文科同行不光要学西方文学理论，还要注意中国传统的那些文论、诗话、词话，注意那种微观诊断方法。""理论兴趣对于作家来说，是载舟覆舟的关系，关键看你自己怎么把握。如果我的小说没写好，是我功力不逮，与理论搭不上什么关系。"

5 月 蒲荔子、吴培锋《韩少功：文学要走出小圈子》刊《天涯》第 3 期。

《多"我"之界》刊《南方文坛》第 3 期。

《文学的四个旧梦》刊《上海采风》第 5 期。

《山里人的面子》刊《剑南文学》第 5 期。

《守秋斗野猪》刊《语文教学与研究：读写天地》第 5 期。

6 月 《道的无名与专名》刊《广东技术师范学院学报》第 6 期。

《非法之法》刊《文化博览》第 6 期。

《中国式礼拜》刊《杂文选刊》第 11 期。

洪子诚《中国当代文学史》（修订版）由北京大学出版社出版。认为《爸爸爸》《女女女》《归去来》等小说"生活细节的写实性的描述，与变形、荒诞的方法，哲理性的寓意等，方式不同地结合在一起，展示近乎静态、封闭的湘楚地域的'原始性文化'，和这种文化所哺育的'群体'性格。"通过《马桥词典》的艺术构思"可以看到作者原先文学'寻根'思路的延伸和深入"。而在《暗示》中，"韩少功'知青'生活中的个人经验，作为一种未被'固化'的力量，提供了批判性的情感和想象力的'源泉'。"

7 月 《环保从心灵开始》刊《语文教学与研究：读写天地》第 7 期。

8 月 24 日 张学昕《长篇小说写作的文体压力》刊《光明日报》。其中提到"像韩少功的《暗示》，其反常规的文体不仅让我们怀疑它是否已经越过了小说的边界，而且，似乎正暗示小说写作新的可能性及其相关的审美经验建立的迫切心态。"

8 月 《非法之法》刊《杂文月刊》（选刊版）第 8 期。

《山南水北的幸福生活》刊《共鸣》第 8 期。

《人生"杂食"比较好》刊《新周刊》第 15 期。

与陈平原、王小妮、夏廷康、丁方、邱建伟、刘学红、田刚、张维迎等 40 余位来自海内外不同领域的学者回忆参加 1977 年和 1978 年高考、进入大学前后的经历，结集成《永远的 1977》并由北京大学出版社出版。

9 月 4 日 温航军《文艺家走进海南石屋村农民大学》刊《中国艺术报》。提及韩少功为石屋村农民大学倾注了大量热情，经常利用假日为农民讲学。开学第一天，韩少功作《关于乡村先进文化建设》的主题报告。

9 月 11 日 "第一届中国作家实力榜"出炉，韩少功以 3 票与韩东、王朔、林白、陈忠实、张炜、于坚并列第十四位。莫言以 9 票名列榜首。实力榜为传媒出版人吴怀尧策划发起，由朱大可、张闳、谢有顺、葛红兵、何三坡、解玺璋、陈晓明、白烨、李建军、唐晓渡十位评论家组成专家提名团，以公开提名的方式推选上榜作家，再经读者广泛投票最终评定。

9 月 18 日 上午，在八景学校召开"留守儿童家长培训会"。中午《金鹰报》记者为举办"印象湘江·诗歌朗诵会"活动事宜拜访韩少功。

9 月 21 日 《韩少功：在汨罗扛着锄头写作》刊《长江信息报》。

9 月 23 日下午 长沙市委宣传部、市文明办、湖南理工学院联合举办的"市民大课堂"再次开讲。韩少功在湖南理工学院与师生及市民畅谈"文学与人生"，主要谈文学和国家振兴之间的联系、文学是优质人生的支点、新时期文学的得失及今后的展望等问题。

9 月 《在一片落叶前流连忘返》《老人》分别刊于《意林》第 17 期、第 18 期。

《自家的斧子》刊《三峡文学》第 9 期。

《九袋》刊《儿童文学》第 9 期。

10 月 6 日 根据《爸爸爸》《女女女》改编的音乐剧由荷兰赫灵剧团在荷兰首场演出，引起观众极大的兴趣。音乐剧由荷兰知名导演哥力尔和音乐家克拉斯导演与作曲。2008 年，该剧曾在鹿特丹等市巡演，并参加了"阿姆斯特丹音乐艺术节"。韩少功就此接受记者采访，针对佛克马的《马桥词典》有原创性，比《哈扎尔辞典》更有价值的观点，韩少功说："《马桥词典》还有不少弱点，但中国人既不必盲目自傲，也不必盲目自卑。很多中国作家只要笔下手法与某些西方作家有相通之处，就会被指认为'中国的卡夫卡'或'中国的海明威'，甚至被指认为模仿和因袭，似乎西方人永远是老师，永远是爸爸，月亮只有外国的圆，中国人永远缺乏原创性。这是一种奇怪的社会心理和文学批评。有些西方二三流的作品也在中国被捧上了天，其实是很不正常的。"①

10 月 21 日　在海口出席推进社会主义新农村建设"全国书法名家作品邀请展"开幕式。

10 月 25 日　第四届鲁迅文学奖揭晓，《山南水北》获全国优秀散文杂文奖。著名文学编辑张守仁曾说："作者原来并没有将本书申报评奖，是初评委们发现了这一遗漏，请评奖办公室负责人通知远在湖南的韩少功，让他把样书通过快递寄来。经过终评委多数认可入围，结果是唯一一部全票通过的获奖之作"，有的评委认为："2006 年有了《山南水北》的问世，便成了散文收成的大年，这次散文杂文奖评上了它，便有了权威性和顶梁柱。"②

10 月 26 日　《忽然想起韩少功》（何立伟）、《聂子其人》（韩少功）、《佛克马谈〈马桥词典〉与〈哈扎尔辞典〉》、《韩少功著作简目》刊《羊城晚报》。

10 月 28 日　赴绍兴参加第四届鲁迅文学奖颁奖典礼，在获奖感言中说："获得以鲁迅先生命名的文学奖，使我想起了先生当年的孤独、沉痛以及决绝。作为一名后来人，我愿在立国、立人、立心的文明薪传中奉献微力，哪怕最终成为可笑的吊客或失败的小卒。"

10 月　访谈《韩少功：扛锄头写作的人》刊《初中生世界》第 29 期。"同性繁殖是全世界作家的普遍问题。现在各种资源都向大中城市集中，稍微有点成功的作家都集中在大中城市，接收的信息和生活方式都差不多，容易雷同和同质化，对文学来说不是好事情。文学需要多样，需要个人独特的经验。所以，走出这样的围城有时候是必要的。"

《智蛙》刊《意林》第 19 期，又刊《课外阅读》（2009 年第 3 期）。

小说《末日》刊《山花》第 10 期。

《三百里外骂知县》刊《文化博览》第 10 期。

11 月 17—18 日　应澄迈县委宣传部邀请，与孔见、晓剑、蒋子丹等参加"咖啡笔会"。

---

① 王亦晴：《韩少功：音乐剧〈爸爸爸〉是"镜子里的陌生人"》，《南国都市报》2007 年 10 月 16 日。

② 张守仁：《有收获，也有遗憾——第四界鲁迅文学奖散文、杂文奖审读随感》，《我的编辑生涯》，北京出版社 2011 年版，第 230 页。

11 月 26 日　访谈《韩少功：我的归乡是与现实重新对接》刊《华晨商报》。韩少功说《山南水北》"同样充满想象，也穿插了必要的虚构，如果你把它看作'原生态'，只能证明它的拟真程度较高，大体实现了我的预期。有的散文一看就让人觉得假，有的小说怎么看也让人觉得真，所以是否具有真实感，是否做出了'原生态'，可能与文体选择没有太大关系。"

11 月　《聂子其人》刊《时代文学》第 6 期，评价好友聂鑫森。

《石太瑞与湘西神话》刊《文学自由谈》第 6 期、《理论与创作》第 6 期，同时刊 12 月 18 日《羊城晚报》（题名《诗与湘西神话》）与 12 月 28 日《湖南日报》。韩少功与石太瑞私交甚深，在迷恋楚文化之根时，曾多次随石太瑞探访湘西，"我是通过太瑞认识了湘西。我也借助湘西认识了太瑞的诗，还有更多朋友的诗。"

《打雷了》刊《视野》第 22 期。

12 月 27 日　出席张远山《庄子奥义》研讨会。发言时谈道："都市里安心做事的不多，谈主义的多，谈问题的少。""中国作家不懂一点庄子，没一点庄子的心态，是当不了好作家的。"发言后以《穷溯其远　仰止其山——在〈庄子奥义〉研讨会上的发言》为题刊《社会科学论坛（学术评论卷）》2008 年第 2 期。

12 月　《老人》刊《金色年华》第 12 期。

《家》刊《语文教学与研究：读写天地》第 12 期。

《不要过高估计自己》刊《做人与处世》第 12 期。

本年　越南语版《爸爸爸》出版。

《韩少功散文》由人民文学出版社出版。

赴意大利参加中国文学研讨会，在罗马参观中国作品译本展览，参加国家图书馆举办的圆桌讨论。2009 年 2 月与意大利汉学家罗莎谈话。

2000 年以来，韩少功的中短篇小说越来越关注底层边缘人物的生存状态，对此他曾有过明确的表述："崇拜成功和成功人士，已成为当今社会主流意识。但我倒是愿意看看所谓最不成功的人，看看社会金字塔结构的最底层的人，他们的生存境遇与内心世界究竟是什么样的。文学不能只是向上看，更重要的是向下看，看到卑贱者的高贵之处。"

本年度重要研究论著

刘东玲：《理论与实践：寻根的悖论——以〈爸爸爸〉为例》，《南方文坛》第1期。

陈润兰：《拒绝对立项选择：文学写作的另一种可能性——兼谈鲁迅、韩少功写作立场的坚守与包容》，《中国文学研究》第2期。

李莉：《湖湘文化与韩少功人格塑造》，《理论与创作》第4期。

廖述务：《韩少功小说散文创作综论》，《海南师范大学学报》第5期。

张宗刚：《看，那些有尊严的文字——关于韩少功散文随笔的话题》，《南方文坛》第6期。

二〇〇八年　五十五岁

1月18日　评论《人生佳境——品读韩少功的〈山南水北〉》刊《湖南日报》。

1月19日　出席省文联四届委员会三次会议，提出要强化精品意识，团结协作，一条一条抓落实、一心一意谋成效，一步一个脚印地创精品。

1月　为首届"海南文学双年奖"获奖者杜光辉、清秋子等颁奖。

何言宏《当代中国的"新左翼文学"》刊《南方文坛》第1期，该文把《暗示》《山南水北》视为"新左翼文学"。

何立伟《忽然想起韩少功》、聂鑫森《韩少功》、石方能《蓄势待发的韩少功》、何镇邦《远看韩少功》、韩少功《穿行在海岛和山乡之间——答记者、评论家王樽》等文，刊《时代文学》第1期。何立伟说："少功比我认识的大多数作家皆要复杂"，"当其时，湖南及全国各地文人中，'玩'文学的很不少，而你读少功夫子的小说，你感到他不是'玩'，是借了文学来阐扬他的人世关怀与现实立场。他在思想上远比一般作家走得远，而他的目光亦比一般作家要沉郁。"

《民主：抒情诗与施工图》刊《天涯》第1期。

《山南水北》中《扑进画框》《地图上的微点》《月夜》《中国式礼拜》《意见领袖》《窗前一轴山水》《青龙偃月刀》选登于《北京文学·中篇小说月报》第1期。《扑进画框》后又在《新语文学习：初中版》（2012年第7期）、《作文：初中版》（2014年第2期）刊出。

《中国的社会风气需要第二次转变》刊《绿叶》第1期。

插图珍藏版《韩少功散文》由人民文学出版社出版。

《山南水北》由作家出版社出版。

陈思和主编《中国当代文学史教程》（第二版）由复旦大学出版社出版，在"文化寻根意识的实验"一章认为《爸爸爸》与《棋王》是寻根文学的南北呼应，《爸爸爸》"站在现代意识的角度，对民族文化形态表达了一种理性批判，探询了在这种文化形态下的生命本体意识"。在"语言覆盖下的民间世界"一节中认为《马桥词典》"是对传统小说文体的一次成功颠覆，而它真正的独创性，是运用民间方言颠覆了人们的日常语言，从而揭示出一个在日常生活中不被人们意识到的民间世界"。

2月7日 《穷溯其远，仰止其山》刊《文学报》。

2月 《西江月》刊《西部》第3期，《小说月报》第5期转载。

《诱惑》刊《北方文学：上》第1—2期合刊。

《不畏谎言遮望眼》刊《做人与处世》第2期。

接受张西采访，赞赏康洪雷及其导演的电视剧《士兵突击》："我觉得他是一个重情义、心里特温暖的那种人。想想看，我们这个时代是一个多么庸俗的时代呵，唯利是图，虚情假意，钩心斗角，大家一脑门子官司，很多人都丧失了感动的能力了。然而康洪雷敢于一个人跳出来挑战，寻找和捍卫一种温暖和圣洁的东西。""康洪雷在美学上也有一种大气。整整一台和尚戏，一个女主角都没有，搔首弄姿那些东西，软塌塌的那些东西，他都不要。他在艰苦中发现美，在卑贱中发现美，在普通人的情感中发现美。总之，是在时尚美学不屑一顾的那些地方，找到震撼和感动，而且把片子拍得吸引人。戏做得很满，人物很结实，一个是一个，但又行云流水，十分质朴和自然。这里有一种大眼界，有一种堂堂正气和正大光明。""有些立场属于极端自由主义的知识分子，感情上不大能接受这种英雄主义和理想主义，不大能接受纪律、责任、奉献、利他这一类观念，觉得这一套特别土，特别旧，特别违反人性。这里有意识形态的背景，有全球冷战记忆的原因。人性当然很重要，人权当然很重要，但社会规范和个人选择不是一回事，立法和艺术更不是一回事。为什么大家都歌颂母亲？因为母亲大多是牺牲自己权利的。为什么人们会崇敬基督？因为基督是最乐于放弃自己权利的。这里面没有人性吗？其实有更大的人性。自由主义强调个人权利，这没有错。但如果责任不能平衡和超越权利，导致人人都斤斤计较自己的这权那权，英雄就不会有了，艺术也不会有了。从更宽广的角度来看，到了这一步，人类的整体人权反而会受到伤害。全球知识界主流还缺乏这种眼光。听说《士兵突击》被送去参评美国的什么电视奖。我看不会有戏，也犯不着。光是'共军'的帽徽领章，就会让一些西方专家心里反感的。美国军队曾无敌于天下，只在朝鲜和越南吃过'共军'的亏，这个心结一时半会儿解不开。给这个片子评奖，西方的老百姓可能都不会答应。冷战情绪可能还需要一两代人的时间才能真正化解。"（《电视韩少功：导演康洪雷有骨头，有头脑，有心肝》，《南方周末》2008年2月7日，收入张西《奇迹：康洪雷和〈士兵突击〉》，北京航空航天大学出版社2008年版）

为其韩文版《阅读的年轮》（韩国青于蓝出版社出版）作序《空谈比无知更糟》。

《散文选刊》杂志组织专家推选全国散文报刊上发表的优秀散文，《山南水北》入选2007年中国散文排行榜。

3月16日 接受马国川采访，韩少功谈《文学的"根"》："当时我的主要针对点：一是'文革'十年把文化传统完全割断了；二是对西方文学的吸收几乎成了模仿和复制。我觉得这都是没有前途的，是伤害文学的。""八十年代我被看作'右'，现在被人看作'左'或者'半左'，也无妨。其实我从来主张因病立方，因事立言，具体问题具体分析，最不喜欢在'主义'标签下站队与抱团。"办《天涯》编辑方针第一条是"摆事实不讲道理"，尽可能诚实、公正、客观地对待事实，让读者自己去取得结论；第二条为"雅事俗说、俗事雅说"，精英性与大众性相结合。"《天涯》对各种立场都容纳，但九十年代有一段，右翼太主流了，太强势了，所以刊物注意保护边缘声音。"访谈以《韩少功："寻根"》为题刊3月31日的《经济观察报》。在收入马国川《我与八十年代》（生活·读书·新知三联书店2011年版）时，改为《韩少功：历史中的识圆行方》。

3—8月 《株洲日报》设"韩少功专栏"，先后刊发《最后的战士》（3月12日）、《月下狂欢》（4月2日）、《非典时期》（4月23日）、《哲学》（5月28日）、《空山》（6月4日）、《带着丈夫出嫁》（7月16日）、《豪华仓库》（7月23日）、《认识了华子》（8月6日）、《口碑之疑》（8月13日）。

3月 韩少功、季亚娅《一本书的最深处：读者与作者的对话》刊《芙蓉》第2期。

《葛亮的感觉》刊《天涯》第2期"葛亮小说专辑"中，《北京文学（中篇小说月报）》第3期转载，该文后成为葛亮小说集《七声》（作家出版社2011年版）的"推荐序"。韩少功认为《七声》"是真正感觉力强大的小说"，"他是这个时代感觉僵死症的疗治者之一。诸多'人已经退场''个性已经消亡''创作就是复制'一类的后现代大话，都在这一位年轻小说家面前出现了动摇。"葛亮 1978 年生于南京，哲学博士，毕业于香港大学中文系，后执教于香港浸会大学，当时被认为是最有潜力的青年作家之一。著有长篇小说《朱雀》《北鸢》，小说集《谜鸦》《浣熊》《戏年》《相忘江湖的鱼》，文化随笔《绘色》等。

《山中异犬》刊《视野》第 6 期。

4 月 3—6 日 参加四川成都举办的"两岸四地著名作家走进都江堰笔会"，陈建功、陶然、王充闾、舒婷、迟子建、张笑天、赵本夫、蒋子丹、黄亚洲、陈义芝、廖子馨等参加。

4 月 16 日 散文《穷溯其远　仰止其山》刊《湖南日报》。

4 月 25 日 《海南历史文化大系》首发仪式在省新华书店集团海口购书中心举行。韩少功主编第三卷"文学艺术卷"。

4 月 在香港浸会大学任驻校作家，为期两个月。其间多次打听与他有往来的香港女作家西西，后终于见面。

《利欲食"智"》刊《领导科学》第 8 期。

海南省作协主席孔见著《韩少功评传》由河南文艺出版社出版。

《乡长贺麻子》刊《民间故事选刊》第 7 期。

毕光明等著《海南当代文学史》由海南出版社、南方出版社出版。在"韩少功"一节中认为："韩少功在几十年的创作中表现出惊人的创造力。其创作一直与中国文学和思想文化的发展演变潮流息息相关，每个时期的代表性作品大都成为同时期文学和思想文化状况的经典性文本，并引起学界的广泛关注和研究探讨。""韩少功将'人格'的完善当成了创作者最根本的内心素质。这种文化人格体现为一种严格的道德主体自律。"在"韩少功的思想随笔"一节，评述韩少功 20 世纪 90 年代以后的散文。

张浩文主编的《新时期海南小说创作述略》由南方出版社、海南出版社出版。将韩少功归为海南"远望型移民小说家"，概括韩少功小说的艺术风貌为"在文体方面进行了多个层面的探索与实验，极大地丰富了当代小说的文体空间"，"独出心裁的艺术构思。这主要表现为情节的巧妙设置与结构的紧凑安排""善于选取关键细节""成熟的语言修辞艺术"。

5月8日　赵瑜《领你到韩少功思想的四周》刊《文学报》。

5月21日　赵瑜《韩少功的时间碎片》刊《中华读书报》。

5月22日　海南省宣传文化工作表彰大会召开，韩少功获文学艺术工作突出贡献奖。

5月25日　《文学：诗性生活的日常用品——杜斌国散文集〈梦淡成真〉序》刊《海南日报》。

5月　《中国作家系列·韩少功系列》（九卷）（包括《同志时代》《归去来》《报告政府》《人在江湖》《在后台的后台》《大题小作》《马桥词典》《暗示》《山南水北》）由人民文学出版社出版。

创作散文《漫长的假期》，后刊《钟山》第6期。后又刊《散文（海外版）》（2009年第1期）、《中学生百科》（2015年第29期）。

随笔《山居心情》入选由江苏文艺出版社出版的"作家随笔集"。

李莉《中国新时期乡族小说论》由中国社会科学出版社出版，在"话语资源的开发与共享"一节论述"'马桥'方言的文化底蕴"，认为"新时期乡族小说语言的最大成就一方面是贾平凹发掘古语采用古格；另一方面是韩少功重用方言，并从方言中开采文化"。

6月3日　被任命为兼职海南省文联作协党组书记。

6月10日　担任海南省文联创作中心名誉主任。

6月16日晚　做客湖南商学院图书馆，作"寻根、历史与文学"的主题讲座，谈文化是历史的产物、80年代的文化寻根运动、文化寻根并不是灵丹妙药、文学在文化中的地位等问题，此次演讲后以《寻根、历史以及文学》为题刊《椰城》2009年第5—6期合刊。

6月20日　《旅者的触摸》刊《生活报》。

6月　《山中异犬》刊《青年博览》第11期。

《韩少功研究资料》（廖述务编）由天津人民出版社出版。

7月16日　《真实而生动的历史》刊《沈阳晚报》。

8月19日　接受《海南日报》记者蔡葩就"海南省十大文化名镇（村）"评选活动采访，认为一个没有文化记忆的民族一定是一个肤浅的民族，一个全靠外部文化输血的民族一定是一个虚弱的民族，宝贵的历史记忆和精神传统需要传承。

8月31日　单正平《〈韩少功研究资料〉序》刊《海南日报》。

8月　小说《第四十三页》刊《北京文学（精彩阅读）》第8—9期

合刊，《小说月报》第 10 期选载，《晚报文萃》（2009 年第 7 期）选载。《北京文学》同期刊出刘复生的《历史遗忘症与暧昧的个人记忆——韩少功〈第四十三页〉解读》。

为谢少波《另类立场：文化批判与批判文化》（南京大学出版社 2009 年版）作序《知识突围的道与理》。

廖述务《仍有人仰望星空：韩少功创作研究》由新星出版社出版。

9 月 23 日　随笔《战士回到故乡》刊《羊城晚报》。

9 月　散文《笛鸣香港》刊《天涯》第 5 期，又刊《散文（海外版）》第 6 期。

《韩少功、孔见对话录》刊《钟山》第 5 期。

陈乐《现代性的文学叙事》由浙江大学出版社出版。作者认为"现代性"在韩少功"小说创作中始终是一个直面思考的主题"，小说是他"借用来思考、探讨中国现代性问题的一种发言方式。思想性与故事性，当两者有效结合时，韩少功的小说便成为一股独特的话语力量参与到整个'文革'后中国的现代性话语建构中"。"从'新时期'对'文革''知青'话语的反省，到 80 年代中期以'寻根'为题的民族文化现代化方案的呈交，以及 90 年代对现代性霸权话语、全球化趋势的警醒，世纪末对现代性知识生产机制的批评，其现代性问题意识的传承和转变清晰可鉴"。"这些文本记录下了一个怀疑论者在普适性论断和权威话语面前的狐疑表情和思想困惑，整个写作对韩少功自身而言是一个不断突破自我的精神成长历程，对'文革'后的现代性话语来说则提供了许多反思的维度。"韩少功小说不断引发争论，"亦从另一侧面说明了文本与当下现代性话语之间的互动关系"。

顾彬《二十世纪中国文学史》由华东师范大学出版社出版。认为《爸爸爸》中丙崽"他的死不了可以看成是对'永恒'中国以及传统的永生的嘲讽。韩少功在此对中国文明的非理性特征作了一个文化批判"。"《爸爸爸》和《女女女》在实质性意义上典型地代表了'寻根'文学"。

10 月 9 日下午　受聘为湖南师范大学文学院兼职教授、写作学专业研究生导师。副校长黎大志颁发聘书，文学院院长谭桂林主持，吕焕斌同时受聘为戏剧影视文学研究生导师。

10 月 10 日　张守仁《中国版的〈瓦尔登湖〉——赞〈山南水北〉》刊《江西日报》。认为韩少功的"'寻根'和回乡，演绎着中国有良知的文人在城乡之间的焦虑和选择。他以细心的观察和深入的思考，在当代背景下发掘和重建了乡土生活的丰沛意义。"

10 月 10—13 日 由成都市委宣传部主办、成都传媒集团承办、艾芜文化艺术学校协办的著名华人作家"秋日行走蓉城　成都依然美丽"笔会在都江堰召开，韩少功、陈建功、叶永烈、陆天明等应邀参加，笔会后参观灾后成都。

10 月 16 日 出席"奥林匹克花园长篇小说大奖赛"座谈会。

10 月 18 日 出席"海南文库"编辑委员会。

10 月 21 日 访谈《作家韩少功：海南文化遗产抢救迫在眉睫》刊《海南日报》。

10 月 《笛鸣香港》《进步的回退》刊《海燕》第 10 期。《笛鸣香港》后被《新华文摘》第 24 期转载。

《教书》刊《学习博览》第 10 期。

张振金《直面人类的精神难点——访著名作家韩少功》刊《海燕》第 10 期，同期刊出孔见《韩少功和他的〈山南水北〉》。韩少功谈《山南水北》的文体："既然可以有长诗、长篇小说、长篇报告文学等等，为什么不可以有长篇散文？散文似乎是轻武器，其实也可以做成规模，做成重武器。至于跨文体，眼下世界上很多作家都有类似的试验。我在这本书里以散文为主，但也有小说、议论文，甚至应用文的因素。"谈文化环境变化下散文创作的坚守："文学——尤其是散文，从来都是直指人心的，是人心之学。处在一个文化环境可逆与不可逆的双重变局，处在一个精神危机的时代，散文家写什么，怎么写，都需要定力与活力这两手功夫。既不能迂愚守旧，又不必随波逐流。"谈直面人类精神难点："要进入八溪峒的世界，你就必须承担一种反抗，即对一个拜金时代主流意识形态的反抗"，"这种反抗并不意味着美化生活和粉饰底层，不意味着新的造神。你必须诚实地感受与表现，尊重历史和现实的真实，善于把生活中的病相与生机小心地剥离，找到各种恰当的分寸和平衡。比如，农民是质朴的，但也有狡猾的一面。劳动是美好的，但又是十分艰辛的。把乡村乌托邦化也许能降低写作难度，但只能带来虚假的美，贬值的美。与此相反，真正有美必须以诚实为前提。写作人也许不是美的虚构者，只是美的发现者而已"。谈散文创作的资源："有些散文家的毛病，首先是思想平庸，视野狭窄，心里没有大事，没有对这个世界的追问和理想"，"生活面越来越窄，圈子越来越小，写作就必然是贫血状态"，"作家要警惕，要反抗，要尽可能改变这种生活格局，扩大自己的生活面"，"要冲破散文创作狭小雷同的格局，直面人类的精神难点"。

11 月 4 日　在海口接受《海南日报》记者独家访谈，回忆创办《海南纪实》的经过。

11 月 10 日　出席第七届全国沿海城市文联工作研讨会暨书画作品联展开幕式。

《韩少功海南 20 年》刊《海南日报》。

11 月 22 日下午　在湖南师范大学作《小说和非小说》的讲座，联系自己的创作实践，讲述东西方小说的区别、传统小说和现代小说的差异、小说中的理性和感悟、文体开放是文学发展的常态等问题。

11 月 25 日至 12 月 1 日　应日本笔会邀请，受中国作家协会派遣，带领中国作家代表团一行六人，出访日本，出席以"文学与旅行"为主题的中日作家演讲会和座谈会。

11 月　《方今之世，几人醉书尚如斯?》刊《学习博览》第 11 期。

"80 后"代表作家张悦然的《〈爸爸爸〉：活的水》刊《人民文学》第 11 期。提到《爸爸爸》对自己的影响："小说中两度写到五支奶和六支祖跟着凤凰西行，人们齐唱歌谣，那些段落里，有一种沉潜的情谊，从中可以看到韩少功先生对于传统文化的眷恋。眷恋足够深，才能足够贴近，才可以真正地进入那一时空。从前的我，总是过度强调想象力的重要，以为只要有充沛的想象力就可以通行无阻。后来我才知道，想象力是有边界的。一个作家也有自己的想象力的疆域。在这当中他才可以调兵遣将，如果离开，法力就会尽失。如果了解另一种生存的逻辑，了解那些人在这种逻辑支配下的喜怒哀乐，首先还是要与它有一种亲缘。《爸爸爸》让我更加明确这一点，也使我为过去许多时候滥用想象力的任性和轻狂而羞愧。"

《万千气象：中国著名文学家访谈录》由人民文学出版社出版，收入访谈《韩少功：历史中的识圆行方》。

12 月 18 日　沈文《文学湘军三十年：崛起　辉煌　奋进》刊《湖南日报》。

12 月 19 日　《中国艺术报》"纪念改革开放 30 周年·希望的田野"专版，展示海南省文艺家风采。第 33 版整版编发该报记者李妍等对韩少功的长篇访谈《韩少功：多重文化身份下的 30 年感悟》。"文学是作家与读者共同创造的，所谓一千个读者就有一千个哈姆雷特。作家不能当读者的尾巴和奴隶，但也要防止过分的自负和自恋。"

12 月 《贯彻以人为本精神　提高公共文艺活动质量和效益》刊《今日海南》第 12 期。

《事故之后》刊《语文世界：教师之窗》第 12 期。

《香港的紧凑》刊《杂文选刊：中旬版》第 12 期。

《笑容》刊《金色年华》第 12 期。

《资深换客》刊《可乐》第 12 期。

《书事》刊《文学教育》第 23 期。

邓楠的《寻根文学价值观论》由湖南人民出版社出版。在"韩少功：多元文化价值观的倡导者"一节中，分"美学追求：开放的现实主义价值观"，"《爸爸爸》：'非规范文化'精神的价值观"两小节论述韩少功及其《爸爸爸》。

本年 越南语版《马桥词典》出版。

《山南水北》由香港牛津大学出版社出版。

韩少功的 Why Did the Cultural Revolution End? 刊 Boundary 第 2 期。

Douwe Fokkema 的 Chinese Postmodernist Fiction 刊 Modern Language Quarterly 第 1 期。论述韩少功小说的后现代特征。

本年度重要研究论著

魏委：《人生佳境——品读〈山南水北〉》，《理论与创作》第 2 期。

孔见：《语词的命运——重读〈马桥词典〉》，《海南师范大学学报》第 2 期。

孔见：《遗弃在尘土里的货币——〈山南水北〉的价值发现》，《北京联合大学学报》第 2 期。

龚政文：《从〈山南水北〉看韩少功的人生取向与艺术追求》，《中国文学研究》第 2 期。

黄灯：《丰富的启蒙言说——对韩少功 1985 年中篇小说的解读》，《电影文学》第 14 期。

彭文忠：《论韩少功〈山南水北〉的生态意识》，《云梦学刊》第 5 期。

张光芒：《身份认同与自我的重构——重读韩少功〈归去来〉》，《名作欣赏》第 19 期。

黄灯：《以另一种方式与"世界"相遇——韩少功〈山南水北〉的意义》，《中国新时期文学 30 年国际学术研讨会暨中国当代文学研究会第 15 届学术年会论文摘要集》。

赵志军：《浅谈韩少功中长篇随笔体小说》，《文艺争鸣》第 12 期。

二〇〇九年　五十六岁

1月3日　文论《文艺应对世道人心有所补益》刊中国文联网。

1月14日　散文《怀念那些读书的日子》（原名《漫长的假期》，有删节）刊《中国青年报》，后又刊《北方人（悦读）》第6期、《教书育人》第25期，《晶报》（2010年4月23日）。该文描写"文化大革命"期间知青们想尽办法偷书、说书、护书、抄书、骗书、醉书的故事。

1月　散文《蠢树》刊《少年说》第1期，后又刊《时代发现》（2013年第10期），该文多次被选入各种中学课外阅读材料。

《醉书》刊《社区》第2期，又刊《可乐》第3期。

《韩少功为当下的文学阅读担忧》刊《语文教学与研究：读写天地》第1期。

读史笔记结集为《重现——韩少功的读史笔记》，由江苏文艺出版社出版。

绘画评点本《马桥词典》由中国工人出版社出版，曹鹏评点。

《山川入梦》由中国青年出版社出版。本书分为《农活》《乡亲》《家园》《思想》四辑，所有文字都围绕"劳动"展开。第一辑写车水、犁田、挖土、治虫、守秋、种菜等农活；第二辑写剃匠、郎中、炮手、机手、蛇贩、闲人、巫师、乞丐、瓜农、盲女等；第三辑写花草、葡萄、枫树、鸡群、异犬、犟牛、飞鸟、远山、激流、盘歌等；第四辑偏重于劳动的思考，涉及青春、劳动、墨学、故土、等级、教育、自然、理想和文明等话题。

2月23—26日　出席首届海峡两岸暨港澳地区艺术论坛。24日上午，韩少功作"文学传统的现代再生"主题发言，指出文化的生命取决于创造，而不取决于守成，而任何创造都是"新""旧"相因、相成的，都是一次次传统的现代再生。①

接受南海网记者采访，谈海南文化艺术发展的未来规划。接受《海南日报》记者蔡葩关于论坛意义和海南文艺发展问题的专访。

2—3 月　接受意大利汉学家罗莎（Rosa Lombardi）采访，谈关于西方文学与中国文学的翻译、阅读中的"文化中心论"、西方文学对中国文学的影响、"文化大革命"的悲剧及其对 20 世纪 80 年代文学的影响、中国文学的文体试验、社会主义现实主义、海外华裔作家讲述中国作品的政治敏感等问题。在谈到中国文学很少进行人物心理探索与分析时说："西方小说在这些方面的比较优势，可能与文明传统有关。比如西方人在天主教时代习惯于'忏悔'和'告解'，忧心于'原罪'和'救赎'，因此会更多地关注灵魂，更多地分析个人内心——而中国除了蒙、藏等地区，是较少这一类宗教活动的，也就失去了很多内心审判的机会。"在谈到中国文学引入西方文学的问题时说："西方文学进入中国当然是大好事，包括你说的'个性论'等等，都给中国文学增加了活血，提供了参照和启示。"访谈以《一个棋盘，多种棋子——关于中国文学与文化的对话》为题刊《花城》第 3 期。

2 月　小说《蛮师傅》获《小说选刊》举办的中国首届"蒲松龄微型小说文学奖"。

散文《夜晚》刊《文苑》第 2 期，后刊《陇南日报》（2012 年 4 月 6 日）、《青苹果》（2012 年第 10 期）、《铜仁日报》（2014 年 9 月 21 日），该文多次被收入各类中学语文阅读材料。

3 月 3 日　访谈《韩少功：文化放要更宽，管要更严》刊《光明日报》。韩少功说："我们现在要推动文化大发展大繁荣，只有以更加自信的心态，走向更加开放的空间，在文化交融中增强吸收力，在文化交锋中增强免疫力，一个文化强国才可能实现。""国民要通过信息开放来睁大眼睛，放开视界，兼收并蓄，百家争鸣，迎接交融与交锋的更大力度。""文化放要更宽，管要更严，都应尽早进入我们的立法视野，进入国人真正富有活力的思想创新和制度创新。"

3 月 17 日　散文《另一片天空》刊《广州日报》，该文多次被收入

---

① 白淑湘：《发掘中华艺术优秀传统　创造中华文化新的辉煌》，《中国艺术报》2009 年 3 月 17 日。

各类中学语文阅读材料。

3 月 23 日下午　出席首届"海南文艺评论奖"颁奖典礼。接受《海南日报》记者采访，谈海南文艺批评现状，认为"在文艺理论与批评方面的工作要更加制度化、常规化。批评家应该放眼全国和世界的思想资源和知识动向，上要着天，下要着地，顶天立地，根深叶茂，才能知道自己应该朝什么方向努力，在什么问题上下功夫。"

3 月 29 日　《第四十三页》在中国小说学会主办的"2008 年度中国小说排行榜"评选活动中，名列短篇小说组榜首。

3 月　《真切而生动的历史》刊《语文教学与研究：读写天地》第3 期。

《有幸中的不幸》刊《视野》第 6 期。

4 月 3 日　张晶《丰饶中的匮乏——2008 年度中国小说排行榜评选走笔》刊《江西日报》。指出这些获奖作品（包括《第四十三页》）对当下现实生活缺乏足够的关注。

4 月 5 日　《作家与读书》刊《新民晚报》。"作家的兴奋点很重要。让他兴奋起来的，开始可能是好奇，是名和利，还有生活中积累的冷暖恩怨。我就是这样过来的。到后来，马拉松一样的文学长跑需要持久动力，那就需要信念的定力和思想的活力。我读书并不多，聊感欣慰的是，我喜欢把书本知识与实际问题结合起来，抱着怀疑的态度读书。"

4 月　《马桥词典》《山南水北》被列入"共和国作家文库"，由作家出版社出版。

5 月 16 日　在汨罗市城郊中学演讲"活力与定力——我的文学道路"。提及知青生活期间丙崽的原型，"那个小孩是个傻子，只会讲两句话'爸爸爸''嬲妈妈'"。后来看到荷兰将《爸爸爸》改编成的音乐剧："我说看不出蛮多我作品的影子呀，那表现的是他们想象中的东方。""1974 年以后在汨罗县文化馆读到的几本《摘译》，认为这是当时少有的几种有意思的出版物，使自己可以从中窥视国外文化动态"①。

6 月 17 日　《重访旧楼》刊《湖南日报》。

6 月 18 日　赵瑜《先锋酷评——一杯开水里盛放的历史——关于〈重现——韩少功的读史笔记〉阅读笔记》刊《皖江晚报》。

---

① 　徐亚平、任胜、伏奇龙：《韩少功的"二力"告白》，《湖南日报》2009 年 6 月 30 日。

6 月　《爸爸爸：韩少功名篇珍藏本》由作家出版社出版。

7 月　小说《第四十三页》（曾刊《香港文学》，被日本文学杂志《民主文学》翻译发表）获"北京文学奖"。

《张家与李家的故事》刊《天涯》第 4 期。该文以通俗的故事，质疑西方的民主、自由和普世价值，反思中国 30 多年来的发展道路。后又刊《晚报文萃》（2009 年第 19 期）。

孔见《韩少功的"隐居"生活》刊《名人传记（上半月）》第 7 期。

北岛、李陀主编的《七十年代》由生活·读书·新知三联书店出版。本书收入北岛、陈丹青、阿城、王安忆、阎连科等三十人讲述 20 世纪 70 年代的人生经历的文章。韩少功的《漫长的假期》为压轴之作。此书2012 年被 Theodore Huters 译为 *The Seventies*，由香港中文大学出版社出版。

8 月 7 日　杨泽文《韩少功：回到"在场"的写作》，刊《工人日报》。

8 月 14 日　在广州珠江宾馆，为"广州市高级文艺人才理论研修班"做文学讲座。

8 月 18 日　访谈《韩少功：推"大师"是"文化大跃进"》刊《南方日报》，8 月 28 日《人民日报》以《韩少功：文化不能"大跃进"》为题摘录。韩少功认同顾彬"中国作家没有什么思想""中国当代文学缺乏大师"等观点，并从"生活的高度理性化、制度化""信息泛滥""全球化""体制设置"等方面进行分析。韩少功说，"我们那一代人，脑子和心灵的成长很多是野生的方式，现在文科教育体制的弊端很多"，"把思想用到文学中来，我抱着非常谨慎的态度。文学的思想和一般意义上的思想不一样，作家要干的是其他社会科学干不了的事，探索人性的盲区。"

8 月　《生气》《天数使然，可遇而不可求——读〈骑兵军〉随感》刊《山花：上半月》第 8 期。《生气》后被《小说月报》第 10 期、《上海文学》第 12 期"短篇精荐"选载，并有程德培的选评《"偏执"的艺术——读韩少功的短篇〈生气〉》。小说颇具文体意味，除了九句提示性的问候外，全篇充斥着生气者的宣泄，生气者为何人虽不得而知，但又令人熟悉，小说由此进行着讽刺与批判，再次彰显了作家的文体探索意识。

王蒙主编的《新中国六十年文学大系》由长江文艺出版社出版，《文学的"根"》入选《文学评论精选》卷，《归去来》入选《短篇小说精选》卷，《蛮师傅》入选《小小说精选》卷，《月下桨声》入选《散文精选》卷。本年，王蒙、王元化总主编的《中国新文学大系（1976—2000）》（30 卷）由上海文艺出版社推出。《文学的"根"》入选"文学理论卷二"，《马桥词典》被"长篇小说卷五"节选，《爸爸爸》入选"中篇小说卷二"，《归去来》《北门口预言》入选"短篇小说卷二"，《棋霸》入选"微型小说卷"，《笑的遗产》入选"散文卷二"。

9 月 2 日　《城市之魂》刊《湖南日报》。

9 月 7 日晚　在广东省江门市五邑大学国际会议中心，韩少功和赵本夫、舒婷与青年学子面对面座谈，畅谈自己的文学作品、文学创作的理念与文学理想等。

9 月 8 日　在广东省江门市出席中国作协第七届主席团第八次会议。

9 月 10 日　前往汨罗市八景学校与教师座谈。

9 月　《寻根群体的条件》刊《上海文化》第 5 期。韩少功回顾反思当年的文化"寻根"："本土化是全球化激发出来的，异质化是同质化的必然反应"，"所谓'寻根'本身有不同指向，事后也可有多种反思角度，但就其要点而言，它是全球化压强大增时的产物，体现了一种不同文明之间的对话，构成了全球性与本土性之间的充分紧张，通常以焦灼、沉重、错杂、夸张、文化敏感、永恒关切等为精神气质特征。"

小说《能不忆边关》刊《中国作家》第 17 期。

朱晓科改编，邓邦源、邓沛绘画的《山居笔记·卫星佬》刊《连环画报》第 9 期。

杨匡汉、杨早主编《六十年与六十部：共和国文学档案1949—2009》由生活·读书·新知三联书店出版，1985 年选评《爸爸爸》。

10 月 6 日　胡宇芬《青春之约1977》刊《湖南日报》。

10 月 10 日　在武汉大学，韩少功与於可训、鲁枢元、刘继明联合给学生作讲座，主要谈寻根文学。鲁枢元与韩少功交往，始于 1985 年的杭州会议，20 世纪 90 年代在语言问题上多有共鸣，鲁枢元转向生态文艺学研究后，认为韩少功、张炜的作品具有明确的生态理念。

10 月 28 日上午　出席海南农垦职工琴棋书画才艺汇开幕式并致辞。

10 月 29 日　出席"海南奥林匹克花园长篇小说大奖赛"第一年度颁奖仪式，并致辞。

10 月 31 日下午　在深圳市民文化大讲堂作有关寻根文学的专题报告。

10 月　《民主管理的尝试》在中国文联举办的纪念中国文联成立 60 周年"我与文联"大型征文中获奖。

《偏僻的历史测点》刊《新周刊》第 19 期。

《蛇贩子黑皮》刊《阅读与鉴赏：中旬》第 10 期。

楚山《韩少功："挑着粪桶"写作的文联主席》刊《新天地》第 10 期。

何言宏《精神的证词》由吉林出版集团有限责任公司出版，收录"历史深处的精神逼问——20 世纪 90 年代以来韩少功的中短篇小说"。吴义勤主编《中国新文学与现代文化建设》由山东教育出版社出版，下卷收录李莉《文学与文化版图的塑形师——韩少功与现代文化建设》。

11 月 1 日下午　做客深圳大学，在科技楼报告厅演讲《文学的梦幻与苏醒》。

11 月 3 日　收到台湾散文家王鼎钧来信。

11 月 9 日　《心灵之门》刊《海南日报》。

11 月 27—29 日　海南省作协举办"2009 海南省青年作家读书班"。韩少功作"记忆与写作"的座谈，探讨"历史记忆的差异性"和"经验记忆与情感记忆的关系"。

11 月　文论《扁平时代的写作》刊《扬子江评论》第 6 期，《新华文摘》2010 年第 6 期转载。又刊《邵阳学院学报》（2010 年第 1 期）、《作品与争鸣》（2010 年第 3 期）、《学习博览》（2011 年第 2 期），又以《"扁平世界"呼唤精神高度》为题刊《人民日报》（2010 年 2 月 2 日），以《扁平时代的文学言说》为题刊《海燕》（2010 年第 2 期）。韩少功认为：各类新兴媒体出现后，"由编辑、审查、批准一类关卡所组成的文化权力体系几近瓦解"，但这不意味着文学的民主化。在这个扁平的时代，"胡说比深思容易，粗品比精品多产"，"优劣平权成了优劣俱放"，"低端文化产能不仅无法淘汰，还可能日益滚大和坐大"，优秀作品为低劣作品所淹没，市场有"足够的本领使舆论、奖项、教育、权力等资源向低端集中，打造出泡沫霸权和垃圾霸权。一种品质趋下的文化诱导机制，在这种情况下几乎难以避免"。这个时代具有"易破难立"的特点，"叛逆比服从更流行，权利比责任更动心，无论左右翼都造反成癖"，我们

"也许需要重新启动,重新确定一个方向。一个重建精神价值的方向。这需要很多人的共同努力,重建一种非权力化和非利益化的文化核心、级差以及组织,即文明教化的正常体系"。

短篇小说《怒目金刚》刊《北京文学(精彩阅读)》第 11 期(后附季亚娅的评论《这一声迟来的道歉——韩少功新作〈怒目金刚〉的一种读法》)。后又在《短篇小说:原创版》(2010 年第 1 期)、《小说月报》(2010 年第 1 期)、《作品与争鸣》(2010 年第 2 期)、《名作欣赏》(2010 年第 28 期)等刊载或选载。

《难忘那偷书读的年代》刊《中学生》第 33 期。

《赶马的老三》刊《人民文学》第 11 期,《北京文学(中篇小说月报)》第 12 期选载。

卓今《韩少功印象》刊《扬子江评论》第 6 期。

作《历史终究是生活史》,为繁体中文版《历史现场》(香港三联书店)自序。

12 月 1 日　王虹艳《韩少功〈赶马的老三〉非典型村官》刊《文艺报》。

12 月 2 日　陈熙涵《〈哈扎尔辞典〉作者帕维奇去世 10 多年前官司"再次浮出水面"》刊《文汇报》。《哈扎尔辞典》译者之一的戴骢再谈当年的"马桥之争",认为《马桥词典》与帕氏的内容完全不同,形式上偶有相似,不能因为文体上的略有相似就断定抄袭。

12 月 3 日　散文《文学何为?》刊《人民日报》,后又刊《甘肃日报》(2009 年 12 月 11 日)、《汉中日报》(2010 年 1 月 28 日)、《作品》(2012 年第 7 期)等。

12 月 4 日　《文学能赚钱吗? 遗憾的答案:不能》刊《株洲日报》,后以《文学自古不赚钱》为题刊《西安日报》(2010 年 7 月 11 日)、《报刊荟萃》(2010 年第 10 期)。

12 月 15 日　《韩少功〈怒目金刚〉为卑微者讨还尊严》刊《文艺报》。

12 月 22 日　赵瑜《听韩少功讲座》刊《城市晚报》。

12 月 26 日　在广西民族大学作题为"文学:全球化与多种全球化"的学术演讲。韩少功说在他 1985 年提出文学寻根前,广西的一批作家早在 1983 年就提出要重视地域文化。"可见我不是第一个提出该问题的人,

广西作家做得比我早，只是运气不够好，影响不够广泛。我们应该向广
西作家致敬。"

12 月　《扑进画框》《地图上的微点》《回到从前》《耳醒之地》刊
《椰城》第 12 期。

韩少功与读者蔡少兴电话对话刊《北京文学（精彩阅读)》第 12 期。

《知识突围的道与理》刊《书城》第 12 期。

本年　越南文版《报告政府》出版。

韩文版《山南水北》出版。

瑞典文版《马桥词典》出版。

波兰文版《马桥词典》出版。

西班牙版《爸爸爸》（姚云青译）出版。

本年度重要研究论著

侯桂新、王畅：《〈马桥词典〉与〈暗示〉文体论》，《理论与创作》
第 1 期。

刘复生：《想象一个新世界——韩少功随笔中的政治智慧》，《南京师
范大学文学院学报》第 1 期。

单正平：《公民写作与叙事伦理——由韩少功的一个主张说起》，《扬
子江评论》第 1 期。

焦会生：《对社会公平公正的一种诉求——评韩少功短篇小说〈西江
月〉》，《文艺理论与批评》第 2 期。

朱航满：《乡村秀与写作实验——对韩少功散文著作〈山南水北〉的
不同理解》，《百花洲》第 2 期。

丁仕原：《论韩少功〈山南水北〉的和谐美》，《文艺争鸣》第 6 期。

马景文：《论韩少功创作与巫楚文化的关系》，《作家》第 10 期。

贺仲明：《文化纠结中的深入与迷茫——论韩少功的创作精神及其文
学意义》，《文学评论》第 5 期。

杨庆祥：《韩少功的文化焦虑和文化宿命——以〈山南水北〉为讨论
起点》，《扬子江评论》第 6 期。

［日］盐旗伸一郎：《寻不完的根——今看韩少功的一九八五》，《当
代文学研究资料与信息》第 6 期。

二〇一〇年 五十七岁

1月12日 《寻找语言的灵魂》刊《人民日报》。本文为罗伯特·麦克拉姆、罗伯特·麦克尼尔著，欧阳昱译《英语的故事》（百花文艺出版社）的序言。

1月19日 出席旅居海南文艺家联谊会成立大会暨首届年会。

1月 散文《月夜》《智蛙》《太阳神》《蠢树》《再说草木》刊《椰城》第1期。

论文《文化复兴与循实求名》刊《绿叶》第1—2期合刊。

《文学的作用》刊《语文新圃》第1期，又刊《特别文摘》第5期。

《海念（节选）》刊《同学少年》第1期。

《成蛹待变的年代》刊《法制博览》第2期。

散文选集《韩少功散文》由浙江文艺出版社出版。

2月22日 《相术及认识论》刊《今晚报》，2月26日刊《侨报》。

2月 《关于海南文艺事业科学发展的思考》刊《今日海南》第2期。

散文《村口疯树》《守灵人》《中国式礼拜》《塌鼻子》刊《椰城》第2期。《塌鼻子》曾被《小小说月刊（下半月）》（2015年第3期）、《微型小说选刊》（2015年第15期）选载，并收入各类语文教研、教辅材料。

《历史现场——韩少功读史笔记》由三联书店（香港）有限公司出版。

3月29日至4月4日 赴重庆参加中国作协第七届主席团第九次会议。

3月 《窗前一轴山水》《怀旧的成本》《忆飞飞》刊《椰城》第3期。

《慎用洋词说好事》刊《天涯》第 2 期。

《鸟》刊《初中生》第 8 期。

4 月 1 日 在重庆开会期间,接受华龙网记者采访,寄语年轻作家和读者:心中想大事,手上做小事。既要有俯仰天下的境界、悲天悯人的情怀,心怀宇宙、世界、社会、他人,又要脚踏实地,不好高骛远、急功近利。

4 月 2 日 《韩少功:文学创作与社会现实脱节》刊《重庆日报》。韩少功说:"凡是一切能够打动人的文字,都是文学的元素。文学具有广泛的概念,无论是诗歌、小说还是新闻报道,其实都是文学","广义的文学是城市的灵魂。城市如果没有灵魂,就和人没有灵魂是一样的。"

《韩少功:抓节庆不等于抓文化》刊《重庆晨报》。

4 月 9 日 中国小说学会组织评选的 2009 年度中国小说排行榜在山西师范大学揭晓,《怒目金刚》名列排行榜。

4 月 22 日 韩少功进京参加《小说选刊》创刊三十周年暨出刊三百期庆典,并因《怒目金刚》获奖而出席《小说选刊》"首届茅台杯小说选刊年度(2009)大奖"颁奖仪式。

5 月 4—11 日 随中国作家代表团访问希腊,代表团由中国作协书记处书记杨承志、外联部副主任张涛,作家韩少功、徐小斌、李进祥,翻译家李成贵、陈树才共七人组成。

5 月 散文《邻家有女》《一师教》《无形来客》刊《椰城》第 5 期。

《写出自己真实的感受》刊《语文教学与研究:读写天地》第 5 期。

《草木之情》刊《青苹果:高中版》第 5 期。

6 月 22 日起 连续在《今晚报》刊发随笔:《"书同文"的意义》(6月 22 日),《白话文革命的两大动力》(6 月 26 日),《地图的演变》(7月 7 日),《英语故事》(7 月 11 日),《科举制的得与失》(7 月 17 日),《中国人的实惠》(7 月 28 日),《古希腊的公理化传统》(7 月 31 日),《农耕定居的文化》(8 月 2 日),《服装与礼仪》(8 月 3 日),《夷俗》(8月 4 日),《传统文化的差异》(8 月 5 日),《象征在历史中的作用》(8月 6 日),《傩:另一个中国》(8 月 7 日),《跨国共同体之梦》(8 月 8日),《礼乐之治》(9 月 12 日),《文以载道另解》(10 月 27 日),《古人货殖》(10 月 31 日),《喝水与历史》(11 月 8—9 日),《重说南洋》(12月 8 日)等。

7 月 16 日　《心灵之学》刊《新华日报》。

7 月　散文《雷击》《感激》《哲学》《空山》刊《椰城》第 7 期。

8 月 7 日　访谈《韩少功：世界上没有一成不变的东西》刊《北京晚报》。谈到"文学千万不能成为一种职业"，文学"应该是每个人都或多或少有的一种修养，它是关系到我们心灵的，关系到我们每个人的日常生活的，让我们每一个人，不管是富裕的人，还是贫穷的人，都觉得生活会有点意思，或者有意义的这样一个东西，在这个意义上，文学它是永恒的，如果它不能实现这个功能的话，那文学是一钱不值的花言巧语。"

8 月 12 日、19 日　龚政文《90 年代以来韩少功的转型及其意义》刊《文学报》。

8 月 21 日　《言说之外》刊《渤海早报》。

8 月　受聘为重庆师范大学客座教授。

散文《神医续传》《老地主》《卫星佬》刊《椰城》第 8 期。

受《环球名人坊》采访，后以《韩少功：精神世界的山南水北》为题收入邱晓雨编著的《用文字呐喊》（北京联合出版公司 2011 年版）。韩少功说："我喜欢读书，但也讨厌书呆子。我崇尚行动，但也不大喜欢那种忙忙碌碌的事务主义者。""我不是一概地否定城市，只是觉得对它应有一个清醒的认识，趋其利，避其害。""文学是一种感情，一种热情，因此写作就像恋爱，与你笔下的故事、人物、场景等恋爱。"

9 月 7 日　《"去道德化"大潮之后》刊《济南日报》。

9 月 22 日　到汨罗市八景乡学校，与教师们欢度佳节。

9 月 24 日　《韩少功和乡村教师聊育人》刊《海南日报》。

9 月　散文《隐者之城》《笑大爷》《垃圾户》刊《椰城》第 9 期。

《上帝之死与人民之死》刊《上海文化》第 5 期。

小说集《西望茅草地》由新华出版社出版。

短篇小说《第四十三页》获郁达夫文学提名奖。

郜元宝《汉语别史》由山东教育出版社出版。"韩少功：超越修辞学"一节论述韩少功小说的文体试验。

10 月 5—8 日　参加中方代表团，随总理与文化部长出访欧盟，参加首届中欧文化高端论坛。

10 月 8 日　第二届纽曼华语文学奖揭晓，《马桥词典》获奖。该奖由美国俄克拉荷马大学美中关系研究所设立，每两年颁发一次，莫言曾获第一届文学奖。

10 月 21 日下午　出席海南日报报业集团主办的海南省"抗洪救灾，海南有爱"摄影作品颁奖仪式。

10 月 28 日　《科举制的得与失》刊《甘肃日报》。

10 月　散文《最后的战士》《老逃同志》《一块钱一摇》《寻找主人的船》刊《椰城》第 10 期。

《传统文化的差异》被《杂文月刊：选刊版》第 10 期选载。

11 月 2 日　《文以载道另解》刊《淮北晨刊》。

11 月 19 日　《赶马的老三》获 2010 年度"茅台杯"人民文学奖中篇小说奖。授奖词为："韩少功具有不断自我超越的创造能力。承续着自阿 Q 以来现代文学的一个重要谱系，《赶马的老三》体现了对于国民性和民间生活新的认识和阐发。小说以精湛的叙事、地方风格的语言，塑造了一个喜乐、生动的农民形象，对于民间的生存智慧和生存伦理与时代、历史之间的复杂关系，韩少功具有更为体贴和公正的理解。"

11 月 25 日　参加中国当代文学·南京论坛，探讨"21 世纪中国文学现实与理想"。

11 月 26 日　《70 余位专家学者聚会南京研讨当代文学——"直面问题，以引起疗救的注意"》刊《新华日报》。

11 月　长篇论文《重说道德》刊《天涯》第 6 期，《新华文摘》2011 年第 3 期选载。韩少功说：冷战结束后，19 世纪以来流行的"人民""人民性""人民民主"等词语逐渐贬值，或者说人民已经解体，"对于人文工作者来说，这些越来越丧失群体情感、共同目标、利益共享机制的人民也大大变质，迥异于启蒙和革命小说里的形象"。当"上帝"和"人民"联手远去之后，后现代主义追求神秘化（诗化哲学）、碎片化（文化研究）、技术化（语言分析）、虚无化（解构主义），追求"差异"和"多元"，质疑普遍性、本质性和客观性，解构各种意识形态。他们从过敏和多疑滑向道德虚无论，把道德讨论搅成一盆糨糊。

散文《农痴》《青龙偃月刀》《苗婆婆》刊《椰城》第 11 期。

12 月 31 日凌晨　挚友史铁生于韩少功生日前一天逝世。史铁生曾支持韩少功迁居海南和重返乡村，韩少功对《我与地坛》评价甚高："我以为 1991 年的小说即使只有他的一篇《我与地坛》，也完全可以说是丰年。"(《灵魂的声音》）史铁生戏称这句话是这篇散文最好的广告语，比散文传播得还广。史铁生逝世当晚，韩少功将史铁生的一张照片和诗歌《节日》转发给何立伟、蒋子丹等好友。后又作悼文《他是中国文学的幸运》(《天涯》2011 年第 2 期，同期刊出张炜写的悼文)。

12 月　散文《守秋》《气死屈原》《时间》《你来了》刊《椰城》第 12 期。

本年　韩少功的 *Reflections on Democracy：A Chinese Perspective* 刊于 *Ariel – A Review of International English Literature* 第 2 期。文章从中国人的角度论述了民主的含义。

本年度重要研究论著

龚政文：《热血岁月与分化失落的人生——韩少功新世纪以来的知青叙事》，《求索》第 1 期。

叶立文：《言与象的魅惑——论韩少功小说的语言哲学》，《文学评论》第 3 期。

李险峰：《从〈山南水北〉透视韩少功对文化全球化的警觉》，《作家》第 6 期。

刘川鄂：《韩少功："公民写作"的伟大实践》，《中国作家》第 17 期。

蒋文娟：《〈天涯〉改版的风雨十五年》，《海南师范大学学报》第 5 期。

陈道谆：《"词汇"里的人生——从现代语言学视角解读韩少功的〈马桥词典〉》，《名作欣赏》2011 年第 5 期。

张伯存：《抵抗现代性的寓言——重读韩少功的〈马桥词典〉》，《文艺评论》第 6 期。

二○一一年　五十八岁

1月1日　《楚天都市报》刊出《著名作家史铁生魂归地坛》，其中有韩少功追忆史铁生的《他是一个生命的奇迹》。韩少功说："史铁生是一个生命的奇迹，在漫长的轮椅生涯里至强至尊，一座文学的高峰，其想象力和思辨力一再刷新当代精神的高度，一种千万人心痛的温暖，让人们在瞬息中触摸永恒，在微粒中进入广远，在艰难和痛苦中却打心眼里宽厚地微笑。"

1月17日起　连续在《今晚报》刊出随笔：《墨子》（1月17日），《"民族"的建构》（1月19日），《理想者》（3月15日），《蓄马蓄牛与蓄人》（4月18日），《文化制约制度》（4月19日），《生态与文化》（4月20日），《从劳动崇拜到机器崇拜》（4月21日），《火焰的高低》（4月22日），《文化的价值》（4月23日），《历史角落里的微光》（4月24日），《武士与职人》（5月7日），《巫楚之野》（5月25日），《厚武薄文的汗国》（5月29日）等。

1月　《孩子，妈妈死了你为什么不哭》刊《文苑（经典美文）》第1期，《中外文摘》第8期转载。后又在《视野》（2011年第5期）、《课外阅读》（2011年第12期）刊载。

2月14日晚　抵达美国诺曼俄克拉荷马大学，参加第二届纽曼华语文学奖颁奖典礼。

2月15日晚　参加诺曼湖南师范大学校友聚会。

2月18日　参加韩少功作品研讨会，英国、丹麦、美国三位专家发言。晚，参加颁奖宴会，中美关系研究所所长葛小伟主持，纽曼夫妇颁奖，韩少功获奖匾一副，奖金一万美元。韩少功发表获奖感言，经 Ning Yu、Jonathan Stalling 翻译后，以 The 2011 Newman Prize Lecture："Pointing to New Clarity with New Perplexity" 为题刊7月 *World Literature Today*。

获奖感言以《文学有副多疑的面孔——在国际华语纽曼文学奖授奖晚宴上的致辞》为题刊 5 月 21 日《文汇报》。韩少功在获奖感言中说："文学总是有一副多疑的面孔，或者说文学总是以非公共性方式来再造公共性，一再用新的粉碎以促成新的聚合，用新的茫然以引导新的明晰。这个过程大概永远难以完结——因此这也是我们不管多少次听到'文学将要灭亡'的预告，其实用不着过于担心文学的理由之一。"

2 月 19 日凌晨　乘飞机回国。

2 月 25 日　《韩少功"下乡"》刊《南国都市报》。

2 月 28 日　出席海南省文学艺术界联合会第五次代表大会、海南省作家协会第五次代表大会，获准卸任海南省文联主席、作协党组书记两职，被聘为名誉主席。作者在谈到自己十五年的行政经历时说，只是在厉行各层级的定期民主考评，在文学评奖中推行评委实名制等小的改革，受到了欢迎，但不能解决根本和长效的问题。

2 月　《让温暖弥散》刊于《青年博览》第 3 期，后刊《小品文选刊（上半月）》（2011 年第 3 期）、《小品（美文）》（2011 年第 4 期）、《中国减灾》（2011 年第 12 期）、《晚报文萃》（2013 年第 2 期）等。

3 月 22 日　《为什么没有出现大师?》刊《济南日报》。

3 月　《他是中国文学的幸运》刊《天涯》第 2 期。

《喝了四千年开水》刊《法制博览（经典杂文)》（下半月）第 3 期。

《天上的爱情》刊《青年博览》第 5 期。

《母亲的看》被选入《让我陪你一辈子》，由新世界出版社出版。

董健、丁帆、王彬彬主编的《中国当代文学史新稿》（第 2 版）出版。谈到《爸爸爸》："由于着意营造神秘氛围，追求一个多义象征的艺术世界，小说的意义感知十分困难。作家的语言粗拙古朴，但在过于理性和抽象的文化追寻中，整体叙述仍显露出概念化倾向。"

4 月　《时间的作品》刊《青年作家》第 4 期。

5 月 3 日　《葛亮的感觉》（为葛亮小说集《七声》所作的序）刊《深圳晚报》。

5 月 7 日晚　在华南农业大学作题为《小说的传统》的演讲，从"后散文与后戏剧""理性认识与感性认识""精英化与大众化"三个方面展开。后以《韩少功：小说的传统》为题刊 5 月 12 日《文学报》。

5 月 10 日　随笔《文学两议》（包括《草民的语言》《想象一种批

评》）刊《文汇报》。《草民的语言》为小说《怒目金刚》获百花奖的创作谈，韩少功肯定农民的语言具有直观性，即具象性，总是指向色彩、声音及各种鲜明形象，"他们对概念和逻辑的远离，以及下意识地删除、跳越、悖反、误用，甚至可能勾兑出不可思议的语言奇境"，韩少功高度重视草民的语言，是"人类文学更伟大的源头活水"。《想象一种批评》是为繁体中文版《韩少功随笔集》（台湾社会研究杂志社出版）自序，后又刊《文艺报》（2015 年 5 月 6 日）。韩少功认为：在信息高度泛滥的年代，文学批评应该是一种凝聚着智慧和美的监测机制，提高读者消化信息的能力，"信息真伪的辨别、信息关系的梳理、信息内涵的破译和读解"，文学批评有可能成为"新的增长点、新的精神前沿以及最有可能作为的创新空间。"

5 月 14 日   在汨罗市八景学校讲《文学何为暨当代文学走向》，认为：中国的文学创作拥有独一无二的条件，社会生活很丰富，提供了源源不断的、千姿百态的故事。短处在于：近百年急切实现转型的过程中，对传统文化伤得很厉害，大家不喜欢读书。与 20 世纪 80 年代文学井喷完全不同的是，现在的作家集中在大中城市，生活同质化严重。

5 月 24 日   应韩国文学季刊《创作与批评》杂志社之邀，在首尔与韩国延世大学教授、韩少功散文集《阅读的年轮》译者白池云对话。韩少功将中国现今的文学分为几类：第一种，黄色的，指商业化的畅销书，吸金功能极强。第二种，红色的，官方特别支持的，大多正面表现革命历史和英雄人物。第三种，黑色的，特意写给西方人看的，按照西方人胃口来定制，包括某些刻意包装的"地下文学"，便于在西方媒体那里做宣传。最后一种是白色的，"比较纯洁的，接近我们'纯文学'这样一个概念"，莫言、苏童等艺术和思想上有探索的作家，都算是白色的。谈及"中国文学及东亚文学的可能性"，"新的世界文学一定要面对世界的复杂性。这不是什么反西方，也不是什么反东方，只是说建立真正的世界眼光"。"很多小说里都有我的影子，大多是一些矛盾的多面体。"此次访谈刊《创作与批评》秋季号。后刊《文学报》（2012 年 4 月 19 日）、《湖南文学》（2012 年第 2 期）。

参加韩国外国语大学举办的韩少功作品研讨会，韩、日、中多国专家参加。

5 月 29 日   受邀出席"超有机——CAFAM 泛主题展 2011"论坛，

与南京大学教授、哲学家张一兵，巴黎政治学院教授、社会学家让－路易·罗卡，加拿大卡尔加里大学教授、文化理论家谢少波等，以"生命政治"（Bio‒politics）为主题，探讨当今语境下个体生命的政治体现。韩少功说："在我们大概几十年前，我们中国的作家根本也不强调什么个性，也不强调什么跟着感觉走，也不强调什么过多的自由，但是我们的作家出来一个个都是，鲁迅是鲁迅，沈从文是沈从文，张爱玲是张爱玲，赵树理是赵树理，根本把作者的名字遮掉，大家一读都知道这个作者是非常有个性的，没有什么雷同，为什么在一个特别自由的时代，你想怎么写怎么写的时代，甚至你写反政府的小说，也许在台湾和香港就能发表的时代，雷同反而越来越多了，这就是一个问题，表面上的自由并不意味着没有一种隐形的控制甚至压抑，甚至给我们一种很不自由的结果。"

5 月　访谈《重建乡土中国的文学践行者》刊《上海文学》第 5 期。"所谓文学的'根'是一种比喻的说法。第一，也许它不是单数，而是复数，即文学可以有很多'根'；第二，它不是一个结果，而是过程，一种永远处于进行时的过程。"谈叙事："全知全能的写作就会有一种神的态度，传达的意思是：'生活就是这样，你们必须相信我所说的一切。'我觉得作者倒是需要谦卑一点，不要以为自己无所不知。为什么要在叙事时锁定一个个角色的视角？为什么在心理描写时要节制和慎重？为什么该留空白的地方就不要写满……这都不完全是技巧，而是要保持叙述态度的谦卑，不强加给读者。""我这个人喜新厌旧，用过一种手法之后就不想再用了，尽量不再用了。批量生产这样的事情没多大意思"，"从文体意义上说，《马桥词典》更接近小说，《山南水北》更接近散文，《暗示》更接近理论，甚至是一种带有文学色彩的理论读本。对于我来说，这三个作品都是我的文体尝试，在小说与非小说之间寻找新的可能。"韩少功还说自己的写作习惯是"有提纲，但决不依赖提纲"，作品完成时大部分提纲被废弃、修改、破坏了，"我就很高兴。这证明我的写作超出了预想，感觉得到了较好的自由释放"。

《换书》刊《老年健康》第 5 期。

《理想者》刊《银行家》第 5 期。

《马桥词典》（出版十五周年纪念版）由作家出版社出版。

为《琼崖红色记忆》（南海出版公司 2011 年版）作序《回答一个世

纪之问》。韩少功认为：探索中国式成功的原因，"须延展到市场经济之外，须延伸到改革开放之前"，"延伸到更为久远的一九二一或一九一一"，民族主权独立等政治遗产，"两弹一星""全民扫盲"等经济和文化遗产，作为改革开放的基础和条件，不应被排除在视野之外。

《赶马的老三》获得由人民日报出版社、中共黑龙江省委宣传部、黑龙江省作协联合主办的首届萧红文学奖中篇小说奖。

6月1日　在汨罗市八景学校，与两百多名山区孩子欢度儿童节。

6月3日　在哈尔滨出席首届萧红文学奖颁奖典礼，参加"萧红的文学世界"座谈会，以"大的慈悲与大的自由"为题评价萧红。韩少功说：

在小学的课本上，学过萧红小说的片段"火烧云"。那时候并不知道是她写的，但是"火烧云"在我儿时的记忆里面就很深。就自我的感觉来说，萧红有两个词可以概括，大的慈悲和大的自由。

萧红也有阶级意识，也有民族意识，但她大大地超越了这样一些政治上的立场和观念。特别是对贫贱的小人物，对一草一木，一鸡一犬，一山一石都充满了同情，她会花很大的篇幅，用很大的热情，用自己特别的割舍不掉的一种情怀去写这些，在一般的写作教程里面，会列为闲笔的东西，但她的闲笔就是她的主体，反而很多小说家主要的东西，在她这会成为闲笔，所以说主要的兴奋点显然是不一样的。她的一种对天地人间的关怀，这种东西特别让人感动。她不会写口号式的、标签式的东西，她一落笔就是满心的热爱，就会喷涌而出。所以说这种大慈悲的东西，特别让人能够感触到，也是能够让她有持久影响力的一个原因。

所谓"大的自由"，第一，她不依附，也不屈从于，或者是盲从于某些政治潮流。她的政治是从生活感受中间，生命感受中间，自然流露出来的，不是用标签、用口号这种东西贴上去的。所以，在这一点上，萧红是难能可贵的。她是纯粹的，是有艺术理想的，在这一点上，非常的天真，也非常的顽强，坚持自己的艺术理想。而且，有些文学的成规也不是能够阻碍她的。比如说她的小说《呼兰河传》，叫小说，叫散文也可以。这种天马行空的写法，是需要勇气的。她完全不在乎小说应该怎么写，戏剧应该怎么写，诗歌应该怎么写。像这样的一些文学成规，完全不在她的眼中。这一点，在中国这样一个有深厚的大散文传统的国家，特别有意义。①

6月8日　为范晓燕《风裳水珮》（长江文艺出版社2012年版）作序，后以《诗的形式美》为题被收入《为语言招魂——韩少功序跋选编》。

舒晋瑜《作家挂职记（韩少功·张炜·关仁山）》刊《中华读书报》。韩少功认为作家挂职，"不是不可以供养专业作家，但应慎设这样的岗位，最好还要有合适的进入和退出机制。这样才有一个制度化的解决方案，从而让作家们本身就植根在社会生活中，不需要再煞费苦心让他们'深入'什么。"

6月11日　访谈《韩少功，左眼看城右眼看乡》刊《深圳晚报》。

6月17日　《由"砖家"和"教兽"想到的》刊《济南日报》。

6月27日　《和合之制》刊《今晚报》。

6月29日　舒晋瑜访谈《韩少功：为什么今天很多作家放弃了小说》刊《中华读书报》。

6月　《新时期三十年　湖南文学精品典藏》大型文献丛书由湖南人民出版社出版，《西望茅草地》入选"短篇小说卷"，散文《万泉河雨季》入选"散文随笔卷"。

《清苦的日本》刊《文苑：经典美文》第11期。

《历史角落里的微光》刊《大阅读》第6期。

《爱没那么复杂》刊《中外文摘》第6期。

《文化制约制度》刊《杂文月刊：文摘版》第6期。

7月3日　访谈《韩少功：一半是泥土，一半是绅士》刊《羊城晚报》。

7月5日　参加复旦大学当代文学创作与研究中心举办的"财富·精神"论坛。论坛讨论内容后以《重识财富与精神的关系》为题刊《上海采风》第10期。

7月28日　《财富与精神并非简单对立》刊《解放日报》。

7月　荷兰汉学家Mark Leenhouts（林恪）的 *Empty Talk：The Roots of Han Shaogong's Writing* 刊于 *World Literature Today*。

---

① 《"萧红的文学世界"座谈会摘要》，《小说林》2011年第4期。

《古希腊的公理化传统》刊《心理咨询师》第 4 期。

《随笔七篇》刊《散文（海外版）》第 4 期。

《怒目金刚》获《小说月报》第十四届百花奖。

8 月 5 日　舒晋瑜《外圆内方与识圆行方——作家韩少功访谈录》见于"桓台政务网"，后作者在多次访谈基础上扩充内容，以《韩少功：外圆内方与识圆行方》为题列入《说吧，从头说起——舒晋瑜文学访谈录》（作家出版社 2014 年版）。其中提到据海南的一次民间问卷调查，韩少功和亚龙湾等名胜一起，并列为热爱海南的十二种理由。

《作者最大的瓶颈，是对自己和社会的无知——作家韩少功访谈》刊《工人日报》。

8 月　《韩少功随笔集》由台湾社会研究杂志社出版，杂志社随后在台北举办韩少功随笔研讨会。

9 月 8 日　舒晋瑜《韩少功，退出也是出发》刊《人民日报》。

9 月 9 日下午　走进汨罗市八景学校，与老师们围绕"我快乐，我奋进"的主题进行座谈。

9 月 22 日　赴京参加第五届《北京文学》奖暨第四届《北京文学·中篇小说月报》奖颁奖活动。《怒目金刚》获"短篇小说奖"。授奖词："《怒目金刚》所展示的，既是个人的冲突，也是文化的冲突——强势文化将弱者逼成了'怒目金刚'。在文化溃败的映衬之下，人的尊严熠熠生辉。人物皆具经典性。现实主义功底冷峻而浑厚。夸饰的叙事和传奇的手法，来自湖南民间文化的神助。孤独的抗争寄托了执着的文化理想与悲切的呼喊。"韩少功的发言见《难得在〈北京文学〉就感受到新的信心和新的勇气》（《北京文学（精彩阅读）》第 11 期），其中谈到"只要有人在，在我们没有变成机器人或者是火星人之前，只要我们还需要语言文字进行交流，我想，文学，不管有多少人宣布它将要死亡，我觉得也不用太担心"。

9 月 24 日　在莞城文化周末大讲坛讲座，讲生存、生活以及人文重建，从道德失守、文化虚肿、生活平庸等方面阐释当前人文困境与精神空白危机；从文化资源、物质基础、技术条件、经验蕴积等方面分析人文重建的可能性，并提出一些人文重建的建议。

9 月　《地图的演变》刊《阅读与作文：初中版》第 9 期。

《游牧造就欧洲》刊《视野》第 17 期。

10 月　孟繁华、程光炜合著的《中国当代文学发展史》（修订版）由北京大学出版社出版。其中认为"韩少功是 80 年代小说家中的理论家。他具有理论家的历史敏感，而且又能自觉用理论的术语加以表达。当然，这种过于清楚的理论意识，也在损害他后来的文学创作"，并指出《爸爸爸》包含的作家受鲁迅、《百年孤独》的文学影响与自身经历之间的复杂纠结。

11 月 2—6 日　邱晓雨访谈《韩少功：精神世界的山南水北》《韩少功：世上没有一成不变的东西》《韩少功：这个时代，建设性更重要》《韩少功：写作没有标准，没有方向》《韩少功：理性永远不是知识的终点》刊《淮海晚报》。

11 月 10 日　做客武汉图书馆"名家论坛"，主讲"乡土中国"。

11 月 14 日　《30 年前，长沙那些文学青年》刊《长沙晚报》。

11 月 20 日　访谈《80 年代是个天真的早晨》刊《钱江晚报》，又刊《江西工人报》（2012 年 1 月 7 日）。韩少功认为 20 世纪 80 年代"从总体上来说，改革开局良好，个人欲望在良性区间运行。尊严与利益好事成双。后来很多人认识到，'个人利益最大化'的捷径是投靠权力或者资本。在批判'文革'中重建起来的社会公正及其道德标准，再次受到新的威胁"，"新的社会深层矛盾不断撞击知识界，反衬出 80 年代知识分子处理问题的简单化。可以说，80 年代是一个天真的早晨，90 年代才是一个成熟的正午。"

11 月 22—25 日　参加中国作协第八次全国代表大会，在中国作家协会第八届全国委员会第一次会议上，当选中国作协主席团委员。

11 月 30 日　在新浪网开通微博，第一条微博内容为："你们好！我是韩少功。从此我们可以相互聆听，但不一定要互相说服，更不一定互相勾结，谢谢！"12 月 9 日以同一句话开通腾讯微博。

张彦武《韩少功：挑粪桶的"韩爹"》刊《中国青年报》。

12 月 1 日　在新浪微博发文："健康的写作像恋爱。写作一旦职业化和功利化就像三陪，虽有业务规模，但几无真情实感。老家伙去三陪尤其可悲。自警。"

12 月 2 日　散文《乡村英文——乡村纪事之一》刊《新民晚报》，曾多次被选入中学课外阅读材料。

12 月 7 日　在微博发文："现代艺术反思之一：当先锋派难，当'先疯派'易；当前卫派难，当'前伪派'易。真正的先锋与前卫不靠尖声鬼脸吓人。要捣乱，要狂飙，必是情理所逼迫不得已。"

12月7—8日　海南省文联、《天涯》以及海南大学人文传播学院三方协作，在海口召开"韩少功文学写作与当代思想研讨会"。法国学者安妮·居里安、韩国白池云、日本早稻田大学千野拓政以及李云雷、旷新年、孔见、卓今、单正平等学者围绕"大陆思想变迁与韩少功的文学创作""韩少功的文学与当代文化政治"等话题展开讨论。安妮·居里安从时间、空间两个维度探讨韩少功作品的疑惑状态、诗意弥漫等两大特点，并将《女女女》《谋杀》《归去来》等与 Edouard Glissant、舞鹤的作品相比较，并详细分析《马桥词典》和 C. F. Ramuz 的《两封信》。曾着力于韩少功作品语言问题的白池云以《爸爸爸》为例，细致解读韩少功作品的晦涩性、试验性，并试图展示出造成如此特性的缘由，找到其形式上的难解性产生的原因。千野拓政表示他喜欢韩少功作品，是因为其中蕴含中国文化更为深层的东西，同时对韩少功的试验性写作能挖掘到何种程度表示忧虑。有人指出韩少功尝试过多种文体，做过编辑，翻译过作品，在当代作家中"最像"现代作家，是"全能型"作家。韩少功在闭幕式上致答谢词，对当下中国当代文学、思想状况发表评论，强调清理"道德的危机""知识的危机"的重要性。本次研讨会以讨论韩少功的文学资源和思想资源为契机，为文学界和学术界的知识精英搭建了一个交流的平台，共同讨论中国当下的知识、文化和现实问题，并尝试性地提出解决方案，寻求文学写作与社会现实问题对接的可能性。见蔡葩《韩少功与当代文学精神》（12月12日《海南日报》）、张佩《韩少功文学写作与当代思想研讨会综述》（《海南师范大学学报》2012年第2期）。韩少功的答谢词以《我的困惑与信心》为题刊《传记文学》（2012年第1期）。

12月9日　接受《传记文学》郝庆军采访，后以《九问韩少功——关于文学写作与当代中国的思想状况》为题刊《传记文学》（2012年第1期）。韩少功说：自己的创作大体上没有明显的分期。如果硬要找的话，1985年"寻根文学"出来时是一个分界点。90年代中后期《马桥词典》出来以后，可能又是一个新的时期。"那个时候好像大家说我的思想有点模糊了"，自己的兴趣发生一些转移，不光是文学的兴趣，同时有了研究新知识的兴趣，就有了《马桥词典》《暗示》。第三个时间点是新世纪之初又回到乡下，大概有 10 年的时间。这期间的写作处于多种尝试阶段，"好像这样试一下，那样试一下，希望找到一个最合适自己或者是自己最满意的（创作方式）"，"我觉得还没有达到自我期待的状态，只是说多年来还是很认真，希望写一点自己回头看一看不后悔的东西，这是我一个基本的标准。确实是心中有话要说，不是为文造情，不是那种装腔作势的状态，这是最低的一个标准，我觉得自己基本上还是在这条路上这样走了。""现在回头来看，不能说'寻根'取得了多少了不起的创作成就，但作为一种文学现象却不无意义"。当时赞同"寻根"的，主要是一帮有乡村经验的作家，特别是下乡知青和回乡知青两个群体。但不管是哪个群体，也不管他们对乡土怀有怎样的情感，他们都有一定的乡土生活经验，有一种和泥带水和翻肠倒胃的乡村记忆。"他们从西化程度较高的城市，到传统积淀较多的乡村，既是社会身份的下移，也是不同文化板块之间的串联。这样，在一种文化碰撞之下，在文化身份的撕裂之下，他们获得了一种独特的生命感受切面，一旦受到某种观念的启导，心里的东西就喷涌而出。"

12 月 12 日　蔡葩《韩少功与当代文学精神》、王亦晴《多面韩少功》刊《海南日报》。

12 月 26 日　散文《夜生活——乡村纪事之二》刊《新民晚报》。

12 月　短篇小说集《鞋癖》获评台湾《中国时报》社开卷周刊主办的开卷十大好书。诗人罗智成的评语是："少有的，有着故事魔法的小说集。不论是写实的社会百态，或虚实交错的乡野传奇，作者都能以神奇的故事能力，让你摒息阅读、忘情投入，从而唤起你种种被深藏的人性的感伤。"

加拿大温尼伯大学 Ying Kong 的 *A Dictionary of Maqiao: Metafiction of Collective Biography* 刊于 *Frontiers of Literary Studies in China* 第 4 期。

本年　长篇小说《马桥词典》、中篇小说集《红苹果例外》、短篇小说集《鞋癖》由台湾联经出版社出版。

Julia Lovell（蓝诗玲）在 2011 年纽曼华语文学奖颁奖典礼上的主题发言 *Dropped off the Map: Han Shaogong's Maqiao* 刊于 *World Literature Today* 第 4 期，中文版《从地图上消失：韩少功的马桥》（《当代世界文学（中国版）》2014 年版）。其中写道："韩少功受到中国南部人文、地理、语言环境的启发，但并不被这些因素所局限，因为同时他也是 20 世纪中国文学都市传统的继承者。""像韩少功本人一样,《马桥词典》既是本土的和特殊的,又是国际的。"

本年度重要研究论著

相宜:《重建乡土中国的文学践行——从韩少功的〈马桥词典〉和〈山南水北〉说起》,《小说评论》第 3 期。

何彦宏:《新世纪文学中的"新左翼精神"》,《东岳论坛》第 4 期。

刘学明:《从文化寻根到"现代性"批判——〈暗示〉与韩少功文学精神的蜕变》,《当代文坛》第 5 期。

段崇轩:《思想、文体驱动下的"先锋"写作——韩少功小说论》,《创作与评论》第 5 期。

丘文辉:《向杂文学传统致敬——韩少功〈山南水北〉文类文体透视》,《文艺评论》第 11 期。

陈舒劫:《暂定的支点:韩少功的乡土世界与其价值重构》,《社会科学论坛》第 11 期。

二〇一二年　五十九岁

1月4日　王伟等著《文学湘军 30 年回眸》刊《中国文化报》。

1月16日　在新浪微博发文："知识界的常见毛病：（1）把一句话可说清楚的事，用十句话说得更不清楚。（2）自己从未办成过一件实事，却擅长把他人做的一切说得狗屎不如。"

1月29日　《咆哮体——乡村纪事之三》刊《新民晚报》。

1月　《山那边的事》精短小说刊《青海湖》第 1 期。《山那边的事》被《小说月报》第 4 期选载，后获《小说月报》第十五届百花奖。

黄灯《一个汨罗人眼中的韩少功》刊《传记文学》第 1 期。

赵园《阅读人世》由南京师范大学出版社出版。认为"韩少功是知青作者中有异能者，却也如其他有异能者一样，易于出奇制胜而难以经久。所幸他有才华却不'横溢'，使用得极节制。""韩少功这样将'虚化'与现实的批判意图结合得似无间隙的，究竟少见"。

2月18日　在海口出席"海南岛诗歌双年奖"颁奖典礼。

2月19日　在新浪微博发文："一个势利的旧党，可能变成一个势利的新党。一个伪善的'左派'，不难变成一个伪善的'右派'。观念易改，本性难移。主义诚可贵，人品价更高。"

2月25日　出席由海南省作协、《小小说选刊》《百花园》联合举办的"2012：中国小小说南方论坛"并发言，受聘为《小小说选刊》杂志顾问。

2月　散文《一个伪成年人》、韩少功与白池云访谈《韩少功：中国文学及东亚文学的可能性》刊《文学界·湖南文学》第 2 期。《一个伪成年人》又刊《散文（海外版）》第 3 期，《新华文摘》第 16 期转载，后又刊《甘肃日报》（2012 年 9 月 4 日）、《文学报》（2013 年 2 月 21 日）等，并入选由《光明日报》文艺部、中国作家网、百花洲文艺出版社联合举办的 2012 中国散文排行榜。

陈捷延《过客吟：捷延咏史诗存》由中国文史出版社出版。其中收入吟咏韩少功的一首诗："女女女来爸爸爸，堪叹西望不见家。世界神秘兼空阔，归去来兮乱如麻。"

3—5 月 受邀为中山大学驻校作家，为期两个月。3 月 22 日晚，在中山大学小礼堂作讲座《不同的小说传统》。

3 月 参加由省文联、天涯社区、海南大学人文传播学院研究生联合培训基地联合主办的蒋子丹长篇小说《囚界无边》研讨会。

韩少功、李晓虹、和歌访谈《要捣乱，要狂飙，必是情理所逼》刊《黄河文学》第 3 期。谈文学与乡村、翻译、文体创新等。"我比较不太愿意盲从那种感觉崇拜论。到了九十年代以后，很多感觉崇拜变成了一种自闭、一种自恋。包括有一些先锋艺术，他们最初从感觉出发，有非常积极的意义，但其中一部分，甚至很大一部分，变成做鬼脸，发尖声，瞎闹腾，没什么东西了"，开始写作《暗示》时，"就立意写'一本书'，而根本不考虑是小说还是散文，以至出版社的说法、评论家的说法，一直没个准。""我的想法是，小说、散文、新闻、理论、戏剧、电影、应用文……这些形式元素我们都可以有，都应该有，只要用得好就行。一个人不必要作茧自缚，但也不要胡作非为。就像我以前说过的，要捣乱，要狂飚，必是情理所逼非此不可。一切都是为表达思想和感情服务，都是心手相应。"

4 月 4 日 在新浪微博发文："当代先锋文学的明星队，出场《今天》杂志'飘风'特辑：含格非中篇小说《隐身衣》、刘禾长篇随笔《六个字母的解法》、李陀长篇小说《无名指》、欧阳江河长诗《凤凰》、翟永明长诗《随黄公望游富春山》、西川组诗《万寿》、北岛长诗《歧路行》。值得读者关注。"

4 月 10 日 《遮盖》刊《作家文摘报》，《杂文月刊：文摘版》第 4 期选载。后又刊《广州日报》（2012 年 4 月 25 日）、《文摘报》（2012 年 5 月 17 日）、《太行日报》（2012 年 5 月 20 日）、《老年日报》（2012 年 7 月 11 日）等。

4 月 12 日 在广东外语外贸大学南国商学院作题为《乡土中国》的演讲。

4 月 16 日 《月下狂欢》刊《中国科学报》。

在新浪微博、腾讯微博称："在新加坡见台湾张大春，一个有趣、有益的同行。文人喜狂放，艺人重精准。他是两者兼善。文艺之道，内要狂放外要精准。"

4 月 18 日　在广州出席"悦读经典"活动周——2012"书香羊城"世界读书日系列活动，与王树增、张鸣、黄天骥、屈哨兵等著名作家、学者以"数字时代的经典阅读"为主题，围绕当前市民经典阅读现状及遭遇到流行大众文化的冲击、科技发展与文化传承关系、经典阅读的时代意义、数字时代如何开展经典阅读等议题进行讨论交流。

4 月 19 日　在华南理工大学作《文学与记忆》主题演讲。韩少功谈及想象力与记忆的关系：作家需要想象力，想象力"也是依托记忆来展开的"，想象是"把记忆材料的重新编织"，"人们的道德感，也是依托记忆而建构起来的"。韩少功还重点分析记忆如何进入文学、文学如何重新编码和再创造记忆等问题。"记忆受到事实的制约，所以有共同性"，"记忆受到主体的筛选，所以有差异性"。不同的民族、阶级与个人，对相同的事件会有不同的记忆和表述。文学就是要抗争遗忘，"要抗争那些偏失的、虚假的记忆，抗争各种政治权力、宗教权力、商业寡头权力所强加给我们的遗忘。"韩少功批评为迎合西方市场而记忆造假。"每个人的写作都是重现记忆和再造记忆"，尊重他者、尊重差异是记忆书写者的责任。

4 月 23 日　中国作家出版集团举行中英文双语版《中国文学》创刊出版新闻发布会，该刊以发表中短篇作品为主，《第四十三页》入选第一辑。

4 月 26 日晚　在暨南大学做客第 137 期百年暨南文化素质教育讲堂，作"文学的变与不变"主题讲座。

4 月 30 日　在新浪微博发文："贵族也能出文学，但贵族文学最怕没心肝。草民也能出文学，但草民文学最怕没修养。"

4 月　《文学不是奥运会——专访德国汉学家顾彬》刊《瞭望东方周刊》第 15 期。顾彬说："好的文学，第一要有好的语言；第二应该有思想；第三应该创造新的形式。这三点里，创造新的形式是很困难的。"他认为 1949 年之后中国的小说中《马桥词典》是不错的一部。

《时装》刊《语文教学与研究：读写天地》第 4 期。

5 月 16 日　《照壁》刊《甘肃日报》。

5 月 27 日上午　做客湖南省作协主办的"文学名家大讲堂",在毛泽东文学院作"文学在电子数码时代的变与不变"的演讲,认为文学会因技术条件的变化而发生许多改变,比如创作方式、出版方式、阅读方式,但文学不会被视觉画面取代。唐浩明、水运宪、王跃文、王开林、阎真、郑小驴、谢宗玉、骆晓戈、刘建平等作家出席讲座。这次演讲以《韩少功的应变与坚守》为题刊 5 月 29 日《湖南日报》,以《文学:电子数码时代的变与不变》为题刊 6 月 6 日《中国文化报》。

5 月 29 日　迟美桦《韩少功:现代人的感觉在麻痹　文学可救赎心灵》刊《湖南日报》。

5 月　《另类视野与文学实践:韩少功文学创作研究》(刘复生、张硕果、石晓岩著)由北京大学出版社出版。

6 月 1 日上午　在八景学校会议室与学校师生一起庆祝儿童节暨"少先队员心向党"活动,捐赠价值 2000 元的纪念品和奖品。

6 月 2 日晚　作打油诗一首发于新浪微博:"下乡已多日,庭院草木新。鸡飞不辨主,邻翁笑推门。久雨豆苗弱,蛙鸣月色清。理荒一身汗,补种待放晴。——打油供笑。"

6 月　《韩少功作品系列》(十卷)(包括《西望茅草地》《爸爸爸》《赶马的老三》《漫长的假期》《熟悉的陌生人》《进步的回退》《马桥词典》《暗示》《山南水北》《惶然录》)由上海文艺出版社出版。

7 月 5 日　在微博上发文:"今有一警察来访,说他在乡下租了个房子,业余种菜和养鸭,尽享'三无'境界:无弦之乐,无纸之画,无毒之食。"

7 月 11 日　与何立伟、彭见明、刘醒龙等参加"中国作家走进岳阳"文化交流活动,就如何整合岳阳现有旅游资源,壮大文化产业,实现传统文化传承与经济发展的双赢提出建议。

7 月　《时间的作品》刊《语文教学与研究:读写天地》第 7 期。

廖述务《韩少功文学年谱》刊《东吴学术》第 4 期。

"韩少功汉语探索读本"(三卷本)由四川文艺出版社出版,韩少功亲自选定,包括随笔集《想明白——韩少功最新思想随笔》(分叙说体、戏说体、演说体、论说体、杂谈体五辑),小说选集《想不明白(上)——韩少功最新短篇小说》(分为玄幻体、卡通体、缺略体、散焦体、常规体),《想不明白(下)——韩少功最新中篇小说》(分为玄幻体、卡通体、寓言体、章回体、常规体）。

8月9日　在新疆参加"'和'文化论坛"，这是韩少功第三次到新疆。会议期间接受记者采访，韩少功就地域文化、天人合一、族群和睦等问题，谈新疆的"和"文化与"和"体制，新疆电视台以《韩少功：我眼中的"和"美新疆》为名播出。

8月19日　于台湾佛陀纪念馆会见星云大师。

8月29日　发新浪微博称："闭关写书，一晃数月。出来透口气，已是秋天。在台湾见星云大师，体会他的'老二哲学'，就是既要努力，又不要太计较。"

8月　海南文化交流团赴台开展文化交流，韩少功为团长，与星云大师、余光中、罗门等台湾文化名人交流，增进双方了解和文化认同，增加了琼台文化界对加强两岛文化交流合作的共识。访问期间，海南交流团还与台湾文化艺术交流协会签订《琼台文化交流合作框架协议》，标志着琼台文化交流合作进入制度化新阶段。

9月12日　韩少功与刘亮程对话《植根于大地的写作》刊《文艺报》，阎晶明主持。韩少功说："也有不少作家在乡下生活过。还有一些画家也会选择去乡下。这可能与文学和美术的个体化生产方式有关，而戏剧、舞蹈、电视等方面的生产似乎就不行了。作家们的采风、挂职也可以下乡，当然也有作用。但说实话，采风基本上是旅游，是农家乐，太皮毛化了。挂职也大多是形象工程。以前我在湖南和海南都挂过职，但戳在那个官位上，你很少能听到真话和实情，别人把你当领导，只是简单汇报，大凡都是一些数据……但以这种方式介入生活，其力度肯定会比亮程要小得多。"刘亮程的工作室既不是政府部门，也不是社会团体或商业机构，"有体制的弹性，便于与社会的各个层面交往，与民众都走得很近，这是一种很不错的状态"。"他们这些在电脑屏幕前长大的人，所有关于社会、历史以及人生的知识皆从电脑上来，写作便成了一种完全技术化的面壁虚构。但我们的商业体制正在鼓励这种东西，正在用这种东西训练读者，杂志一发可能就是几十万份。低体验的写作，与低体验的阅读，正在互相造就和互相繁殖，形成一种机制，一种利润可观的产业。"

9月14日下午　到汨罗市范家园中学，与老师们探讨文学人生。《湖南日报》16日刊发《韩少功乡村中学授课记》。

9 月 22 日　发新浪微博、腾讯微博称："'想得清楚的写成随笔，想不清楚的写成小说。'四川文艺出版社以本人多年前的这句话立意，编成《韩少功汉语探索读本》三卷，算是清楚与不清楚对练，白天与晚上过招，编得比较巧，是本人最满意选本。"

9 月 24 日　杨晓敏《碎片化读写的时代——韩少功小小说印象》刊《海南日报》。

10 月 11 日晚　接受新浪读书采访，谈莫言获诺贝尔文学奖。

10 月　郭小东《中国知青文学史稿》由北京十月文艺出版社出版。"韩少功：楚地的翘楚"一节论述："韩少功习惯于把'知青'设置成一种功能性角色，使其作为观照生活的叙事视点，通过追忆的方式，把关于知青的经历不动声色地填入文本缝隙中。"

11 月 4—17 日　韩少功、格非应华中科大"中国当代写作研究中心"主任方方的邀请，作为驻校作家参加为期两周的"2012 秋讲"系列文学活动，"作家驻校"问题再次引起媒体广泛关注。韩少功 5 日作演讲"文学在电子时代的变与不变"。

11 月 9 日下午　受湖北省作家协会之邀，与格非在汉口一家咖啡馆，参加"山南水北·人面桃花——韩少功、格非作品诵读·无主题对话会"，与武汉读者交流，方方出席。韩少功说："与青年人对话，从他们身上看到文学微弱的光亮在哪里，这是我来武汉驻校的原因。"

11 月 10 日下午　在武汉市图书馆作"乡土中国"公益讲座。

11 月 11 日　出席"2012 年秋讲·喻家山文学第二次文学论坛"。

11 月 12 日晚　在华中师范大学作"文学寻根与文化苏醒"的讲座。

11 月 13 日　劳仲《话说韩少功》刊《长沙理工大学报》。

11 月 13 日晚　在武汉大学作"文学与世道人心"的讲座。

11 月 26 日　文论《再提陌生化》刊《文艺报》。

11 月 29 日　到山东淄博参加由《文艺报》、淄博市政府共同主办的第三届蒲松龄短篇小说奖颁奖活动，张炜、刘庆邦、毕飞宇、迟子建、雷达等参加，韩少功《怒目金刚》、迟子建《解冻》、毕飞宇《一九七五年的春节》、艾玛《浮生记》、李浩《爷爷的"债务"》、阿乙《杨村的一则咒语》、蒋一谈《鲁迅的胡子》、付秀莹《爱情到处流传》8 篇作品获奖。

11 月 30 日　访谈《韩少功：好作家是好读者逼出来的》刊《四川

日报》。就文学边缘化，写作技术或文体创新是否能将文学拉回主流说："手法、技术当然很重要，需要有更多的才情和创造性，但最重要的，可能还是创作态度要拨乱反正。如果现在出现一个文学的相对低谷，我觉得作家们本身要负一大半责任。如果写作成了一种虚情假意博取名利的生意，如果作家一开始就没打算与读者真诚对话，只是挤眉弄眼或张牙舞爪，说不出几句有意思的话，那么读者离开你，是再正常不过了。从某种意义上说，好作家是好读者逼出来的，坏作家也是坏读者惯出来的。这里有一个互动关系。"认为文学自救需要一个"凝聚着智慧和美的监测机制"，"呼唤一种高质量的文学批评"，"文坛上如果没有一种独立的、健康的、强大的批评声音，就丧失了一种必要的自净机制"。

11 月 《关于压力》刊《语文教学与研究：教研天地》第 11 期。

12 月 1—4 日 与蒋子龙、叶广芩、蒋子丹等 13 名著名作家抵达海口，参加《人民文学》"绿色笔会　海南农垦行"采风活动。

12 月 11—12 日 参加由海南省作家协会、《文艺报》、海南大学人文传播学院联合主办的中国新世纪长篇小说研讨会，阿来、梁鸿鹰、阎晶明、孔见等参加。

12 月 11 日 《海南日报》发表报道《韩少功、杜光辉、吉君臣榜上有名》称韩少功的《马桥词典》荣登加拿大列治文公共图书馆评选的"最受欢迎的中文小说"榜。

孔见《韩少功比莫言更"当代"》刊《深圳晚报》。

12 月 31 日 文论《"小感觉"与"大体检"》刊《文艺报》。

12 月 钟磬如访谈《韩少功：好作家是读者逼出来的》刊《文学月刊》第 12 期。

对话胡仲明，后以《生活是更大的文学——对话韩少功》为题刊《江南》2013 年第 2 期。韩少功主张作家或者广义的知识分子，应该坚守"知行合一"的传统。"再好的文学，再好的哲学或史学，都不应该成为'口舌之学'，而应该成为'心身之学'。作家的都市化、精英化、职业化，也许不是文学之幸。""大约三分之一的作品对于我来说遗憾少一点，这包括《爸爸爸》《马桥词典》《山南水北》等。""我写作一般是顺势而为，因其自然，有状态就写，没状态就不写，有小说状态就写小说，有散文状态就写散文，没有明确的计划安排。""每年至少有半年离开知识圈，就是想接触更多圈外的人和事，尽力'注销'自己的作家身份，扩展自己的感觉面，活跃自己的感觉，接一接'地气'。"

洪子诚《丙崽生长记——韩少功〈爸爸爸〉的阅读和修改》刊《中国现代文学研究丛刊》第 12 期。本文对作品解读的两个阶段——自作品发表到 80 年代末、90 年代后期到 21 世纪初——进行了梳理，分析了不同时期的解读方式、解读内涵以及与时代的隐秘联系，同时比照日本学者的解读，揭示出不同时代精神、文化背景及生命视野下，这种解读所呈现的新取向。韩少功在 21 世纪初的修改赋予了作品更多的温暖色调，人物更多的自主性，从而一定程度上淡化了寓言化的批判性。

年底《华尔街日报》向英语读者介绍了五本不该错过的中国书籍，《马桥词典》名列其中。推荐词写道："与众多陈腐的中国当代文学作品不同，《马桥词典》是一部清新之作。整部小说将史诗般的历史叙事融入一系列厚重的小故事中，结构紧凑，语言精警。"文中尤其着重指出"词典的叙事文体使这本书别具魅力。虽然很多中国小说都自诩继承了魔幻现实主义的传统，但《马桥词典》才算做得到位：将熟知的世界描绘成一幅异乡的模样，通过对每个词条进行耐心、细化的定义来深化语义的神秘意蕴，以这样的方式引领读者在字里行间探索领悟。"（吴赟《民族文学的世界之路——〈马桥词典〉的英译与接受》）

本年 Carlos Rojas（罗鹏）的 *Humanity at the Interstices of Language and Translation* 刊 *Chinese Literature Today* 第 2 期。

本年度重要研究论著

陈润兰：《庄禅智慧对韩少功后期小说的影响》；龚政文：《从线性叙事到片断表达——20 世纪 90 年代以来韩少功的文体探索》；胡俊飞：《在昆德拉与韩少功之间——兼与陈思和先生商榷》；王青和姚海燕：《"八溪峒"人的合理生活与〈山南水北〉的叙事策略》；陆杰：《〈暗示〉：不是说服，是聆听的开始》等，《湖南工业大学学报》第 1 期。

魏美玲：《韩少功〈山南水北〉的乡土世界》，《四川大学学报》第 1 期。

旷新年：《韩少功小说论》，《文学评论》第 2 期。

邹戈奔：《魔幻现实主义与韩少功的创作转型》，《作家》第 6 期。

廖述务：《公共正义的诗意构想——以韩少功新世纪创作为中心》，《文艺理论与批评》第 3 期。

徐仲佳：《论〈马桥词典〉的"思想"与"叙事"之裂痕》，《中国现代文学研究丛刊》第 6 期。

姜欣:《论韩少功小说的文体选择与写作困境》,《郑州大学学报》第 5 期。

二〇一三年　六十岁

1月6日下午　与星云大师对话"幸福生活与中华文化复兴"，后以《对中国文化"一定要有坚定的信心"》为题刊1月9日《光明日报》。次日，韩少功新浪微博有博文"应海南省台办邀请，昨与星云法师对话。他的'人间佛教'把神学变成人学，有点像17世纪前后路德、加尔文等对天主教的改革，值得敬重。有意思的是，连法师都要包容（不拒儒、耶等）和务实（兴学、助医等），为何眼下自诩'科学'的大学里却更多偏执和空疏?"

1月29日　田超《张颐武赞作者想象力惊人》刊《京华时报》。其中提到《哈扎尔辞典》引进出版后，张颐武在回顾当年"马桥事件"时说："我的观点到现在也没有任何改变，这是捍卫我们表达自己观点的权利。"

1月　《对抗文学的扁平化》《山上的声音》《生离死别》刊《长江文艺》第1期。同期刊有鄢莉的评论《听〈山上的声音〉》。

《〈日夜书〉（长篇小说节选）》《文学之惑》刊《创作与评论》第1期。

聂鑫森《话说韩少功》刊《创作与评论》第1期。

刘复生的《文学的历史能动性》由昆仑出版社出版。其中《想象一个新世界——韩少功的政治哲学》认为：对公平、正义的社会理想的追求构成了韩少功写作的核心主题，他所追求的是如何对当代世界做出更深刻的批判性理解，为想象进而建设一个更公正、美好的世界提供新鲜的思想启示，其中也包括做出广义的社会政治哲学方面的探究。

2月2日下午　出席海南省文联、海口市美术家协会主办的"传统之根与绿色情怀——海南画派系列作品展刘贵宾画展及研讨会"。

2月28日　发新浪微博："生活中永远难免污浊，但不必认为粪团子是香饽饽。承认前一条，是现实主义；坚守后一条，是理想主义。"

2月　范宁访谈《韩少功：寻根之旅仍在延伸》刊《长江文艺》第2期。谈文学与时代、乡村生活与自身创作、寻根、诺贝尔文学奖、作品翻译等问题。在谈到乡村生活时说："能与底层、与自然重新建立亲密关系，可能是人生之幸……乡下的人都自认是最底层的人，不会有城市人那种互相琢磨、互相比量、互相提防、互相禁闭的等级化心态，最容易接近。他们直接来自土地的情感和智慧，可以帮助一个作家扩展视野，包括激活自己某些沉睡的感受。"

《月亮是别在乡村的一枚徽章》刊《视野》第3期。该文曾被《人民文摘》（2015年第6期）、《青年博览》（2015年第16期）及许多地方报纸刊登。

《一只爱表现的猫》刊《天天爱学习（三年级）》（旬刊）第4期。

3月10日下午　出席第二届澳门文学节开幕式，谈文学全球化。开幕式后，接受女性学者荒林专访。谈虚拟时代兴起之后，人类情感、经验的"变"与"不变"及其对文学写作的影响。韩少功指出：在信息泛滥的时代，梳理、筛选、读解、辨别、屏蔽信息特别重要，优秀的文学批评将大有可为，"批评有可能帮助大家有一个好肠胃，应对信息过多和过剩这样一个困境"。访谈以《时代与文学》为题刊《创作与评论》第12期。

3月12日　接受《南都周刊》记者采访，后以《打给知青文学的问号》为题刊《南都周刊》第12期。谈《日夜书》的取名原因："一是感慨岁月之长，三十多年构成了一种大跨度的远望。二是人性也好，社会也好，总是像白天和夜晚，有不同的面貌，既有阴面也有阳面。我想展现它的复杂性——其实也算不上多复杂，也许只是不能吻合某些流行观念模式，就会让有些人觉得怪异，不那么方便贴标签。"谈如何写知青这代人："以知青为题材的作品已有很多，是新时期文学的一大笔财富。但有些作品透出一种过于自恋或过于自怜的情绪，成了亮伤疤抹鼻涕的诉苦比赛，构成了记忆的扭曲。社会总是由具体的个人所组成……谁都在指责别人，那个被指责的却成了空洞的影子。因此，我赞成记住历史的苦难，但一个问号打给社会的时候，另一个问号也许需要打给我们自己。在这部小说里，我对同辈人有同情，有赞美，但也有反省和批评，包括写了一些可能让我们难堪的东西。"谈小说的人物塑造："在长篇中用主要的笔墨来塑造人物，这可能还是第一部。""我年少的时候喜欢现代主义，在处理人物时乐意夸张、变形、武断、狂放，有时候会让意象和氛围变成作品的主角，人物反而退居其次。但这种风格也有巨大的风险。实际上，美术、音乐、戏剧、文学上的现代派，后来越来越观念化和抽象化，以至有不少人成天玩概念，一个劲地'憋'概念，好像都是哲学系毕业的，离感觉与形象倒是越来越远，有时候连技术也不要了。我对这种流风不以为然。换句话说，在我看来，不管如何'前卫'，人物形象还是小说的核心竞争力，至少是核心竞争力之一。没有结实人物的小说，就属于花拳绣腿的忽悠，或是缺血缺钙的虚肿。"

　　3月18日　访谈《文学，敏感于那些多义性疑难》刊《文汇报》。谈到《日夜书》："以知青为题材的文学作品已有不少，我从中受益良多。……但哭哭啼啼或慷慨激昂一旦成为模式，就会遮蔽大量的生活真相，误导我们对自己的认识。说到过去，指责他人和社会是最省事的办法，是自恋者和自怜者那里最常见的心理安保措施。……这本书更多一些自省的意味。宫廷题材、战争题材、青春题材等可以不断地写下去，那么知青题材当然同样也有巨大的叙事空间，有陌生化的可能性，有作家们自我挑战、自我颠覆、自我再造的机会。这本《日夜书》也算不上知青文学，因为作品里有些人物并非知青。"谈到小说随意质朴的形式："我希望我的这本书有慢跑甚至散步的风格，对读者多一点亲和性与日常感。当然，我较多使用'闪回'和'跳接'的方式，经常在远景中叠入近景，在广角中植入特写，是力图提供一些观察的特殊角度，伏有一种诱导的心机。但我不会做得更多，得提醒自己尊重读者的理解力。换句话说，我要让自己说的故事容易理解，这是我的义务和责任；至于这些故事该如何理解，是读者的事。"

　　3月27日　发新浪微博称："最近应邀给《天涯》编辑谈审稿，说到多元是有及格线的。硬伤迭出、逻辑混乱、花拳绣腿，人身攻击搅水等在及格线以下，无论左右都应格'毙'无论。否则就像打球没规则，多元成为比烂，毫无进步可言。"

　　3月29日　对话《韩少功：好小说都是"放血"之作》刊《人民日报》。"这个'血'是指货真价实的体验，包括鲜活的形象，刻骨的记忆，直指人心的看破和逼问。我从来把这个东西看作文学的血脉。没有这个东西，小说就是放水，放口水，再炫目的技巧，再火爆或者再精巧的情节，都可能是花拳绣腿。我在这本书里，写了几个同辈人在几十年里的跌跌撞撞和摸爬滚打，从中引出一点人生的感怀和思考，如此而已。这些描写不一定是精彩，但首先必须坦诚，直面纠结或痛感。事实上，不管是对这些同辈人的赞美还是批评，对于我来说都是有痛感的。""我写小说，特别是写长篇，愿意多留一点毛边和碎片，不愿意作品太整齐光滑，不愿意作者显得'太会写'。也许这更符合我对生活的感受。因此这本书的某些部分有散文元素，甚至像回忆录。其中的'我'是亲历者，也是观察者，台前台后的位置须酌情而定。在另一方面，'我'还是个虚拟的叙事者，有作者时不时的'附体'。他既是镜头里的风景，又是镜头本身，需要处理当下语境对记忆的激发、筛选以及变焦。这样，一种'时进时出''大进大出'的结构可能就较为方便。"

3月31日上午 发腾讯微博称："长篇小说新作《日夜书》已由《收获》第2期刊发，由上海文艺出版社出版单行本。有的网友读后大呼过瘾，有的网友说读着读着睡过去了。都是好消息。"在接受记者采访时说："其实是因为我希望我的作品具有争议性。一部作品的问世不可能皆大欢喜，如果所有人都对这部作品叫好，这反而是有问题的。所有作品都逃脱不了存在争议性的命运。"①

3月 《日夜书》完整刊于《收获》第2期。韩少功强调这不只是一部知青小说，"小说里人物的背景是知青身份，但叙事的重点还是这个时代。小说不只是关注知识分子，还有普通工人、个体户和官员，我写的是这代知青的当代群像和他们的当代命运，就是一代人的命运"。《收获》执行主编程永新在小说里看到了"知识分子思想脉络的梳理"，"描绘了中国当代复杂思想的起源和脉络"。韩少功则回应说："作为一个写作人，我更感兴趣的是人的性格、气质、情感、命运等等，如果一不小心遭遇到思想，我也会更注意思想的表情。比如一个刚愎自用的'左派'，不难成为一个刚愎自用的'右派'。所谓观念易改，本性难移。刚愎自用是比'左''右'更让我困惑的东西，或者说是更让我揪心和入迷的人性指纹。我们现在还能记住李白、苏东坡是政治上的哪一派吗？还能记住托尔斯泰或马尔克斯在当年是'左'还是'右'？在这个意义上，人性大于政治，形象大于观念，好的文学作品对于一时一地的观念总是具有超

① 《韩少功：躲在文学角落里称王称霸》，《广州日报》2013年8月24日。

越性。"

《文学寻根与文化苏醒——在华中师范大学的演讲》刊《新文学评论》第 1 期。演讲中指出"文学寻根"的两个背景，两种经历，两种批评与"多重现代化"。"'寻根'不是要建立博物馆，不是要厚古薄今，不是要守成。与之相反，我们只是认识和利用各种各样的文化资源，进行优化的配置组合，来支持和促进我们的创造。"

《日夜书》由上海文艺出版社出版。后被《当代》评为长篇小说"2013 年度五佳"；入选中国小说学会 2013 年度中国小说排行榜；入选《中国作家》2013 年度最佳长篇小说排行榜；入选由国家新闻出版广电总局组织开展的 2013 年度"大众喜爱的 50 种图书"；入选 2013 年度的"中国原创文化榜"图书（虚构）。

《日夜书》出版三年后，韩少功再次谈到这部小说："'中国故事'难讲，最难讲的一层在于人和人性。没有这一层，上面的故事就是空中楼阁"，"我尽量写出欧洲批评家们说的'圆整人物'，即多面体的人物，避免标签化。"① 与《马桥词典》《暗示》相比，韩少功在《日夜书》中已经由关注人的"语言—存在"转为注重刻画人物形象、关注历史与现实中的人性问题，回到了三十年前所追求的"一心写出人物的典型性，向字里行间渗入我的思考——或是关于人类社会历史的思考，或是关于个人生存现状的思考"上来。其实从《暗示》写作前后起，在《兄弟》《山歌天上来》《白麂子》《土地》《报告政府》《生离死别》《末日》《第四十三页》《赶马的老三》《山南水北》等作品中，这些变化已有所体现。

随笔三则（《养鸡》《太阳神》《再说草木》）刊《江南》第 2 期。

孔见等《对一个人的阅读——韩少功与他的时代》由江苏文艺出版社出版，收录《丙崽生长记——韩少功〈爸爸爸〉的阅读和修改》《韩少功小说论》《未完全打开的具象之门——读韩少功〈暗示〉札记》《寻找语言之外的语言——重读〈爸爸爸〉》《韩少功的〈山南水北〉和孔枝泳的〈孔枝泳的智异山幸福学校〉比较研究》《韩少功与中国当代文学的特点——从老外的眼光看》等文章。

---

① 韩少功、王雪瑛：《作家访谈：文学如何回应人类精神的难题》，《当代作家评论》2016 年第 2 期。

　　4月9日　"天涯社区"在天涯热帖网联合上海文艺出版社推出抢楼送《日夜书》活动。

　　4月11日　北乔《写出一代人的命运》刊《文学报》，评介《日夜书》。

　　4月17日　访谈《韩少功：经验资源之后，需要精神上的沉淀、消化以及回应》刊《中华读书报》。谈到《日夜书》创作："大的架构变更有过一次，其余都是小修小补，相当于围棋终局的收官。这些小修小补在读者受益之前，首先是作者自己的享受。我是个贪图享受的人，有时候会一改再改，好像永无定稿。一个句子改顺了，更生动了，更精粹了，更有力量和光彩了，心境快乐无比。写作最大的乐趣其实就在这里，在于心手相应，无中生有。""我的这些同辈人经历了'文革'和改革……但这样一大片经验资源，需要一种精神上的沉淀、消化以及回应。我们到底做过了些什么？我们到底有哪些得和哪些失？如果与儿孙辈交谈起来，我们能提供哪些人生教训？这就是我写作中经常遇到的疑问。事情毕竟过去这么多年，我希望自己尽可能克服情绪化，多一些冷静求实。"韩少功说自己从未远离过"创作危机"，经常觉得写不动，写不好，写不下去，"瓶颈"几乎是接二连三的。

　　4月18日下午　参加海口举办的第二十三届全国图书交易博览会，开幕前夕在海南省图书馆举行《日夜书》新书签售。

　　4月19日　接受新华网记者采访，访谈《寻根文学主将韩少功：我是被"寻根"了》见新华网海南频道。韩少功说："我从来不用这个概念，寻根只是我们讨论文学的一个方面，并不代表有了文化寻根我们就能写好一部小说。"决定文学的因素很多，无论是讨论寻根还是先锋文学，都只是究其一点，无法解释清楚文学这个复杂的概念。"知青很难被看做是统一的群体"，知青中有英雄，也有坏人，随着年龄和阅历增长，知青在韩少功的文学视角中发生了变化。"时间拉开了距离，这让我更容易聚焦知青这个群体"。知青跨越了城市与乡村两个空间，经历了"文化大革命"与改革开放两个时代，时空上的剧烈震荡和撞击，有的知青沉沦了，有的却更为奋发，"知青一代有很多事情值得反思，这部小说就包含了这层思考"。

　　《韩少功："我是被'寻根'了"》《韩少功：我是"被寻根"的》分别刊于《北京日报》《扬子晚报》。

4月19日下午　对话中南传媒董事长龚曙光，谈"数字化时代的文化生态与精神重构"，海南大学部分研究生参与。龚曙光高度评价韩少功"情理兼胜"，认同莫言"中国的思想界很少有思想家，韩少功必列其中"的评价。两位对话者认为："数字化技术带来我们生活远近、空间关系的根本性、颠覆性破坏"，改变了人的生活方式和情感方式，"长相思"与"常相念"已不复存在，"假定唐朝有视频的话，流传下来的唐诗会减少了70%"；大量泡沫化的信息，"耗掉我们很多的精力"，"太多的碎片信息侵占了独立思考的空间"，太多碎片的真实"伤害了人类应该特别重视的个体想象力"，"互联网让人们对生活本身的自我体验彻底消失"。在谈及"精神重构"时，两位对话者提出："真实和想象构成的整体感知，这才是我们所需要的世界"，"对生活的审美，和对真相的追索是同样重要的东西"，"重建中国的乡村、乡土和乡愿"等问题。韩少功认为精神的重建，不光要有道德修养的层面，还要有制度的约束，面对海量信息不要暴饮暴食，要提高消化信息的能力。上述对话以《数字化时代的文化生态与精神重构》为题刊《芙蓉》第3期。

4月20日　韩少功、梁晓声、周大新出席"春天的三重唱——对话"。韩少功不认同以"隐居"一词来描述自己的乡下生活："乡下同样有宽带互联网，在那里同样可以联系朋友和参与社会，没什么隐居可言。在另一方面，我不是一个好热闹的人，因此在乡下是适得其所，如鱼得水，不需要什么定力。"

出席《天涯》杂志与《小说月报》共同主办的"读者·作者·编者：全媒体时代的文学期刊论坛"，与《天涯》执行主编王雁翎、《小说月报》主编马津海等共议文学期刊话题。韩少功说自己是"期刊主义者"，呼吁充分重视文学期刊；文学期刊的意义在于它可以关注中小作品，为小人物、小作品提供舞台，功德无量。在现今书籍单本核算的市场环境下，可以将有市场竞争力的作品和市场较差的作品打包组合，分散市场压力，并且最能体现作者、读者、编者三者共同体关系，文学期刊不会因全媒体冲击而消亡。

安徽文艺出版社推出的《韩少功作品典藏》在第二十三届全国图书博览会亮相。王蒙受邀出席该书首发式。该书由韩少功著、何立伟绘，采取名家联袂、文图相配的全新出版形式。首辑出版《马桥词典》和《暗示》。韩少功、何立伟与读者交流创作体会与思考。出版社随后又推出《怒目金刚》《空院残月》《山南水北》《日夜书》等绘图本。

4月21日   赵瑜《韩少功的摄影术——韩少功〈日夜书〉阅读札记》刊《南方都市报》。

4月22日下午   中国作家网第七期"网上学术论坛"进行"韩少功与《日夜书》"研讨。整理后以《韩少功与〈日夜书〉》为题刊4月26日《文艺报》。

4月   访谈《韩少功：〈日夜书〉》（孙若茜）刊《三联生活周刊》第16期。就记者提出的"在诸多精神危机、道德危机面前，你似乎都点到为止。你所想要给读者呈现的当下，是一种怎样的面貌，什么是你最想表达的"问题说："就认识社会和人生而言，小说通常只是原料供货商，并不负责提炼加工，提出问题但不一定解答问题。我在这本书里力图展示具体生活中的一些精神痛点和生存困境，让读者重视这些问号，也期待理论家们来回应这些问号，如此而已。如果说明确态度，我只是明确反对那种对这些问号的掩盖和麻木。"就《日夜书》较为随意的形式说："这本书通过人物的命运故事展开多种对话关系：过去与现在、理想与现实、强者与弱者、前辈与后人、所谓'体制内'和'体制外'……为了凸显这些对话关系，较多地使用跳转和闪回的手法也许合适，可以增强反差的比对。书中主要人物的命运轨迹，应该说基本完整和清晰，因此这本书的结构特点，可能更接近有些评论家的说法：'放射状'，就是说几条故事线索有合有分，但并不强求一种人为的集中扭结，在小说中夹杂了一些散文元素。要集中，要扭结，也不是不可以。到这本书再版的时候，我也许会附上一两种情节备选方案，让那些对传统小说模式有兴趣的读者自己去完成另一个版本。"就书中的"泄点与醉点""准精神病""身体与器官"，以及没有加注标题的死亡等这些段落中，一些情节和人物被认为像是解说的案例这一问题指出："这些都牵涉到人的'身体'，其实是人文界近些年来十分流行的话题。我采用这种故事专题组合的方式，不过是要行使文学的发言权，揭破身体里潜藏的社会和历史，即'人们未必自觉的文化纵深'。人类有文字、高智能、文化传播、社会组织已几千年了，有些人仍把人看成'发情机器''刷卡动物'以及'自私的基因'，实在是过于小儿科。文学如果盲从这个新的意识形态神话，实在有负于'文学作为人学'的职守。作家最应该警觉这一套伪心理学和伪生理学的陈词滥调。"

典藏版《山南水北》由湖南文艺出版社出版。

《革命与游戏——2012 秋讲·韩少功　格非卷》由长江文艺出版社出版，为对韩少功于 2012 年 11 月 4 日至 17 日受邀进驻华中科技大学开展"2012 文学秋讲"活动的学术精编。收韩少功《电子时代：文学的变与不变》《文学寻根与文化自觉》《乡土中国》等演讲；《文学"复魅"与"临时建筑"——韩少功、格非与中国当代写作研究中心教师的对话》《文学资源与作家的选择——韩少功访谈》等谈话；《在"革命"与"游戏"之间——谈韩少功小说创新》（吴艳）、《近十年来韩少功研究综述》（王庆）、《现代性突围与生命根性表达——论韩少功的乡土散文》（涂慧）、《〈赶马的老三〉中的农民形象与民间智慧书写》（李敏锐）等论文。后附"韩少功作品及研究目录"。

《人民文学》英文版 *Pathlight*（路灯）2013 年第 1 辑 Spring 号以"未来"为主题推介中国作家作品。其中有韩少功关于其创作的问答（Bryan Davis）与小说《末日》（Bruce Humes 译），此外还有残雪、刘慈欣、郝景芳、星河等人的作品。

丁帆主编的《中国新文学史》（上下册）由高等教育出版社出版。在"文化意识与审美意识的深化"一章中列专节"韩少功：语词与乡土文化"，"韩少功与其他乡土文学作家的不同之处在于，他是一位具有知识分子省察意识的作家，他对于乡土中国的书写往往带有文化反思的特征。他有语言的自觉，能够抓取乡土文化和乡土生活的精神框架，并进行深入探询。韩少功小说的叙事人对话语十分敏感，这使韩少功的乡土世界具有鲜明的'语词'的特征，风俗志和精神史都通过言语层面表达出来。""韩少功对文学语言的关注要远远高于其他同代作家，他的叙述话语受西方现代文化影响的痕迹较重，但他同时又能够注意利用丰饶的风俗画面与细腻的生活和生命细节来弥补文化概念先行的缺陷，让充满判断和反思的理性存在物附着于形象。"

5 月 8 日　赵瑜《与青春有关的日子》刊《中华读书报》。认为："《日夜书》是韩少功对自己那一代人的'青春'进行祭祀的写作，韩少功采用了《史记》'传记'的方式。对青春记录簿上的所有朋友都做了画像式的刻摹。他写出了一代人的怅惘和幸福。"

5 月 17 日　发新浪微博、腾讯微博："老是被记者追问小说里的人物原型是谁，便想起张炜的妙答：你喝酒就好了，一定要从酒里扒拉出什么玉米或谷米来，有必要吗？"

5月21日　《韩少功："晴耕三亩，雨读千年"》刊《楚天金报》。韩少功谈到长篇小说如何吸引读者："不管写什么，坦诚表达自己最为重要。我的意思是，只需要三五年，一二十年，哗众取宠的泡沫大都会被读者们无情地逐出视野。如果一定要考虑读者，那至少要放眼三五十年的较长时段，不要障眼在一时一地。"

5月22日　《一线作家被指集体靠回忆吃饭》刊《深圳晚报》，文中指出：苏童、韩少功、梁晓声、叶兆言等很多著名作家都在靠回忆"吃饭"，小说里写的都是往事。但读小说的人全部是生活在当下的，他们很希望从那些新长篇中看到当下生活的影子，看到著名作家对现实生活的态度和思索，尤其是年轻的读者。业内有人士认为：这是创作规律的必然结果，反映了一线作家集体面临的"中年危机"。当前有些作家在创作中疏于关怀活生生的、具体的"人"，疏于贴近到现实的生活，对当下生活不了解，比较保险的办法就是写过去。

5月23日　赵妍访谈《韩少功新作〈日夜书〉描写知青一代的当下命运："我写了一些可能让人难堪的东西"》刊《时代周报》第19期。韩少功在《日夜书》写作时，既扮演叙事者又充当诠释者，将诠释放入"故事"中，在他看来"小说是一种较为开放的文体，可以包容诗歌和戏剧，也可以化用新闻和理论，这方面的例子不胜枚举。小说的边界是叙事，因此只要不妨碍叙事的，有利于叙事的，各种非小说因素都可纳入其中为我所用，并不需要自我囚禁。面对现代读者群体的知识化、高学历化以及信息存量迅速膨胀，讲故事也并不一定要局限在鸡毛蒜皮和家长里短的水准。恰恰相反，注入更多知识含量，增强智能交流的效率，也许是对当下讲故事人新的要求。在这种情况下，你说的'诠释'，只要用得分寸合适，成为'故事'有机的组成部分，大概也是可能的。"韩少功通过"马涛们"来描绘和反思当代知识分子质量，"马涛的热情与顽强难能可贵，但他的自恋、偏执、空谈不实等确实构成了自己最大的障碍，也折射出某些社会病相和时代流习的深度制约。这在写作过程中一再使我感慨。他确实是中国知识分子中常见的问题人物之一，悲剧性的英雄之一。但问题显然不止这一个。姚大甲的嘻哈玩世，小安子的幻想症，郭又军的世俗沉沦……是不是也都值得反思？知识分子的身上经常流着小资血脉。小资擅长愿望与姿态，具有极大的文化能量，但拙于行动，拙于持久的、繁琐的、摸爬滚打和精雕细刻的务实性建设。发展中国家的小资被更多的焦虑所挤压，更多一些文化和精神的贫血症，因此更应该多一些自我反思。"

5 月 27 日　《笑脸》刊《楚天都市报》。

5 月 30 日　《韩少功："我写了一些可能让人难堪的东西"》刊《汕头特区晚报》。

5 月　《小小说选刊》第 14 届优秀作品奖评选在河南郑州揭晓。韩少功小小说《乡村英文》（《新民晚报》2011 年 12 月 2 日）获奖，这是继《棋霸》首次获奖后再次获奖。

6 月 4 日　发新浪微博："以出世之心做入世之事。不那么看重结果的得失，不那么计较友人的亲疏，就不容易受伤了，没什么好事也可以傻乐。这种高人表现出另一种没心没肺，有金刚不坏之身。"

6 月 8 日下午　李陀、程光炜、朱厚刚、李云雷、刘禾、杨庆祥等人在中国人民大学举行韩少功作品讨论会，后经整理以《当代小说国际工作坊——韩少功作品讨论会》为题刊《文艺争鸣》2014 年第 10 期。后被收入李陀、程光炜编《放宽小说的视野：当代小说国际工作坊》（北京大学出版社 2016 年版）。

6 月 9 日　访谈《韩少功：以出世之心做入世之事》刊《羊城晚报》，6 月 15 日《文摘报》选刊。其中提到他不想把知青题材写成"表功会"或"诉苦会"，只是想写一些有弱点的打拼者甚至英雄。在谈及作家介入现实问题时说："作家应该根据自己的所长来选择介入现实的方式，速效药，长效药，都可以。相反，如果制定出一种所有作家都必须共同遵守的方式，倒可能把事情搞砸。"谈及《日夜书》的叙事方式时说："《日夜书》里情节不算少，但我有意留下一些回忆录的笔法，留下一些毛边、不对称、跳跃性的空白，使它更接近生活和回忆的原貌。这并不妨碍我喜欢有些起承转合得十分标准和严格的小说，自己也会写一些。作家有不同的选择，在不同情况下也会有不同的选择。"韩少功在回答《爸爸爸》是否技巧性过重时说："很高兴自己有《爸爸爸》这样的技术训练"，谈到马尔克斯时说："老马的那种造句，是把三个时态压缩在同一个句子，我想学也学不来。我只是用了一般的倒述句，很普通的。我当然喜欢这位拉美作家，受了他多大的影响，自己也不知道。……我那篇《归去来》，明明是庄周梦蝶的结构，但有人也用来联系老马，实在没办法。"

6 月 14 日　韩少功、刘禾、张承志、索飒、李陀、鲍昆、格非、王中忱等，参加由清华大学—哥伦比亚大学跨语际文化研究中心（刘禾任中心主任）主办的座谈会，座谈会上谈倪慧如、邹宁远合著的《当世界年轻的时候——参加西班牙内战的中国人》（广西师范大学出版社 2013 年版）。韩少功认为左翼有一种世界性的情怀，"联想到这本《当世界年轻的时候》，我觉得我们中国知识界，虽然现在好像刚刚喘过气来，我们的一切都很新，我们的建筑、我们的服装、我们的汽车、我们买的飞机，都是非常新的，这样的一个国家，我们在某些方面非常衰老，我们一点热情都没有，这个热情越过我们个人的边界，越过我们家庭的边界，越过我们国家的边界，这种温暖的东西太缺少了。"

《汨罗江记忆》刊《湖南日报》。

6 月 21 日上午 10 时至 11 时　做客天涯社区，在线交流中谈到《日夜书》："也许这个书名有一点沧桑感，还有一点阴阳互补的复杂意味。"谈到作品的风格时说："我偏好悲喜剧的风格。这只小猴子的故事也是亦悲亦喜，对它的理解当然是开放式的。""'纯文学'这个概念并不准确，如果是指对人性与社会有洞见并有艺术形式创新的写作，当然应该成为写作人应有的标高。写爱情、写武侠、写历史、写间谍的都多了去了，但任何题材写作都有上品与末流之分，在网络时代同样如此。曹雪芹与张恨水永远是有区别的"，"我说自己写作《马桥词典》时还没读过《哈扎尔辞典》，很多人不相信。国际比较文学学会的主席，一位叫佛克马（Douwe Fokkema）的老头，我没见过，说《马》书与那本书'完全不一样'，并认为《马》书'更有原创性''更有价值'，他这一说法很多人还是不信。有些中国同胞就是相信中国人只能给老外当小学生，我对此只好无话可说。"

6 月　《韩少功：当代文化中的"农夫"》刊《西江月》第 6 期。

周明剑等主编《湖南长乐古镇文化》（插图本）由中国发展出版社出版，韩少功作序。

7 月 16 日　《农耕定居的胎记》刊《中国剪报》。

7 月 31 日　方能《韩少功长篇小说〈日夜书〉：求奇友　觅赤心》刊《文艺报》。

7 月　翻译费尔南多·佩索阿的《旅行者本身就是旅行》刊《中国

《国家旅游》第 7 期。

8 月 4 日　访谈《韩少功：展示一代人的精神史》刊《燕赵都市报》。其中谈到马涛形象："有一些人总觉得自己明珠暗投，不被他人理解和拥戴，好像每个人都欠了他三百大洋。这些人也总觉得世界上有特别理想的地方，让自己的伟大和永恒放射光彩。马涛可能就是这样的幻想家。'准精神病'一章里列入了他的故事，是作者想提醒读者，不论他是前面的'左'还是后面的'右'，他的心理痼疾更值得注意。"

丁雄飞《一代人的蒙太奇》刊《东方早报》，评论《繁花》与《日夜书》。指出《日夜书》"一方面触及'母亲—根—大地—自然—存在'，另一方面牵涉'人—时代—共和国'，且以'身体'为中介来联系二者，探究其中种种横向的关系、纵向的连续性，乃至变与不变的辩证"。

8 月 12—15 日　上海书展期间，做客新浪读书访谈间接受访谈，指出书名为"日夜书"的原因，谈及《日夜书》台湾版与大陆版的不同。

8 月 12 日　接受《新民晚报》记者专访。

8 月 13 日　《经典的加减法》刊《南方都市报》《清远日报》，又刊《名作欣赏》（2014 年第 1 期）。该文最早收入何锐主编《回应经典》一书（江苏文艺出版社 2011 年版）。韩少功认为：经典的建构"并非无条件的，无法由权力、资本、士林清议一类来随心所欲……思想与艺术终究是硬道理"，"某种普遍而绝对的人性之道，或者说人类较广泛、较持久的共约价值标准，就会构成'经典化'的隐秘门槛，把泡沫和垃圾逐渐淘汰出去"，经典化是一个不断加减的动态过程，"'建构'是文化权重者们做的加法；而淘汰性的遗忘则取决于天下人心，是更多人、在更久岁月、在更大范围同时操作的减法，一种力度更大的减法。"

8 月 14 日　《作家韩少功：书评作家是作品强有力的参与者》刊《新民晚报》。

8 月 14 日上午　做客 2013 年上海书展新浪直播间，谈《日夜书》。"我想把这个长篇小说处理成某一种带有回忆录文体风格的作品，在怀旧的情感氛围中间，不断地回望这一种形式"。"我希望那些人物是很结实的，性格很鲜明的，他给人的印象是很鲜活的。这也是我大概 30 多年写小说都非常注重人物的形象的打造的成果，这可能也是我个人的偏好吧。"书中那只叫"酒鬼"的猴子："也是一个悲喜剧，它有时让人可笑，但是它有时候也让我们动心，让我们的心头有时候会有微微地发颤的状态。这个也许是我的审美的一种情绪，我喜欢写悲喜剧。完全的悲剧，哭哭啼啼的；完全的喜剧就是傻笑的那种，我尽量避开一点。我会喜欢刚才你说的那种笑中带泪的状态，是我比较偏好的东西。"谈书中的贺亦民形象："我写到这个的时候，很同情这个人物。这个人物他应该是我们这些所谓的社会精英的一面镜子，一个反省自己的机会。人家完全不是社会精英，是垃圾类的人物，但是他的很多东西值得我们肃然起敬，这样的东西，我希望尤其是那些知识精英们，在他面前应该多停留一下。"

8月14日下午　在上海书展中心活动区举行《日夜书》签售活动。

8月15日　《韩少功：不要给我扣上"寻根文学"的帽子》刊《重庆晚报》。《文学寻根与文化苏醒》刊《文汇报》，后被《新华月报》第20期选载。

8月15日上午　在上海图书馆以《文学寻根与文化重建》为题作演讲。韩少功说：可以将"寻根文学"理解为一种"对不同文明既相生、又相克的一种焦虑"，不管作家是热爱乡土还是厌恶乡土，这种焦虑都普遍存在，也可能成为他们的作品和"乡土文学"拉开距离的原因。"中国的文明和西方的文明如何对接、融合、重组和创新可能是现在远远还未完成的过程。但我认为，外来文化和本土文化都是我们重要的资源，是我们进行创作的动力来源。"

8月16日　《作家韩少功：中国的文化需要反思和重建》刊《深圳商报》。

《韩少功要将"寻根"进行到底》刊《解放日报》。

《韩少功：作家戴同一顶帽子不合适》刊《齐鲁晚报》。谈道：再写知青的故事，是因为知青一代的人生经验很宝贵。"这一代，一是跨越城乡两个空间，二是跨越'文革'与改革两个时代，有很多社会与历史的交集。他们不是高学历的一代，但可算是底层实践体会较多的一代。"只要作家碰触这个题材，都会注意到那种绕不过去的反差、震荡以及多重性。

访谈《知青运动是一种"高仿"现象》刊《东方早报》。谈《日夜书》没有写知青的苦难和控诉问题："控诉和苦难，很多人都写过。我重复别人的表达没有意思"，"对知青，我既充满同情又有批评。我也听到一种观点，认为知青夸大了他们的苦难，如果和农民比较的话，他们的苦难就减低了。我提倡要以更多角度对知青写作进行研究，结论就不会那么简单。这种不简单是必要的，否则就会陷入某种自闭和自恋"，"20世纪80年代的知青写作有很多诉苦或自我表功，但也有它们的价值，也反映了一定的真实。但各个作家需要有自己的角度，我没有办法取代他们的角度，他们也没有办法取代我的角度"。进而谈及自己的历史观："每一种历史都有各个层面的真相。胡适说，历史是任人打扮的小姑娘。意大利哲学家克罗齐说，历史都是现代史。从我们现在的角度去阐释历史，从我们现在的需要去阐释历史。所以慎重对待历史，不要轻言我知道历史，轻言把握本质。作家的长项是写细节，尽可能真实生动活泼地写生活。历史就像矿石，纯度不可能很高，不可能是纯金或纯银，其包含的信息是非常复杂的，所以不要轻易做判断。作家做的就是去分析其中的元素，他没有义务也不擅长提供结论。小说家不设判断而是提问。提问并不意味着需要明确结论。"韩少功说自己"不喜欢作家职业化、都市化、精英化"，这容易导致信息交流的同质化，"我要的交流是不同阅历、知识背景的人之间的交流，反差大，碰撞有火花，这才有意思"。

8月19日 《作家韩少功：复制其他文明的想法是守成走不通》刊《光明日报》。其中谈到"寻根"不仅是一个文学的话题，也是影响遍及一切文化艺术领域的话题。其要点是如何认识和利用本土文化资源，并且在这一过程中有效学习包括西方文明在内的全人类一切文明成果，投入现代人的文化创造。本土化往往是现代化所激化出来的，本土化又给现代化提供了新的资源和动力，使现代化本身成为一个动态的过程，一个不断丰富和创造的过程。这样的现代化不是单质的，而是多重的和复数的。

8月22日 《生活在自己与自己的抗争中》刊《第一财经日报》。其中有访谈"我忍不住想把问题意识点出来"。韩少功谈及《日夜书》，"书中的主要人物都是非常英雄的，但同时又是畸形的。所谓畸形的也就是有弱点的，所谓自省，就是我既对他们有赞美和同情，但是我也深深知道他们身上所存在的问题。并且，这种问题有时候会很严重。"谈小说结尾的设计："写作常常是情不自禁。小说前面的内容很沉重，有时几乎是一种陷入地狱的感觉，所以特别需要一种天真、明朗、美丽的反差，形成一种张力，哪怕两者之间在情节上没有太大的关联。情绪的节奏、色彩的层次，在写小说时是经常需要把握和经营的。这个世界到底是怎么样的，其实只是取决于我们如何看。你可以把它看作地狱，也可以把它看成天堂。"

何英《〈日夜书〉：那些辩证出来的人和事》刊《文学报》，批评《日夜书》。

8 月 24 日   对话《韩少功：躲在文学角落里称王称霸》刊《广州日报》。在回答"为什么要在 60 岁的时候回忆 20 岁、30 岁"的问题时，韩少功说："我们有时候需要近镜头，有时候需要远镜头，这样可看出一些不同的东西。随着时间距离的拉长，年龄的增长，我们的视野会更广泛，看世界、看过去的感觉会发生明显的变化。"韩少功说他面对过往的态度以及创作的目的，"我想通过这部小说把这种不一样的状态在人物对话中呈现出来。"以回忆录的方式进行创作，"这是我的一个新尝试。因为回忆录的真实感更强，我想通过这种方式把真实感传达给读者，这也是我写这部小说的一个野心。"他很少涉足剧本创作，"剧本我确实写得少，因为电视、电影作品是团队作品，需要导演、摄影、编剧、演员等所有主创人员相互合作、相互协调、相互妥协，并不能以个人意志为中心。但在文学的世界里，作者可以称王称霸，可以完全掌握故事的发展脉络、人物性格等。我觉得自己不太适合团队工作的状态，我喜欢单干，喜欢躲在文学的角落里称王称霸。"

8 月   范子萌访谈《韩少功：知青与寻根》刊《新民周刊》第 33期。谈《马桥词典》与《日夜书》的不同：《马桥词典》主要是观察农村社会、农民的文化遗存，《日夜书》则想要描写知青一代的命运和思想历程。"现在写和当时写知青感觉肯定不一样，就像近距离的观察和拉开距离的观察是不一样的"，"在空间上、时间上拉开距离，观察到的景象就可能不同，就会有一些新的想法。"1985 年参与"寻根"的作家大多有下乡知青或回乡知青的背景，"因为这些人不论是厌恶乡村还是怀念乡村，都有一肚子翻肠倒胃和泥带水的本土记忆，需要一个喷发的载体。'寻根'就是这样的载体"，但韩少功不赞成给作家挂"流派"或"主义"的标签。谈及文学刊物的普遍生存困境："有些是刊物本身的问题，比如它们需要改革，有些是官方体制，大锅饭造成刊物活力不够，负担太重。有些文学杂志，二三十个人在杂志社干，其实我觉得一个人就够了，像鲁迅那个时代，一个人办两三个杂志是很常见的事情，这是体制上的问题。但是大家也要吃饭，所以怎么改革还需要摸索。还有些是读者方面的问题，很多读者觉得钱就是一切，还读什么书呀，这是价值观上面的迷失。所以他们不会关注经典、哲学、文学有什么意义，他们觉得严肃的思考或者认真的探索都是毫无意义的事情"，这是读者的问题，也是时代的问题，需要认真反思。

对话《韩少功：走出"狂欢下的废墟"》刊《瞭望东方周刊》第 33 期，《中华文摘》第 11 期转载。韩少功谈及一直写散文和随笔"追逼问题"的热情："作者可能不必要把自己锁定在某一个固定的文体，某一个行业甚至某一种固定的风格。作者可能可以有更多的自由，作者大于文学，大于他自己的写作。作者可以有很多兴趣……要容许每个人有写作上自由发挥，全面成长的权利。""我也做过翻译，当过编辑、记者，甚至有时候我也干着和文学完全不相干的事情。但是我很享受这样的过程。思考也是我的权利……所以有时候我会涉及一些思辨性的问题……"有些人认为他现在的写作中似乎多了暧昧、模糊、徘徊，不再触碰敏感的热点问题，他解释说"这是因为事情的复杂性超过了我们的预料"，"传统和现代此时已经变成了一个非常复杂的命题，需要慢慢梳理"，"这个时代的虚无主义像是一地鸡毛，现在我们的文化、思想、学术好像都很繁荣，但是人们的内心是一片废墟，是在狂欢下的废墟状态。这个时候，困难的是我们怎么确定自己有限的目标。"谈是否能借助宗教来寻找生活的确定性："宗教是我们一个重要的资源，也是一种比较简单的方式，对很多底层的老百姓来说，可能宗教是比较合适的……但是在全社会范围来说，肯定不能完全满足于此。对更多的人来说，还要寻找新的方式。蔡元培先生就曾经提倡以美育来代替宗教。他说中国宗教的基础是很薄弱的。蔡先生说的美育是很广义的，基本上可以泛指文艺，甚至是人文学科。但是这个说起来容易，做起来还是比较难的。""完全回到宗教我觉得不是一个很好的方式，还是要从文化上努力。"所谓文化上的努力是指："还是要有理性的思考。宗教有一些有益的成分，比如劝人多做善事，少做坏事，这对社会安定有好处，也有很多可以吸收的哲学的思考。但完全靠宗教肯定是不够的，人类的理性思维应该是兼容宗教和科学的，这样的思想能力才会更强大，更健康。"韩少功还就城乡关系逆转、城市人口向乡村流动的可能性进行了探讨。

为刘禾《六个字母的解法》（香港牛津大学出版社 2013 年版）作序，后以《思想史的侦探者》为题被收入《为语言招魂——韩少功序跋选编》。

李少君文学评论集《文化的附加值》由安徽教育出版社出版。作为韩少功在《天涯》时的同事，评论集中的《韩少功的意义》《执著的旅人与开放的思者——张承志与韩少功之比较》《读〈山南水北〉》等文，对理解韩少功有一定启发意义。

9月16日　由湖南省社科院和海南省文艺评论协会主办的《日夜书》研讨会在长沙召开，来自全国各地的四十多位专家学者、作家从《日夜书》的精神世界、典型塑造、文体创新等层面进行了多角度、多层面的深入研讨。

9月17日上午　海南省台办主任刘耿在八景乡向韩少功赠送"功在两岸"牌匾，感谢他为促进两岸文化艺术交流所做的贡献。

9月25日　木叶的访谈《韩少功：从"文革"时代到改革时代》刊《中华读书报》。"《日夜书》的写法是长藤结瓜，虽有一个'我'贯串始终，但他有时是叙事者，有时是参与者，串起一些不同的人物和故事，很难说哪个是主角。""我的重点并不是晒苦难，那样的作品已经车载斗量了。我更关心人格、心态、情感、命运。""我不会像有些小说家那样写改革，写苦难，写人性，作家们的视角不能相互替代，也最好是各不相同。有时候，我不会太惯着读者，会给读者出点难题，比如写一个好人突然不那么好了，或者写一个人渣突然让我们感动，比如贺亦民那样的二流子，后来居然做了件惊天动地的大事，几乎成了一个英雄。我这样做无非是要为难一下读者，看我们以前的看法是不是太简单了。"谈到结尾的"种太阳"："如果说寓意，种太阳就是种下一种美丽愿景。不管是'文革'时代，还是改革时代，我们都遇到这么多痛苦的障碍，每个人的前进都那么艰难，但太阳一样的理想，仍然是这个世界值得珍惜的理由。"谈理论思考或左翼思想太强是否会伤害叙事本身："不必相信理论与文学的水火不容。当然这两种东西会打架。破解的办法，就是要清楚它们各自的局限性。我平常读书，包括理论学术著作，但我对自己的要求是，写作尤其是写小说的时候，进入情感和形象世界的时候，要忘掉一切理论，不要相信任何理论。"

9月　接受搜狐网"搜狐读书"专访，谈纯文学与网络文学的关系、新媒体对文学创作的影响等问题。"其实文学最好是分好坏，其他的指标都是次要的，长一点，短一点都无所谓的，好的短篇比一个坏长篇肯定更有价值。我是主张各种文体，各种长度，我们都给予关注，都给予支持。"反观"寻根"说:"当时引起了关于中国文明,世界文明这样一个对话,激起这种对话是有意义的。至于有人说寻到了什么,这是没有意义的,它是一个过程,因为这些对话我们产生了很多新的思考,包括学习这样的东西,这会有好处的。但是它更像一个过程,不是对一个世界已经有一个什么目标,我们去找这个目标,像寻宝一样挖那个宝,不是这样理解。文学界或者人文界有很多问题都是这样的,他会提出问题,会引起争议,但是最后可能还是仁者见仁,智者见智,不会说我们最后呈现一个共识性的结论,这样的情况是比较少见。但是说问题的提出,会引起广泛的思考和讨论是有意义的。"

《一代人的安魂曲——韩少功长篇小说〈日夜书〉访谈录》刊《朔方》第 9 期。韩少功说:"在过去的二三十年里,我居住城市却经常写作乡土题材,而这本新书是我居住乡村却把主要目光投向城市甚至国外。一种空间距离也许恰好构成了回忆和想象的必要条件,提供了沉淀的机缘。""我写过一些形式感、技巧性很强的作品,比如《爸爸爸》什么的,有点高难度杂技秀的争强斗狠。但长篇小说是一种长跑,太多高难度动作可能不太合适。卡夫卡的《城堡》和福克纳的《喧哗与骚动》就有点像芭蕾舞步或太空步的长跑,形式很抢眼,功夫也精深,但一般读者读起来毕竟有些累人。"

陈晓明《中国当代文学主潮》(第二版)由北京大学出版社出版。作者认为韩少功的"艺术功力和创作的持续性都是充足的","《爸爸爸》表达了对国民劣根性的寓言式批判,作者精当地运用了象征、隐喻等手法,特别是丙崽这一叙述视角的运用,有效地捕捉住了那种疯狂与麻木相交合的生存状态。"在孟繁华、程光炜、陈晓明《中国当代文学六十年》2015 年版中,程光炜的评价则相反:"要论文学创造力,韩少功的理论想象力出色,但小说平平,《爸爸爸》《女女女》的概念化倾向非常严重,简直与'十七年'的某些小说无异",孟繁华则指出"韩少功对传统的小说形式似乎感到绝望,他一直在寻找小说绝处逢生的可能性",并高度赞扬《报告政府》具有"锋芒锐利的小说才能"。

10 月 11 日 被南方国际友好联络会第二届理事会聘为顾问。

10 月 13 日 《对话韩少功:到处都有"体制",要靠警觉争取人格的独立》刊《三湘都市报·都市周末》。谈及《日夜书》与《马桥词典》的结构相似问题:"从眼下读者和评论界的反应来看,他们觉得这两本书的写法还是不大一样。《日夜书》的台湾版和韩国版,因照顾当地读者不大了解中国当代历史的情况,减少了一些交错、闪回、跳跃,基本上按时间顺序走,所以更接近传统意义上的小说。当然,我在这两本书里都加入了散文因素,尽量撑破小说的边界,为的是更自由、更方便的表达。"谈"启蒙立场"与"严肃文学"问题:"我不大使用'严肃文学'和'通俗文学'这样的概念,只觉得好不好才是最重要的问题。好的通俗文学也就一定严肃了,比如卓别林,从来都是很严肃的,很厚重的,很大气的,也是有效的启蒙和批判。"他不赞成中国当代小说主流过于注重作家自身经历而不重视虚构的说法:"现实主义并不是新闻纪实,也是要虚构的,而且虚构如真的技术难度更高。写一条狗变成人,这种虚构并不太难。写一条狗表现得像人,有人的情感、思维、性格,简直就是不能说话的孩子,这倒是很考验作家的功力了……作家的想象力,并不表现为一会儿唐朝一会儿火星那种花活,而是'似与不似'之间的转换能力。"

10 月 17 日下午　到汨罗市八景乡九年一贯制学校与教师、家长座谈教育问题。

10 月　应《太行文学》主编聂耳邀请,与李锐、蒋韵、蒋子丹在山西晋城作"关于当下社会与文学"的对话,并参观皇城相府、青莲寺。

11 月 12 日　中国作协创研部、中国作协小说委员会、海南省作家协会等在京举行《日夜书》研讨会,来自全国各地的 20 多位作家、评论家就《日夜书》的精神世界、人物塑造、文体创新等层面进行深入研讨。雷达认为这是一部思想家气质浓郁的小说,是一部非典型知青小说,知青不过是韩少功思考人生的媒介、探讨人生的由头。作家通过一个个人生故事,思索我们时代精神的来龙去脉,聚焦于人的情感与价值观。白烨认为:较之以往的知青小说,《日夜书》有新的超越。它有很强的回忆性、随感性、散文化风格,是时代情调与个人性情的相互映衬,打通、串接了过往与现实,达到了散点透视的效果。①

11 月 15 日　《韩少功〈日夜书〉:讲述"50 后"的故事》刊《人民

---

①　本次研讨会概括参见《犯忌还是突破:韩少功〈日夜书〉文体探索引争议》,《中华读书报》2013 年 11 月 13 日;《〈日夜书〉:一部非典型知青小说》,《中国青年报》2013 年 12 月 3 日。

日报》（海外版）。

11 月 20 日 创作谈《同辈人的身影》、《日夜书》（节选）刊《人民日报》。

《大家谈〈日夜书〉》刊《人民日报》，雷达、贺绍俊、梁鸿鹰、彭程、孔见等对小说发表看法。

11 月 21 日 孔见《透过〈日夜书〉读韩少功》刊《海南日报》，认为："韩少功的先锋性不仅体现在文体上探索革新，也体现在他非线性的思想所携带的解构力"，"他成功地创作出了大部件的先锋文学作品，这是中国其他先锋作家所未能完成的使命。他是当代保持先锋姿态最为持久（达三十年）的作家"；《马桥词典》《暗示》《日夜书》三部作品"是韩少功探索小说创作的三个脚印，采用的材料基本上是经历过上山下乡这一代人的生存经验，存在着亲缘关系，可鉴定为姐妹篇。如果将三部作品视为三部曲，更方便于对韩少功创作的整体判断"；"作者在叙事中携带的诠释是否定性、破坏性，它不是要说明、注释某种理念，而是在质疑、瓦解乃至颠覆常识不知不觉中占领的对理解的垄断地位，让人意识到更多理解的可能性，从想当然的状态里走出来，从而释放出更加开阔的解释空间，进入人情练达、世事洞明的境界，做一个明白人，一个不自欺欺人的人。"

11 月 27 日 下午 2：00—5：00 在台湾交通大学人社二馆作"文学的变与不变"的演讲。

11—12 月 韩少功受台湾交通大学社会与文化所邀请，任该校驻校作家一个月，在台北、彰化、嘉义、南投等地讲学，并在台湾新竹参加"韩少功工作坊"。

11 月 《长篇小说选刊》第 6 期选载《日夜书》，同时刊出韩少功的创作谈《红旗下的蛋》与刘复生的评论《〈日夜书〉的历史辩证法》。韩少功提到："《日夜书》讲的是一些'50 后'国人的故事，是中国故事的一部分——放在更大范围里，也是人类故事的一部分。在我的心目中，他们是畸人，也是英雄。说畸人，是他们困于社会和时代的局限，有怯懦，有幻想，有自负，有盲目，有粗鄙……说英雄，是他们抗打击，能折腾，勇于反抗，富有激情，相当于一片蓬蓬勃勃的野草，有顽强的生命力度和底层根系。他们是一批'红旗下的蛋（崔健语）'，并且用自己的生命实践诠释了这种革命的延续和流变。有读者认为，这些'蛋'的结局似乎都不大美满，作品的调子略显沉重。我的理解稍有不同。艰难、挫折、错误都是英雄的必修功课——如果我们把英雄从神还原为人。沉重更是欢欣的必要前提——我那些想象中的同辈朋友，那些俗称'老三届'的家伙，如果几十年来他们把这种和那种风险都避开了，把这种和那种便宜都占上了，在历史的航程里永远享受头等舱，他们的欢欣是否有几分空洞和廉价？……这样的故事能否让境外读者理解，我并没有把握。甚至能否让这些当事人自己理解，我也没有把握。2013 年，'老三届'中的最低一届也将要退出职场了。在这一刻，在南方山区的僻静一角，向他们表示一份敬意，算是了结我多年来的一桩心愿。"

《日夜书》繁体字版由台湾联经出版社出版。

《牛桥故事》刊《读书》第 11 期。

《几个 50 后的中国故事——关于〈日夜书〉的对话》刊《南方文坛》第 6 期。

何锐主编中国名家小说选《你啊，极为深邃的允诺》由江苏文艺出版社出版，《怒目金刚》入选。

为湖南省澧县韩氏新编族谱作序《韩氏家谱》。

为刘一平书画印集《莫非》（湖南美术出版社 2014 年版）作序《直面其心》。刘一平是韩少功知青时代的朋友，两人务农之地相近。

12 月 5 日　上午 10：00—12：00 在成功大学台湾文学系作"小说与非小说"的演讲。

12 月 7 日　在台湾参加"韩少功研究工作坊"，本次工作坊的讨论子题有四个：韩少功的文学与思想；韩少功与当代中国文学；两岸当代文学发展之比较；亚洲视野中的韩少功。

12 月 8 日　李泽厚致信谈《革命后记》："今天始全部读毕大作，觉得情理充沛，非常之好。你是真正优秀的有良知的作家。虽电邮可能乱码，仍愿表此敬意。"

12 月 9 日　徐小斌《韩少功长篇小说〈日夜书〉：夜与昼交替时的文学奇观》刊《文艺报》，认为"这部书是在中国当代文学最需要它的时候诞生了，它生逢其时。它启迪我们去思考一些已经被忘却、被淹没的记忆"。

12 月 14 日　下午 2：00—5：00 在台北紫藤庐作题为"'文革'学：从西方到中国"的演讲。

12 月 15 日　《革命后记——写在毛泽东诞辰 120 周年之际》刊《苹果日报》。

12 月 24—25 日　凤凰卫视《开卷八分钟》读书节目推介《日夜书》台湾版。

12 月 27 日下午　出席湖南广播电视大学首届跃苗文学创作奖颁奖典礼。

12 月　由国家彩票公益金资助的"大字版"的《马桥词典》《爸爸爸》（小说集）、《山南水北——八溪峒笔记》由中国盲文出版社出版。

长篇随笔《革命后记》由香港牛津大学出版社出版。

《地图上的微点》刊《中华活页文选：高二、高三年级版》第 12 期。

本年　《夜晚》《母亲的看》《扑进画框》《青龙偃月刀》刊《学习报（八年级语文人文阅读）》第 21 期。

Zongxin Feng（封宗信）的 *A Mosaic of Fragments as Narrative Practice*：*Maqiao Dictionary* 刊于 *Narrative* 第 3 期。

本年度重要研究论著

刘复生：《重新打开记忆之门——韩少功〈日夜书〉对知青经验的反省》；舒文治：《在仰观深察的叙事里展开诸多纵深探究——韩少功长篇新作〈日夜书〉阅读札记》；廖述务：《时代情绪的诗性书写——以韩少功〈日夜书〉为中心》，《创作与评论》第 1 期。

徐志伟：《小说如何重新介入现实——以韩少功的〈报告政府〉为例》；戴哲：《思想与文学的辩证法——评〈另类视野与文学实践——韩少功文学创作研究〉》，《文艺理论与批评》第 1 期。

张云丽：《乡村世界：有声与无声——〈赶马的老三〉和〈甘家洼风景〉的比较》，《南方文坛》第 1 期。

石一枫：《文体实验的必要性？——读韩少功〈日夜书〉》，《当代（长篇小说选刊）》第 3 期。

黄德海《非此非彼——韩少功〈日夜书〉的双重面孔》，《上海文化》第 4 期。

陈晓红：《在"部分"中发现"整体"——从西方哲学认知视角解读韩少功的〈马桥词典〉》，《当代文坛》第 4 期。

卓今：《艺术家韩少功》；黄灯：《作为编辑家的韩少功》；刘复生：

《掘开知青经验的冻土——评韩少功的长篇小说新作〈日夜书〉》；陈鹭：《〈日夜书〉："后知青文学"的当下书写》；王文初：《"警觉主义"：对韩少功的思想特质的一种描述》；罗麒：《更接地气的文体持守——新世纪韩少功中短篇小说论》；廖述务：《韩少功年表》，《文艺争鸣》第 8 期。

朱厚刚：《新媒体批评与"马桥事件"》，《小说评论》第 5 期。

何英：《作家六十岁——以〈带灯〉〈日夜书〉〈牛鬼蛇神〉为例》；徐勇：《面向回忆的敞开——评韩少功的长篇新作〈日夜书〉》，《南方文坛》第 5 期。

武新军：《关于中国当代重要作家年谱编撰的几点想法——以〈韩少功研究资料〉为例》，《文艺争鸣》第 10 期。

《短篇小说（原创版）》10 月推出"韩少功论"专题，刊发韩少功研究论著 13 篇。

程德培：《打碎，如何重新组合　评长篇小说〈日夜书〉兼论韩少功的小说修辞》，《上海文化》第 11 期。

南帆：《记忆的抗议》；张伟栋：《〈日夜书〉的历史对位法问题》，《南方文坛》第 6 期。

陈鹭：《历史·想象·时间——论韩少功创作中的记忆》，《当代文坛》第 6 期。

张莉：《韩少功：重写"人民的主体性"——细读〈赶马的老三〉》；张艳梅：《韩少功：一代人充满悖论的思考》，《名作欣赏》第 31 期。

廖述务：《德性生存：韩少功新世纪创作的重要面向》，《文艺争鸣》第 12 期。

张翔：《准列传体叙事中的整体性重构——韩少功〈日夜书〉评析》，《文学评论》第 6 期。

李珂玮：《论韩少功〈女女女〉与拉美魔幻现实主义的关系》，《辽宁师范大学学报》第 6 期。

二〇一四年　六十一岁

1月6日　《文艺报》刊发《困顿与新生：2013年文学现象观察》指出："韩少功的《日夜书》整体弥漫着回忆和缅怀的气氛。韩少功基本上还是按照自己最擅长的路子在写，包括对知青生活的生动描述，以及小说中随处可见的思辨闪光。但对现实则是点到为止，让人有点不过瘾。"

1月8日　《文艺报》刊发《2013年长篇小说："现实"成为令人瞩目的问题》，将《日夜书》归为"只有将人物放置在纵深的历史长河中，才可以清晰地看出这些人是从哪儿来，为什么今天这样，以及他们要到哪里去"之类的小说，"韩少功在《日夜书》中要书写的是知青一代的精神史。对于这代人来说，宏大叙事依然在主宰着他们，即使命名，也是历史事件式的命名。马涛、姚大甲、小安子……有着思想者、艺术家、官员等不同身份，因为穿越了断裂性的不同时代，这一代人身上具备了精神的厚度和传奇经历的诸多可能。将他们联系在一起的，是'白马湖'。'白马湖'岁月在他们人格形成期锻造了他们，所以，不管他们在后知青时代遭遇了什么，'白马湖'是他们隐秘的精神根底。"

1月9日　王蒙致信谈《革命后记》，赞其"特色性""深刻性""创造性""可读性"，表示愿建言以助通过出版审查，"说明此文属于民间写作的历史，以知青—作家的角度，富有特色地回顾了一段重要的也是敏感的历史，健康客观有深度，总体说来，对于坚定对于中国特色社会主义道路的选择，其作用是正面的。"

1月11日　出席由南方报业传媒集团主办、南方周末报社承办的"中国文化原创榜暨年度精英颁奖典礼"，获"原创虚构类图书奖"。韩少功因《日夜书》而接受南方周末2013年度文化原创榜虚构类图书的致敬。致敬词为："韩少功的《日夜书》难得地显现了文学的精致和从容：不刻意从现实中生造出不现实乃至反现实以求深刻；没有走火入魔般地追慕神奇险绝的叙述效果；也没有繁复的滥情和贫舌；将创作的智慧化为清冽的深流，以沉静、自然的素质，体现了文学洁身自爱的能力。《日夜书》将知青题材推向极致，写出了'知青'这一历史现象的现实性，状写出如蚁人生的卑微现实。作者自觉携带和体悟'知青身份'，以繁华退尽的秋日般的朴素之笔，留下目前最为饱满却滤去'文化'色彩的青春记录。"韩少功发表感言："对于文学来说，最权威的裁判是时间，最重要的荣誉是口碑。迎合的姿态，哗众的伎俩，富丽堂皇的空洞，故作深奥的堆砌……也许有一时之效，但往往过不了三五年的沉淀期，更不用说三十年了。回过头看，多少繁华何处是，曾经风云赫赫的获奖或流行之作，眼下能让读者继续留在案头或枕边的，还有哪几本？一个作家，想象自己面对着三十年后那些陌生的目光，那些市场条件和文化语境大加改变后依然存在的广大读者，是不是会多几分下笔的戒慎？在这意义上，年度评奖都稍嫌早了一点，相当于现场初验和简易结案。文学本就是一些偶然事件，年度评奖更是诸多偶然性交集的结果。《日夜书》能获得读者和评委们的加持，自然是我的荣幸，但这份殊荣以及奖杯所聚集的巨大热情，显然并不仅仅指向我一个，而是遍及过去这一年里众多为文学付出过心血、诚实、智慧、孤独的写作人，是通向未来三十年甚至更久远时光里精神传薪之旅。因此，与其说这是一个结论，不如说更像是一种期待，在一个浮躁和分裂的阅读时代寻找路标。致敬词中'文学的洁身自好'一语让我感动。我猜测这一措辞出自何人之手，出自怎样的阅历和见识，思考和喟叹。我懂得这一句话的分量。相信我的很多同行也都能懂。这个时代的文学当然需要技巧、观念、知识、创意、灵感、天马行空、与时俱变、无法无天……但也许更需要一颗诚实的心，所谓'修辞立其诚'，让作家们更多一点自尊和自洁。读者是顾客吗？当然是，但这是一批特殊的顾客，更像是作家们的亲友，需要在今后一个又一个夜深人静之时，听你说出刻骨铭心的往事，听你说出永不后悔说出的每一句。这些特殊顾客组成了一种无穷无尽的广远和恒久。"

在接受《南方周末》记者采访时，韩少功说在《日夜书》中，"我用了相当多的笔墨，睁大眼睛注意受难者、反叛者、改革者们自身的问题，人性深处那些微妙的、复杂的、要害的暗区，写出一种更接近真相的生活辩证法。这当然与一般意义上的'伤痕''反思'拉开了距离。"在谈及"知青文学如何写出崭新的现实性"时说："只要当事人少一些自恋，打掉一些图标化的写作旧模式，就可能唤醒遗忘暗层中丰富多彩的生活经验，使这一类题材重新释放活力。"在谈到小说中的人物马涛说："我不大热心在小说中写政治，更愿意关注人的心理性格"，"我被这个人折磨得很纠结。当然，我喜欢这种纠结，喜欢面对这样一些挑战，在这些难题面前倒逼自己更多一些思考，让写作变成一种风险度极高的前行，不知自己要写到哪里去。"指出《日夜书》的现实性："它是一本献给命运的书……不管社会如何变化，每一代人对其他代际的命运故事都不会特别陌生，甚至互有同构性。如果没有这种同构性，文学几乎是没有意义的，因为我们几乎不可能有兴趣听他人喋喋不休说一些与我们无关的琐事。我们愿意倾听，是'他人'多多少少藏有'自我'的影子，前人或后人的故事，在某种程度上不过是我们人生的预演或重演。"

在接受凤凰时尚采访时，韩少功说：严肃文学和流行文化或者说流行文学没有严格的区分。很多严肃文学也会变得流行，流行文化也有高下之分，在这个娱乐至死的年代，需要些辨识能力，严肃文学有很多也是垃圾。

1月13日 王春林《现实的批判与历史的沉思——2013年长篇小说写作现场》刊《太原日报》，认为《日夜书》"引人注目处突出地体现为对'后知青'时代知青不幸遭际的真切艺术呈示。韩少功整部小说的叙事不仅不断地游走于过去与当下之间，而且，与其说作家的关注重心在过去的知青岁月，反倒不如说更在当下的所谓'后知青'岁月"，"通过当年那些知青们在'后知青'时代命运遭际的展示，最终完成了对于一代知青所面临精神困境的呈现与诘问"。

1月17日 李晓晨《2013年中国小说的新变》刊《文艺报》，认为《日夜书》"强化了个体视角对知青一代历史和现实的介入、呈现与阐释，为此类文学的书写开辟了新的可能性"。

访谈《韩少功：好作家是读者逼出来的》刊《迪庆日报》。

1月20日 《〈日夜书〉：韩少功写知青精神史》刊《河北青年报》。

1月22日 在海口出席旅琼文艺家迎春座谈会，谈海南文化建设。座谈会内容概要《韩少功：海南文化渐受关注》刊1月23日《国际旅游岛商报》。

1月 《那渐行渐远的自然》刊《讲刊》第1期。后刊《新一代（理论版）》第10期。

《口头图书馆》刊《特别健康》第 1 期。

海南作家小小说选《落潮后的滩岸》由四海文化出版社出版，韩少功作序。

2 月 10 日　做客南海网新闻会客厅，谈文化里的"土豪"现象：文化是以价值观为核心，有品级的高低，好的文化作品给人以感动和激励，要谨防"土豪"文化占据视野。韩少功批评目前的文学创作"上不着天、下不着地"：部分文化创作人思想、文化、艺术修养差，没有对自己从严要求的标尺，"关起门来搞创作，是不可能成功的"，文化人应该扎根土地，在生活中摸爬滚打，才能发掘最宝贵的文化元素和种子。他最欣赏的海南文化是"红色娘子军"的功夫与才华，音乐素材非常简单，但创造了一整台音乐舞剧，非常丰富和经典。

2 月 17—21 日　出席由海峡两岸（海南）文化交流联合会、台湾伯政文教经贸交流协会和海南呀诺达热带雨林文化旅游区联合举办的首届"2014 两岸笔会"并致辞。

2 月 25 日　《你看出了一只狗的寒冷》刊《嘉定报》。

2 月 26 日　《刘舰平的诗歌修辞法》刊《文艺报》。

2 月　随笔《平等是否还重要》刊《书城》第 2 期。

《共产主义就是不分你我》刊《视野》第 3 期。

《猫狗之缘》刊《中国校园文学：小学读本》第 2 期。

《在心灵与心灵相互靠近之际》刊《语文教学与研究：读写天地》第 2 期。

3 月 7 日下午　由海风杂志社与海南省文艺评论家协会联合举办的"2013 海风年度文化致敬人物"颁奖典礼在海口举行，韩少功等 10 人获奖。韩少功发表感言。

3 月 18 日　舒晋瑜《韩少功：外圆内方与识圆行方》刊《淄博晚报》。

3 月 30 日至 4 月初　复旦大学中文系、上海文艺出版社、上海市作家协会、《文艺争鸣》联合举行《日夜书》研讨会，韩少功因航班原因未能参加，陈思和、陈晓明、栾梅健、孙郁、郜元宝、王尧、张业松、杨剑龙、王光东、金理、黄平、梁鸿等学者与会。①

3月　长篇散文《革命后记》刊《钟山》第2期。全文近十四万字，作者从"冷藏的话题"，"文化大革命"史叙述的"宫廷化""道德化""诉苦化"，"道路选择的大概率"，"乌托邦的有效期"，"地位竞升的两种通道"，"全民圣徒化""全民警察化""圣徒化×警察化"，"多面人与多面上帝"，"利益理性与博弈规则"，"结构性危机"，"再等级化之潮"等方面探究"文化大革命"的发生、表现与终结。在"需要讨论的几个问题"一章，多角度探讨"民主能否带来公平""革命能否带来公平""平等是否还重要"三个问题。尾章中以"小绿棒"的传说为喻来暗示对"文化大革命"相关问题的思考与回答是一个持续的"在路上"式的寻找。

与牛津大学出版社单行本相比，这里刊发的只是散文主体部分，后面的附录一的"关住权力的笼子""换脸还是换血""道德也是个笼子"与附录二的"'文化大革命'大事记1966—1976"未予以刊登。

《圣徒化与警察化的交汇》刊《天涯》第2期。

《关于……》刊《长江文艺》第3期。

《韩少功作品精选》由长江文艺出版社出版。

以笔答形式参与《南方周末》记者朱又可在《江南》杂志主持的"写作能否养家糊口"话题讨论，麦家、金宇澄、顾彬、杨显惠、马原、周涛、王小妮、林白、阿乙、陈希我、黄孝阳等作家参与，刊《江南》第2期。韩少功谈到稿酬所得税起征点800元的问题："主要的不合理处是参照个人所得税的标准，将版税一律按'月收入'论处。但有的书稿完成需要三五年，甚至二三十年，对于这部分作者来说，税负无端地增大了太多。"自己的海外版权收入很尴尬，"国外也有'老赖'。美国的、法国的、意大利的、西班牙的黑心出版商我都遇到过，他们的电子邮箱在出版前都有效，一旦出书后就变成黑洞，你再也没法联系他们了。""影视改编收入很少，因为我是尽量不'触电'。"

4月25日　参加以"微时代：读书是心灵的还乡"为主题的第三届湖湘教师读书论坛，作主题演讲，论到微时代的特点、互联网带来的产

---

①　汪雨萌：《书写绝望的日日夜夜——韩少功〈日夜书〉研讨会综述》，《文艺争鸣》2014年第6期。

业与行业格局的改变、人们生存状态的改变、学校教育的改变、文化精神的改变等问题。

4月　《秀鸭婆》刊《南海潮》（海南省作协小说创作委员会编）创刊号，顾建新点评。本期还刊有刘复生《掘开知青经验的冻土——评韩少功长篇小说新作〈日夜书〉》。

为其繁体中文版《山南水北》（台湾人间出版社出版）作序《大自然因人而异》。

《大毒草变身护书符》刊《特别健康》第4期。

5月6日　李云雷《"学者散文"的再次崛起》刊《北京青年报》，认为《革命后记》中充溢着作者"纠结与复杂的思辨"，"韩少功并不是站在外部简单地加以批判，他将自己也放了进去——个人经验既是他反思的对象，也是他反思的基础，在这个意义上，我们也可以理解《革命后记》文体的形成，作者试图在不同时代的自我之间建立一种内在的统一性，也试图在更高层面上把握中国的过去与现在及其内在转折，如此内心的纠结便呈现出丰富而复杂的面向：在过去与现在之间，在个人与国家之间，在理论与现实之间，等等。这些复杂的纠结既展现了作者所面对问题的重大，也显示出了作者态度的真诚——他将内在自我的矛盾与复杂的思辨过程也呈现在了读者面前，作者试图以理性的方式面对个人与中国的过去，直面内心的纠结与纠缠。""韩少功的思考从个人的体验出发，抵达了对未来世界的整体性思考。"

5月13日下午　在汨罗市成人教育中心作"价值观与中国梦"演讲。

5月14日晚　中山大学中国语言文学系中国当代文学研究中心主办"南方文谈"沙龙，讨论主题为"艰难的证词——韩少功《革命后记》对'文革'的叙述"。黄灯指出该作品体现出"文化大革命"所蕴含的复杂性，时至今日的社会病症、精神难题与这场"革命"有着看似模糊却必然的联系。同时提出他们这一代未经历"文化大革命"的人对"文化大革命"的许多困惑。林岗从思想史的角度阐发观点，认为人们对"文化大革命"的看法犹如"瞎子摸象"，使得这一事件看上去具有复杂性；"文化大革命"发动者是怀着对社会公平的执着而进行"继续革命"，这一具有现代革命性质的事件具有世界性意义。张均从社会史的角度提出，"继续革命"理论存在其现实的社会背景，对"文化大革命"的思考不能单纯从教科书出发，应充分深入当时的社会形势、政治形势，尽量接近、还原历史。张均在总结中指出：当今时代对革命的回避与告别，是对当代文学整体的伤害，作家、学者应正视该精神困境。

5 月 17 日下午　出席由人民文学出版社、湖南美术出版社、巴金故居共同主办的长篇小说《无愁河的浪荡汉子·朱雀城》暨"黄永玉的文学行当"专家论坛。韩少功的发言《黄永玉的百年悲悯》刊 6 月 26 日《南方周末》。

5 月 23 日　到八景乡政府给农村干部讲"怎样走群众路线"。《湖南年鉴·文献与人物》常务副主编任国瑞，编辑部副主任刘跃儒来八井乡拜访韩少功，就将创刊的《文献与人物》办刊事宜请教韩少功，并向韩约稿。①

5 月 25 日　王彬彬《替韩少功补个注释》刊《南方都市报》，就"解放军进入上海"历史事件做出补充说明，质疑韩少功的历史叙述。

5 月　廖述务《权力约束：制度之外还要道德》刊《天涯》第 3 期。讨论《革命后记》中提出的权力约束问题。

访谈《韩少功：成功的教育不是复制知识》刊《第一财经周刊》第 18 期。认为"成功的教育不是复制知识，而是激活前人的知识。其成效取决于学习者的求知愿望和经验依托。'知为行之始，行为知之成'，这是王阳明的话。就这一点而言，一个人如果要智能保健，必须回到实践，在寻求解决方案的过程中，与知识前辈们平等交流，包括磋商和争辩，包括换位思考和善解人意"。就汨罗插队时的愿望和梦想说："插队时最大的愿望是进城就业，每月能领到工资，每星期能看一场电影。也许插队就是'决定性的时刻'。没有这种艰苦环境的倒逼，自己也许不会努力的。"

对话《关住权力的笼子》刊《文化纵横》第 3 期，此篇即《革命后记》的附录一在内地媒体首次发表。

《扬子江评论》第 3 期刊发王晓渔《艰难的伪证》、雷雨《请教韩少功——〈革命后记〉初读》、李有智《〈革命后记〉的常识性问题》，从思维逻辑、历史常识、文理常识等方面批评《革命后记》。本期"卷首语"说："'文革'旧梦已然成为中国学界反思廿世纪下半叶历史挥之不去的关隘，韩少功先生的长篇思想随笔《革命后记》确为我们打开了这

---

① 刘跃儒：《汨罗八景寻"隐士"》，《文献与人物》2004 年创刊号。

一时间的窗口，……除了惊讶韩先生精深的思考外，更多的却是担心此文的许多误读会给我们的下一代留下虚伪的思想底片"，"无可置疑《革命后记》的反思，但我们亦不得不怀疑此文的价值立场忽左忽右，自相矛盾之处充斥全文，究其根本，在下以为，文章缺少的正是一个人文学者所应有的基本而恒定的价值观。当然其中不乏流露出人性的批判锋芒，却又被大量貌似不偏不倚的宏论所掩盖。"

《唐朝·视频》刊《学习之友》第 5 期。

《罗江》刊《作文新天地：高中版》第 5 期。

6 月 5 日　《日夜书》获第三届"慈溪·《人民文学》长篇小说双年奖"，韩少功出席颁奖典礼。授奖词为："作为当代文学的另类探险者，韩少功多年来一直行走在语言和文体的隐秘丛林中，同时，他的写作始终指向当代中国的历史记忆和生存本质。悲悯的情怀、睿智的言表、变幻的文体是他最鲜明的文学标记。二○一三年出版的《日夜书》将笔触伸向知青一代的灵魂，以激越而沉静的笔调，将历史与当下、纪实与虚构、此岸与彼岸、宇宙与个体熔于一炉，在叙述中追问，在求索中思辨，书写出精神的初生与抵达。韩少功又一次突破自身的文学边界，辟展出返回历史与来路的别样景致。"

6 月 15 日　王彬彬《再替韩少功补个注释》刊《南方都市报》。"'革命'的'原义'本就不像韩少功认为的那样，而即便在'文革'时期，'革命'也不是一味地严肃和神圣的"，"严肃、神圣的外衣所包裹着的，往往是低俗、卑劣的权欲和利欲。"

6 月 21 日　中国文联第八届全国委员会第八次会议在京召开，陈世旭、韩少功不再担任第八届全委会委员职务。

6 月 22 日　王彬彬《韩少功始终只是个小说家》刊《南方都市报》，就《革命后记》"第三次替韩少功补注释"，指出作者在"高岗事件"上"把话说得太随意"，"其实只应视作'小说家言'。写散文、写小说的韩少功，也仍然是一个小说家。"

6 月　《清晨听鸟》刊《新读写》第 6 期，选自《山南水北》。

《唐朝如果有视频》刊《天天爱学习（二年级）》第 16 期。

7 月 5 日　韩少功与诗人北岛、西川、欧阳江河，作家格非、李陀，学者刘禾、吴晓东与艺术家徐冰等，在中央美术学院美术馆报告厅参加"与文学重逢"作者见面会。座谈围绕欧阳江河《凤凰》、刘禾《六个字母的解法》及北岛《给孩子的诗》三本新书展开。刘禾《六个字母的解法》（中信出版社 2014 年版）由韩少功作序，韩少功认为这本书有点像侦探小说，是横里杀出的"一种侦探小说的戏仿体"，并重点阐释刘禾为什么会从学术回到文学。刘禾认为自己的作品既像散文，又像小说，有的批评家认为它是跨文体写作。

7 月 11 日　《韩少功致青春》刊《河北法制报》。

7 月 29 日　《随笔二题》刊《天津日报》。

7 月 31 日　《文学报》发表"韩少功《革命后记》二人谈"。雷雨《混沌模糊的〈革命后记〉》继续批判《革命后记》的"强盗逻辑"与"单极思维"；陈冲《历史不是由亲历者写成的——读韩少功〈革命后记〉随想》认为："《革命后记》这个论题本身就是错的——'革命'还没到可以'后记'的时候。当它还是'现在分词'的时候，为它做'后记'太早了。"

7 月　散文《他鸡即地狱》刊《文苑（经典美文）》第 7 期。

作品集《很久以前》由武汉大学出版社出版。

8 月 13 日　天涯社区发"给你爱上海南的 101 个理由"帖子，第 94 条为："一部《马桥词典》后，常年坐镇海南，永远战斗在中国文学最前沿的文学大家韩少功，何不续撰一部《海南词典》。"

《"文革学"的三大泡沫》刊《参阅文稿》（电子期刊）第 37 期。

8 月 25 日　《"文革"疑症及其前置条件》刊《参阅文稿》（电子期刊）第 41 期。

8 月　随笔《关于革命》刊《雨花》第 8 期。

《家》刊《同学少年：作文（高中版）》第 8 期。

小说选集《中国好小说·韩少功》由中国青年出版社出版。

9 月 12 日　《催化"文革"的社会心理势能》刊《参阅文稿》（电子期刊）第 44 期。

9 月 17 日　应岳阳市中级人民法院邀请，给干警作题为"文化与精神的重建"的讲座，从文化的概念、中国目前文化与道德的现状、文化与精神的提升、精神的力量等方面，对文化与精神的重建进行了讲解。

9 月 24 日　《"文革"狂乱中的利益理性》刊《参阅文稿》（电子期刊）第 45 期。

9 月 26 日　在澧县一中报告厅作文学报告。

9 月 27 日　向澧县图书馆捐赠图书 100 本，每本书均题写留言。

9 月　《文艺理论与批评》第 5 期发布《革命后记》在牛津大学出版社出版的书讯："韩少功在此书的写作中有三个特点：一是他将个人的'文革'体验带入其中，从个人经验出发去触摸大的历史事件；二是他参考或借鉴了海内外'文革'研究的一系列成果，包括最新的前沿研究；三是韩少功结合自己'文革'之后的人生经验与省察，试图在一个更高的层次上综合，对'文革'的内在逻辑及其动力机制做出自己的分析。韩少功在这里没有将'文革'作为一个非理性的产物，而是试图进入其内部，从革命、人性在特定境遇中的变异入手，从理论与实践之间的错位与互动切入，分析不同群体的诉求及其相互之间的矛盾、冲撞，从而在理解的基础上对其作出更为深刻的反思与批判。"

李更在《文学自由谈》第 5 期发表《着急与稿费》，尖锐批评韩少功"盯上"古华与路遥，是因为他"似乎至今没有创造出一个让人记住的文学人物，因为他过于玩概念，而且，在他得的各种文学奖中，就是没有茅盾文学奖，所以，难免有些着急。"韩少功在《革命后记》中曾批评古华随意把革命历史妖魔化："擅长此道的京夫子，著有《毛泽东和他的女人们》《中南海恩仇录》《北京宰相》等畅销书，原笔名古华，曾以长篇小说《芙蓉镇》获大奖，其才情一度广获赞誉。他来自湖南郴州乡下一偏僻之地，以至很长一段时间里，他的古怪方言让我难懂，在省城里看个电影或买双鞋也得求人带路。但这一份土特产到加拿大后变身为秘史专家，一举揭发出红墙里的秦始皇与西门庆，还能以'他想''他突然想到''他暗暗决定'一类话，把描写对象的脑神经信号悉数挖出公之于众，实让人惊奇。"韩少功还对《芙蓉镇》以"传统的二元模式"叙述"文化大革命"提出质疑。

周引莉《寻根文学的发展与影响》由社会科学文献出版社出版。"韩少功的现代理性与传统意识"一节，把《马桥词典》《暗示》《山南水北》视为"后寻根文学"代表作。

10 月 9 日　湖南省社会科学院举办德雅村文学沙龙活动，主题为"我看《革命后记》"。

10 月 13 日　出席"史铁生的精神世界与文学创作研讨会"，以"史铁生的悲悯和宽容"为题审视与反思史铁生的文学人生。

10 月 15 日　《镜头够不着的地方》刊《文艺报》。此文是《韩少功汉语探索读本》（四川文艺出版社 2012 年版）的序言。韩少功对比影视镜头与文字艺术的优劣：影视传播快，受众广，声色并茂，还原如真，因此出现影视产品挤压纸媒读物的明显趋势。但"优秀的文学实外有虚，实中寓虚，虚实相济，虚实相生，常有镜头够不着的地方"，"一条是文字的感觉承担，一条是文字的思辨负载，均是影视镜头所短"，"汉语写作的坚守、发展、实验也并非多余"，"文字与图像互为基因，互为隐形推手"，文字艺术可以是"优质影视生产不可或缺的重要条件"。

10 月 18 日　出席"亲爱的日子·何立伟文学艺术 30 年"展览会，与何立伟进行《审美的文学与亲爱的日子》对话。韩少功认为艺术家坚守艺术，源于内心对艺术真正的热爱，源于坚守的定力。两位作家都坚持真善美是文艺的永恒价值。韩少功说：文艺中的正能量如同药效。有些速效药能很快发挥药效，治愈疾病，有些常效药在短期内不一定有明显药效，但从长期来讲还是有效的。他喜欢通俗文艺，但抵制低俗，反感"娱乐至死""娱乐无极限"。

10 月 25 日下午　参加《上海文化》在思南文学之家召开的"作家的历史·历史中的作家"座谈会。黄子平、礼平、马原、何立伟、刘恒、徐星、叶兆言、格非、孙甘露、陈村、程德培、吴亮、张新颖等参加。通过对 20 世纪 80 年代以来中国文学的寻访、反思与价值重估，探讨作家与时代的多重关系，作家与批评家的共生性。韩少功说：作家的历史有两种，一种是革命性阶段的历史，比如完全挑战现有的对科学、对世界、对宗教、对生活幸福、对文学艺术的看法。这种全方位的革命和转型可遇不可求，自己这代作家赶上一个小尾巴。更多的历史时段是一种积累性的工作。我们如今面临的是文学的沉闷时期，对此要有充分的思想准备。

10 月 26—27 日　应嘉兴文学院邀请，与陈村、格非、刘恒、叶兆言、程德培、孙甘露、何立伟等二十余位作家、评论家到嘉兴进行文学采风。

10 月 31 日　访谈《韩少功：并不是文学消失了，是文学在发生变化》刊《嘉兴日报》。记者认为《革命后记》"写在毛泽东诞辰 120 周年"，对领袖有同情性的理解。韩少功说："很多历史人物他是有复杂性的，我们用贴标签的方法说这个是英雄那个是坏蛋，这可能过于简单。中国的这种复杂性为什么在世界上争议不休，正好证明了中国历史的复杂,这个复杂也包括了一些历史人物的复杂。我们恐怕不能过于情绪化地来对待这一切,而且要更多地突破自己一些身份的局限。比方说我是一个知识分子,那你可能要更多地关注一些非知识分子他们的感受、他们的经验。"

《"文革"反思所相关的几个问题》刊《参阅文稿》(电子期刊)第49期。

10月 《文艺争鸣》第 10 期程光炜主持的"当代文学六十年"栏目,推出"韩少功研究专辑",刊出李陀《〈暗示〉台湾版序》,原帅《从湖南到海南——论韩少功的"90 年代文学"轨迹》《〈韩少功研究资料〉作品年表勘误》,《当代小说国际工作坊——韩少功作品讨论会》(董丝雨整理)。

卓今、赵飞、申艳琴主编的论文集《解读韩少功的〈日夜书〉》由上海文艺出版社出版。论文集以 2013 年长沙、北京举办的小说研讨会的会议论文与发言为主,并收集各大期刊上关于《日夜书》的部分评论。篇目如下:张柠《韩少功〈日夜书〉的叙事分析》、蒋子丹《新与不新,熟与不熟》、王双龙《活出来的大作家》、王跃文《反讽与思辨》、余三定《独立而并非完美的思考者》、何言宏《〈日夜书〉的精神回返与思想整理》、王春林《时代精神困境的呈示与诘问》、刘复生《重新打开记忆之门》、夏义生《文体的突破与思想的穿越》、胡良桂《时代、人生与艺术的思辨张力》、李遇春《一部昆德拉式的中国小说》、赵树勤《进步的回退:韩少功〈日夜书〉的美学追求》、刘绍峰《〈日夜书〉:一个人精神的文学漫游》、卓今《叙事结构下的潜在文本》、易彬《"裤裆语"与"扯谎歌"》、李云雷《〈日夜书〉:如何成为中国故事?》、杨庆祥《〈日夜书〉的写作问题和历史观问题》、聂茂《韩少功:一个清醒的梦呓者》、罗如春《草莽英雄与历史终结》、龚旭东《累积、超越、平衡:活的过去与笑的泪珠》、黄灯《〈日夜书〉:整体性叙述背后的精神图景》、刘涛《知青的前世与今生》、孔见《透过〈日夜书〉读韩少功》、程德培《打碎,如何重新组合》、张翔《准列传体叙事中的整体性重构》、张伟栋《〈日夜书〉中的历史对位法问题》、廖述务《时代情绪的诗性书写》、舒文治《在仰观体察叙事里展开诸多纵深探究》、李杰俊《大江流日夜 客心悲未央》、陈鹭《〈日夜书〉:"后知青文学"的当下书写》。

11月2日 《南方都市报》载廖述务《〈革命后记〉的另类读法》

一文，质疑王彬彬此前的三篇批评文章。作者指出，王彬彬说上海解放时陈占祥老先生被解放军所感动，"虚构成分居多"，但相关情节早已见于陈渝庆回忆录《多少往事烟雨中——我的父亲陈占祥》。"有兴趣的读者略一比照，就不难明断。"作者还指出，"王彬彬引经据典，花了不少笔墨谈解放军进入上海的问题。他要证明，进入上海前，解放军在军纪上也有一些瑕疵，因此与民国其他军队并无什么不同。"但"解放军官兵曾误入司徒雷登住宅，毛泽东为此致电总前委，对此进行了严肃批评；在丹阳，士兵没票看电影，陈毅亲自过问。这些问题确实不大，甚至称不上什么'乱子'，尽管如此，中共高层依旧高度重视、如临大敌。"因此"这篇文章足够吊诡，因为它的所有论据几乎都指向了自身论点的反面。"作者认为，王的政治化批评完全是一种"选择性失明"。

11月11日上午 出席由《天涯》杂志社和当代中国出版社联合主办的《我们的不幸谁来承担》（孔见著）首发式座谈会并发言。

11月28日 《在幽怨与愤怒之外——读孔见新作〈谁来承担我们的不幸〉》刊《文艺报》。

11月 韩少功作《萤火虫的故事》，为自选集《夜深人静》的"前言"。韩少功说20世纪80年代是"大时代"，此后进入物质化和利益化的"小时代"，许多写作者"以一种个人主义写作策略，让受众在心智上无须长大，永远拒绝长大，进入既幸福又无奈的自我催眠，远离那些'思想'和'价值观'的沉重字眼"。他以诗意的语言表达对自我写作的期许："当太阳还隐伏在地平线以下，萤火虫也能发光，划出一道道忽明忽暗的弧线，其微光正因为黑暗而分外明亮，引导人们温暖的回忆和向往。当不了太阳的人，当一只萤火虫也许恰逢其时"。此文后刊《名作欣赏》（2015年第1期）、《劳动报》（2015年12月13日）、《深圳晚报》（2015年12月20日）。

《希大杆子》刊《文苑》第31期。

12月12日 受"深圳晚八点"之邀，在深圳作题为"多重的文学全球化"的演讲。韩少功认为文学的对外交流"不仅仅就是文字符号的转换，跨国文化交流实际上有很多障碍和陷阱"。他用"缺损""失衡""过滤"三个关键词来总结当前文学全球化中出现的问题：语种的规模和识字率的限制造成地球上很多地方无法被"文学信号"覆盖，这种"缺损"是文化跨国交流的一大障碍；国势强弱导致信息不对称，跨国文化交流双方文化力量"失衡",就会造成其中一方吃亏;戴着有色眼镜阅读外来文化。"所谓的文学全球化实际上是多重的、多样的",有很多值得警觉、质疑和思考的问题。

韩少功说:《革命后记》引起的争议,约三分之一或四分之一的评论者不赞成本文的思想观点,"焦点在于究竟是道德问题还是社会体制的问题"。韩少功谈及青年作家问题:"年轻的一辈也不都是韩寒、不都是郭敬明,他们的生活不一样、审美不一样,有不同的模式,不要把一代人表述成一个标签","年轻一代中,像是笛安、乔叶的作品就不是那种简单的青春文学。"他并不担忧严肃文学作品的传承问题:"人活到什么时候都会遇到共同的问题。等年轻人活到我们这个年纪,我们遇到的问题他们也会遇到的。既然碰到了相类似的问题,就会有相类似的表达、相类似的处理办法","当然,每一代人的知识结构、经历都不一样……但是基本上要面对的大的人生问题都差不多,对这些大的问题做出精神上的回应,这种压力和动力也差不多。"①

12月13日上午 在"深大讲坛"作题为"文学的新常态"的讲座。韩少功在历史和现代的不同的社会环境的对比中描述文学的变化。他认为文学的认知、娱乐和教育功能都发生弱化和转移。古代没有网络、电视等信息传播工具,文学是眼睛,是认识人生、认识世界的工具。现代社会大量信息工具的出现,使文学的认知功能弱化,人们更多地通过直观的影像认识世界。在古代,文学作为一种娱乐消遣存在,人们争相购买书籍,现代社会多种娱乐工具的出现,导致文学的娱乐地位大幅下降。韩少功还阐述了现代社会文学发展的新常态:在网络媒体和娱乐文化的冲击下,文学出现了新常态,已经发生转折性的变化:杂交文学开始出现,狭义的文学在萎缩,广义的文学在膨胀。但这并不代表文学会逐渐消逝,语言文字有视觉艺术无法比拟的优势,情和义还需要通过文学来传达。②

12月17日 《韩少功:多重的文学全球化》刊《江南时报》。

12月20日 韩少功、王晓明一起参与文汇报社和上海社联联合推出的"东方讲坛·文汇讲堂——文学与我们的生活"演讲季活动。韩少功演讲"文学的变与不变",王晓明演讲"新的困难与新的可能",共同探

---

① 《韩少功:警惕跨国文化交流中的陷阱》,《晶报》2014年12月16日。
② 《作家韩少功登"深大讲坛"谈文学》,《深圳特区报》2014年12月16日。

讨视觉文化逐步占据大众精神消费主导性位置后，文学的处境和新的可能性。针对作家"触电"，韩少功指出：写作者从痛感或快感中分泌的表达，一旦模式化，就会把自己推往平庸与模糊。在资本依赖的大背景下，资本与哪一种文学最有亲缘性，必然就会带热这类作品，这种高度关联繁殖出的"繁荣"是不可靠的。他认为文学不会消亡，它有三点不变之处：首先，人类对于语言、文字的需求永远存在。钱锺书早就说过，图画当然是一种重要的传达信息工具，但它永远无法替代文字，精彩的比喻是画不出来的。作家千万别"扬短避长"，要发挥出文字独有质感与魅力。其次，人总需要有情有义的价值方向。在构建文化价值观上，文学大有可为。最后，好作家的两大资源和动力不会变，即生活经验与文化学养（"行万里路、读万卷书"），这两点也是持续写出优秀作品的前提。①

12 月 22 日　腾讯微博发文："坦白地说，一个人生命有限，不一定遇上大时代。那又怎么样？当太阳还隐伏在地平线以下，萤火虫也能发光，划出一道道忽明忽暗的弧线，其微光正因为黑暗而分外明亮，引导人们温暖的回忆和向往。"

12 月 25 日　《韩少功：财富不能为作家的成功标准》刊《宿迁晚报》。

12 月 25 日下午　出席"2014 年海南陵水城市营销总结暨 DV 看海南之陵水总结大会"。

12 月 27 日　在海南省图书馆举行"当代文学的新常态"讲座。

12 月 30 日　《顺变守恒，再造文学》刊《文汇报》。

12 月　《中国作家走向世界丛书：马桥词典》由湖南文艺出版社出版。

《韩少功：从人性开始的苏醒》刊《芒果画报》第 12 期。

《甜》刊《高中生之友：青春版》第 12 期。

本年　《二十一世纪中国文学大系（2001—2010）》丛书出版。散文卷收录韩少功《山居心情》，长篇小说卷收其《暗示》。

《今天》杂志冬季号（第 107 期）推出"韩少功特别专辑"，对韩少功的已有小说、散文进行选编，分为"少年""乡亲""天下""书卷""心魂"五个部分。

Hanne Sophie Greve 的 *A Dictionary of Maqiao – In Medias Res* 刊于 *European Journal of International Law* 第 4 期。

---

① 许旸：《近十年文学真"繁荣"了吗?》，《文汇报》2014 年 12 月 23 日。

本年度重要研究论著

黄灯：《〈日夜书〉：整体性叙述背后的精神图景》，《小说评论》第 1 期。

唐伟：《文明的野蛮与野蛮的文明——评韩少功的〈日夜书〉》，《中南大学学报》第 1 期。

吴赟：《民族文学的世界之路——〈马桥词典〉的英译与接受》，《小说评论》第 2 期。

王健：《生活裂痕中的虚无：评韩少功的〈日夜书〉》，《上海文化》第 3 期。

王蓉：《韩少功小说语象与表达的神秘性》，《中国文学研究》第 2 期。

梅兰：《思与感伤：韩少功小说论》，《中国现代文学研究丛刊》第 4 期。

黄惟群：《风吹哪页看哪页——读韩少功〈日夜书〉》，《当代文坛》第 3 期。

汪雨萌：《书写绝望的日日夜夜——韩少功〈日夜书〉研讨会综述》，《文艺争鸣》第 6 期。

彭超：《私奔与乌托邦的幻灭——〈日夜书〉关于理想和后知青的叙事》，《海南师范大学学报》第 7 期。

卓今：《叙事结构下的潜在文本——韩少功〈日夜书〉的深层意义》，《求索》第 9 期。

黄德海：《如何重新讲述一个时代——关于三部知青小说》，《上海文学》第 10 期。

敬文东：《具象能拯救知识危机吗？——重评韩少功的〈暗示〉》，《当代作家评论》第 5 期。

李遇春：《韩少功对米兰·昆德拉的文学接受与创化——从〈生命中不能承受之轻〉到〈日夜书〉》，《外国文学研究》第 5 期。

李遇春：《"进步"与"进步的回退"——韩少功小说创作流变论》，《文学评论》第 5 期。

韩亮：《韩少功〈革命后记〉读札》，《小说评论》第 5 期。

相宜：《形式也是内容——韩少功〈日夜书〉大陆台湾版本比较》，《中国现代作家研究丛刊》第 12 期。

二〇一五年　六十二岁

1月8日　《生命的回归》刊《中老年时报》，后被1月15日《中国剪报》《青年博览》第7期选载。

1月　由海南省作家协会编选的美文集《海南岛：阳光与水的叙事》由人民出版社出版，首篇为韩少功《万泉河雨季》。

《草木》刊《作文》第1期，后刊《南京日报》（2015年7月16日）。

《对于电视剧的"两喜一忧"》刊《文艺理论与批评》第1期。

2月　《文学还能做什么》刊《视野》第4期。

《日夜书》获中国出版协会主办的第五届中华优秀出版物奖，为获得该奖的两部长篇小说之一。

3月　《文字仍然是人类的立身之本》刊《新读写》第3期。

《太阳神》刊《语文教学与研究（学生版）》第3期。

4月　《余烬（外一篇）》《文学是一种心灵之学》刊《长江文艺（好小说）》第4期。

《空间》刊《精神文明导刊》第4期。

《别再抱怨自己生不逢时》刊《党的生活（河南）》第8期，后刊《文学报》（2015年5月28日）、《情感读本》第36期。

5月1日　出席由天津市新闻出版局和《今晚报》主办的"城市因阅读而美丽——书香天津阅读推广活动"中的"文化名人谈读书"系列讲座，主讲"读书卫生须知——阅读内容的选择与消化"。以《读书卫生须知》为题刊《今晚报》。

5月16日　出席瑞典学院院士、曾17次出任诺贝尔文学奖评委会主席的谢尔·埃斯普马克教授的中文版新书《失忆的年代》发布会。发言："当信用卡取代圣经，手机自拍成了新兴的礼拜和朝觐，文化为什么不该是自恋者们私人事务？在这种情况下，'宏大叙事'似乎已成学界丑闻；思想、社会、历史、价值观……更不要说'忠诚'和'同志们'，几乎都成了旧时代的犯罪的工具。被众多作家避之不及。这也许是谢尔·埃斯普马克所面对的'失忆'之一。"

5月24日　时隔近两年后，继续发新浪微博："太忙了，好久未微博，抱歉。今有小事报告一下：搜狐网、贵州多彩网等报道在下最近在荔波旅游并写诗什么的，纯属假新闻，却被记者写得有模有样的。这也太不厚道了。应查查这是不是有偿造假。"

《灵魂拼图的七巧板》刊《新民晚报》。

5月　《当代文学叙事中的代际差异》刊《天涯》第3期。谈到对"80后""90后"作家的欣赏与担忧："新生的这一代肯定也会有他们的长处。比如看上去他们大多有自嘲能力，不习惯把自己架起来。这种风格元素透现了一种心态，甚至一种思想方法和世界观，在前辈人那里比较少见，我很喜欢。当然，我也担心有些青年作家缺乏大志向、大关切、大资源。"

王中《方言与20世纪中国文学》由安徽教育出版社出版，其"语言·历史·人：韩少功《马桥词典》"一节中对韩少功如何运用方言写作这部小说做了论述。

《逆袭与重续》刊《经济导刊》第5期。

6月1日　到汩罗市八景学校看望学生们。韩少功长期关爱八景学校的学生，除节日看望，还多次无私帮助。2011年接手学校编校教材任务，根据年级高低编了上下两册；有些学生交不起学杂费，他的夫人守在收费处替他们一个个交清；学校修楼，换教学设备，修整操场，他帮着想办法、递报告、找资金；山村教师清苦，每到教师节他都要跟老师们谈心，为他们鼓劲。有时他甚至还当起"编外老师"，给小学三年级学生上作文课，手把手地批改作文。八景学校作为偏远落后的乡镇学校，能在全市教学评比中一度跃居第一，少不了"韩老师"的功劳。①

6月2日　访谈《韩少功：以出世之心做入世之事》刊《山东商报》。其中谈到新浪微博自2013年6月以来近2年未更新的原因："当初开微博是有朋友鼓动我去和青年朋友交流，后来成了负担，可老不更新

_____

① 《大作家亦是"乡贤"》，《湖南日报》2015年6月4日。

不礼貌，有人发私信不回也显得不礼貌。我也不想众目睽睽之下被人盯住，至少每周都要有规定动作要完成也是负担。作者可能有些选择，比如说我这一段在写书，工作特别忙无法分心的情况下，少写微博不要紧。如果有闲暇想多和读者沟通也不错。不必要把自己的时间像计划经济一样，分成很多块，雷打不动的，不舒展不自由。"

6月4日　访谈《韩少功　晴耕雨读　扎根乡村》刊《天津日报》。谈到生活经验与文学创作的关系："文学对有些作家来说就是跑马拉松，从开局到中场，一直到终盘，遇到的各种情况都不一样。开始的时候，会感觉到自己的生活经验是蛮充沛的，有东西可写，到了一定的时候，光是写个人的生活经验就会产生重复感。比如有的人写了一辈子，前三本书写童年，到第五本书还在写自己的童年。所以作家需要改变自己，需要充电，需要补充生活经验。而对一个中年作家来说，你的生活经验不再是最重要的元素，你需要的是靠修养、学识来使自己作品的品质有新的提升，这个挑战也是蛮大的。一个作家在成长的过程中，在不同的时段，面对读者的要求，会有他的挑战和压力，需要以自身的敏感和得力的措施来加以应对。""我觉得最健康的写作和谈恋爱的状态是一样的，你和你的题材产生了感情，你对你写作的对象产生了感情，你会孜孜不倦地去研究、去体会，同悲同喜，这样你的写作就会产生一种火花。所以我是反对那种状态没来就硬逼着自己写作，为了保持一定的规模，为了保证社会能见度，不断有作品发表，但实际那种写作就不是恋爱了，是强作欢颜，虚情假意。"

6月5日　《对话韩少功——追梦美丽乡村》刊《湖南日报》。谈到规划设计美丽乡村的两条原则："功能第一，实用优先"，"尊重文化的记忆和创造"。

6月13日　做客湖北省图书馆"长江讲坛"，与《黄河文学》副主编郭红对话，探讨"文学的顺变与守恒"。讲座完毕，韩少功给某些读者题词"文学不死！"

6月27—28日　到安徽参加第二届迎驾大别山生态文化笔会，其间接受《安徽商报》记者采访，后以《韩少功：我信仰生活的意义与意思》为题刊7月5日《安徽商报》。

6月　西班牙文版《中国当代文学精选——爸爸爸》由五洲传播出版社出版。

7 月 23 日　《老逃同志》刊《南京日报》，后被《微型小说选刊》第 19 期转载。

7 月 30 日　《空山》刊《南京日报》。

7 月　《落花时节读旧笺》刊《上海文学》第 7 期。文中展示了西西、张贤亮、刘宾雁、聂鑫森、李亚伟、陈映真、邓友梅、孔捷生、蒋子龙、许觉民、何士光、李建彤、张承志、心水、薛忆沩、陈建功、刘再复、于光远、王鼎钧等人写给韩少功的信件，并回忆与他们的交往。后登上北京文学月刊社主办的"2015 年中国当代文学最新作品排行榜"。

8 月 6 日　《天上的爱情》刊《南京日报》。

8 月　小说集《爸爸爸》由人民文学出版社出版。

9 月 19 日　《天下风雨落茅庐——韩少功的文学创作及其影响》等刊《常德日报》。

9 月 25 日上午　在常德白马湖文化公园市群艺馆剧场作"文学的变与不变"的主题演讲。

9 月　访谈《三十年后说"寻根"——韩少功访谈录》刊《创作与评论》第 18 期。

《农痴》刊《语文教学与研究：读写天地》第 9 期。

《事故之后》刊《微型小说月报（原创版）》第 9 期，后被《微型小说选刊》第 23 期转载。

《为语言招魂——韩少功序跋选编》由河南文艺出版社出版。

10 月 11 日　首届紫金·江苏文学期刊优秀作品奖颁奖典礼在南京举行，韩少功与黄咏梅、毕飞宇、夏坚勇、王彬彬等获得《钟山》文学奖。

湖南文艺出版社成立三十周年纪念日，韩少功发去贺词"根深叶茂，山长路远"。

10 月 15 日　腾讯微博发文："经典化是一个动态过程，却是一种有限界的分布函数。换句话说，'建构'是文化权重者们做的加法；而淘汰和遗忘则取决于天下人心，是更多人在更久岁月里操作的减法，一种力度更大的减法。"

10 月 16 日　访谈《对话韩少功：文学肯定比我们活得更长久》刊《湖南日报》。

10—12 月　香港中文大学出版社推出了北岛主编的"视野"丛书，由张承志、韩少功、李零、汪晖、徐冰、李陀六位当代中国最有影响力的作家精心编辑而成，旨在梳理各自的成长经历和思想演变的轨迹。韩少功的随笔集《夜深人静》分为"少年、乡亲、天下、书卷、心魂"五个部分，带有心理自传的色彩。2015年11月至2016年5月，中信出版社推出了这套书的简体版。

11月5日　《感激》刊《蚌埠日报》。

11月14日　出席由湖北省作协与省图书馆主办，华中科技大学中国当代写作研究中心、武汉大学外国语学院、法国驻武汉总领事馆协办的大型国际文学活动"法国文学周"开幕式，2008年诺贝尔文学奖得主勒·克莱齐奥等法国作家，张炜、毕飞宇、刘继明、张新颖等参加。

期间与昆德拉小说的另一译者许均交谈甚欢。据许均戏言，国内重译同一原作的译者，大多数几乎都不能再见面了，像他们这样能坐到一起吃饭的，好像绝无仅有。

11月23日晚　《人民文学》德文版 *LEUCHTSPUR*（《路灯》）研讨会在德国大使馆举行。新面世的 *LEUCHTSPUR* 以思想为主题，选用韩少功、王小妮、吴玄、陈继明、陈河、薛忆沩、林白等作家的作品。筹备之初曾负责《人民文学》外文版的邱华栋说："我们希望这些作品，能够实现中国当代文学和德国当代文学一次直接的、有趣的对话。"

11月　翻译佩索阿的《你不喜欢的每一天不是你的》刊《祝你幸福（午后）》第11期。

翻译佩索阿的《生活之奴》刊《中外文摘》第21期。

参与由朱又可主持，顾彬、许台英、庞贝、阿乙、莫跃辉、郑小驴等参加的《外国作家为什么能吸引读者?》讨论，刊《江南》第6期。

同月，由孔子学院拉美中心安排，参访智利、墨西哥、哥伦比亚三国。西班牙版《爸爸爸》和《马桥词典》的研讨会分别在智利圣地亚哥的托马斯大学、哥仑比亚波哥大的中央大学召开，与智利作家拉蒙（Ramón Díaz Eterovic）等对话。

12月5日　在海口出席《天涯》二十年精选丛书首发式并为读者签名。现场播放《天涯》杂志纪录片，再现韩少功、蒋子丹、孔见等人创办《天涯》与举办文学活动时的情形。

12月24日　《玛雅球场》刊《南方周末》。

12月　《空山（节选）》刊《芳草（经典阅读）》11—12期合刊。

段崇轩《中国当代短篇小说演变史》由中国社会科学出版社出版。

在"韩少功：思想、文体驱动下的'先锋'写作"一节中从"现实主义道路上的决然转身""'寻根文学'中的独树一帜""营造多样的现代小说文体""在现代、传统之间的寻觅与创新"几个方面论述了韩少功的小说写作。认为韩少功"在小说上的'先锋'写作，动力来自他不倦的思想探索和文体追求""思想和文体，成为他艺术创新的'双引擎'"。

本年　Yanjie Wang 的 *Heterogeneous Time and Space：Han Shaogong's Rethinking of Chinese Modernity* 刊于 *Kronoscope* 第 1 期。

本年度重要研究论著

王春林：《时代精神困境的呈示与诘问——"知青文学"视域内的韩少功长篇小说〈日夜书〉》，《雨花》第 2 期。

丁纯：《论韩少功散文的精神守望——以〈山南水北〉为例》，《中国文学研究》第 1 期。

郭春林：《小说与历史的搏斗——读韩少功的〈日夜书〉》，《现代中文学刊》第 3 期。

廖述务、单正平：《左手"主义"，右手"问题"——"天涯"体与韩少功创作关系初探》，《名作欣赏》第 4 期。

彭明伟：《革命的农村与人情的农村——韩少功〈山南水北〉读后》，《名作欣赏》第 13 期。

黄灯：《韩少功的小说文体革新与精神主体生成》，《中国现代文学研究丛刊》第 8 期。

毕光明：《立足本土："寻根文学"的思想遗产——以韩少功为中心》，《创作与评论》第 18 期。

附录　重要研究论著

博士学位论文

2008 年

邱宏光：《难以摆脱的思想之惑——韩少功新论》，武汉大学。

2010 年

龚政文：《从〈马桥词典〉到〈山南水北〉——90 年代以来韩少功文学世界》，湖南师范大学。

2012 年

付国锋：《困境中的悖论言说——韩少功小说的反讽修辞》，北京师范大学。

史玉丰：《二十世纪中国文学中的寻根意识研究——以鲁迅、沈从文、韩少功为例》，山东师范大学。

2005 年

［荷兰］Mark Leenhouts（林恪），*Leaving the World to Enter the World*：*Han Shaogong and Chinese Root – Seeking Literature*（《以出世的状态而入世：韩少功与中国寻根文学》），Leiden University（莱顿大学）。

学士学位论文

2013 年

Jocelyn Hope Spencer，*Common Roots*：*Memory*，*Myth*，*and Legend in 20th – Century Chinese and Latin American Literature*，Wesleyan University，Bachelor of Arts with Departmental Honors in the East Asian Studies Program.

硕士学位论文

创作论：

1996 年

Yau，Wai – ping，*Magic Realism and "Root – searching" in the Works of Mo Yan*，*Zhaxi Dawa and Han Shaogong*，The University of Hong Kong，

Magic Realism（Literature）Comparative Literature。

1997 年

吴鸿炜：《韩少功小说语言的文化情结》，杭州大学。

1999 年

郑坚：《韩少功小说文体初探》，湖南师范大学。

2002 年

黄灯：《韩少功的精神世界》，武汉大学。

曹霞：《论韩少功小说的叙事转型》，中山大学。

2003 年

何长年：《韩少功：直面人生的智者》，湖北大学。

2004 年

杨喜军：《一个宽阔而神秘的世界——略论韩少功小说中的神秘叙事》，湖南师范大学。

2005 年

宋桂花：《仍在演绎的"故事新编"——论韩少功的文体意识和寻根意识》，山东师范大学。

张晶：《灵魂的声音——韩少功创作论》，江西师范大学。

2006 年

张爱华：《韩少功：文化寻根的独行者》，暨南大学。

陈曙：《关于昆德拉反政治"刻奇"观及韩少功对之认同的反思》，南京大学。

金大伟：《寻根与先锋的张力——评韩少功的小说创作》，安徽大学。

2007 年

季亚娅：《"心身之学"：韩少功和他的九十年代（1988—2002）》，北京大学。

廖述务：《韩少功创作叙论》，海南师范大学。

蔡丽琼：《土地和心灵的召唤——韩少功作品中的"归乡"主题研究》，浙江大学。

许志国：《韩少功文学世界的人性探析》，山东师范大学。

陈超文：《韩少功残障人物的书写动机与方式》，湖南师范大学。

2008 年

王蓉：《论韩少功小说的神秘倾向》，南京大学。

王维芳：《论韩少功的生命观》，中山大学。

史剑红：《个人记忆的时代书写——论韩少功的乡土写作》，上海大学。

陈平丽：《韩少功散文创作论》，武汉大学。

刘源：《论西方现代文论转向对韩少功创作理论的影响》，暨南大学。

陈东海：《韩少功小说的创作渐变》，苏州大学。

冯万红：《论韩少功小说风格的转变》，华中师范大学。

唐桦：《无根的漂泊与家园的守候——韩少功小说世界中的人及其存在》，中南大学。

2009 年

黄双：《民间想象与"现代性"之思——韩少功乡土写作的一种解读》，北京师范大学。

刘瑞华：《韩少功与米兰·昆德拉——以〈马桥词典〉〈暗示〉为中心的考察》，湖南师范大学。

彭李：《论沈从文与韩少功的湘西小说之异同》，中南大学。

秦登超：《论韩少功小说创作中的神秘色彩》，山东大学。

周丽：《乡野精神的执守与超越——论韩少功的精神探索》，湖南大学。

王旬：《隐秘的阐释：韩少功小说生命观综论》，湖南大学。

陈艳梅：《论韩少功小说的叙事特色》，广西师范大学。

张蕾：《理性追寻与精神超越：韩少功创作论》，河南师范大学。

2010 年

董琳：《论韩少功创作中的楚文化意蕴》，河南大学。

屈小会：《韩少功：现代汉语的守望者》，华东师范大学。

苏沙丽：《论沈从文与韩少功的寻根心路》，苏州大学。

王菊花：《政治反思·文化批判·语言探询——韩少功小说创作综论》，河南大学。

刘蕊：《新世纪韩少功文学创作论》，河北大学。

苏前清：《韩少功的"底层写作"论》，南昌大学。

樊芝梨：《知青情结与知青文学——以韩少功小说创作为例》，宁夏大学。

2011 年

袁载莲：《接受与转换——韩少功小说创作与魔幻现实主义》，西南大学。

郑郁芳：《从现时走向永恒的生存意识：韩少功与昆德拉作品比较研究》，武汉大学。

郑海妹：《韩少功小说非写实叙事艺术探究：以 1985 年之后的小说为例》，中山大学。

肖晖：《论韩少功小说的文体探索》，华南师范大学。

陈鹭：《韩少功：文学与记忆》，华南师范大学。

孟昕颖：《寂寥中的永远"寻根"者——韩少功小说创作论》，东北师范大学。

吴淑娟：《寻根的坚守——论韩少功 90 年代后的创作转向》，西北大学。

刘嫒：《文化寻根的坚守与拓展——韩少功小说创作论》，苏州大学。

徐丹：《试论米兰·昆德拉对韩少功的影响》，重庆师范大学。

王洋：《韩少功小说的梦叙事》，河北师范大学。

罗倩：《楚地之子——韩少功创作研究》，上海师范大学。

睢晶晶：《论福克纳与韩少功的坚守与反思——以〈喧哗与骚动〉和〈马桥词典〉为例》，中南大学。

肖艳：《韩少功小说创作与巫楚文化释论》，四川师范大学。

汪伟：《生态批评视域下的韩少功乡土写作研究》，四川师范大学。

陈烨：《论韩少功公共知识分子身份及践行》，扬州大学。

周飞霞：《乡村与城市书写的变奏曲——论韩少功及其作品》，云南大学。

彭成广：《言象之辨与变：去蔽与释放：韩少功作品言说中的生存之道》，西南民族大学。

2012 年

林志煌（导师：韩少功）：《论韩少功小说散文化倾向》，湖南师范大学。

吕莹玉：《韩少功小说叙事研究》，海南大学。

陈闯：《文化启蒙·社会批判·人文关怀——论韩少功散文创作的思想内涵》，海南大学。

浩洁：《文学的想象力与思想的社会性——韩少功对话录研究》，海南大学。

周飞亚：《破除规范的心灵诉求：对韩少功及其文学精神向度的探寻》，北京师范大学。

2013 年

吴祥金：《论韩少功作品中的人物原型》，广西师范大学。

陈芬：《归去来——韩少功小说研究》，中央民族大学。

郑练淳：《论韩少功小说的"文革"书写》，重庆师范大学。

贺欢：《论韩少功短篇小说叙事的流变》，山西师范大学。

黄玉娟：《飞舞的精灵，寻根的回望——论"寻根文学"中的疯傻形象》，东北师范大学。

江薇薇：《韩少功小说研究》，云南大学。

傅红艳：《执着的先行者：韩少功小说创作论》，江西师范大学。

孙健男：《寻根的根：浅析韩少功及其寻根文学的文化根底》，广西师范大学。

2014 年

陈燕（导师：韩少功、李作霖）：《论韩少功小说创作中的身份意识》，湖南师范大学。

李宝帅：《执着于文化的探寻与反思——韩少功小说创作论》，沈阳师范大学。

洪美香：《韩少功小说中的方言现象研究》，湖南师范大学。

姬宪甜：《论韩少功对小说可能性的探索》，河北师范大学。

陆嘉佳：《韩少功小说中的感官世界》，华东师范大学。

呼文文：《"神话"与"志怪"：韩少功的两类书写》，扬州大学。

陈红：《新时期小说中的仪式书写及其意义——以韩少功、莫言为例》，西南大学。

文馨：《超越语言：韩少功文学思想研究》，西北师范大学。

高玉霞：《从个人记忆走向历史理性批判：韩少功作品的历史维度探析》，同济大学。

苏静：《不曾停息的沉思——韩少功近十年（2003—2013）小说研

究》，华中科技大学。

2015 年

吴馨：《论韩少功的文学理想》，海南大学。

姜碧佳：《韩少功文学创作与鲁迅精神》，西南大学。

金德芬：《从沉重到平和——论韩少功小说中的焦虑》，安徽大学。

易洋：《新世纪韩少功的跨文体写作研究》，牡丹江师范学院。

作品论：

2001 年

姜洪伟：《〈马桥词典〉的文体实验》，苏州大学。

2004 年

衡桂珍：《论〈马桥词典〉的语言之维》，安徽大学。

李文明：《混沌与和谐——〈暗示〉写作研究》，华南师范大学。

2005 年

梁小娟：《从立言到立象——〈马桥词典〉〈暗示〉中语言观的比较》，武汉大学。

2008 年

吴少英：《寻找文学之"根"：论韩少功 1985 年的文学创作〈爸爸爸〉〈女女女〉〈归去来〉》，中山大学。

邓宇：《浅论韩少功的小说诗学观——以〈马桥辞典〉〈暗示〉为例》，重庆师范大学。

2009 年

林华红：《〈马桥词典〉的修辞世界》，福建师范大学。

2010 年

聂泳佳：《〈马桥词典〉的危机：论韩少功"理胜于情"式的写作》，浙江大学。

雷运祥：《文化普遍性的质疑——论地方性知识与〈马桥词典〉的主题建构》，湖北大学。

2011 年

包敏：《〈马桥词典〉与〈哈扎尔辞典〉比较研究》，延边大学。

2012 年

肖双金：《〈马桥词典〉中语言风格变异在翻译中的艺术再现研究》，湖南大学。

金旭日：《从〈山南水北〉看韩少功的文化世界》，延边大学。

2014 年

马清华：《论新时期小说中的民间宗教现象——以〈爸爸爸〉〈白鹿原〉〈额尔古纳河右岸〉为例》，湖南师范大学。

2015 年

赵晓彤：《多元文化状态下的百态人生：论韩少功〈日夜书〉》，吉林大学。

马家欣：《寂静中的玄思——解读〈山南水北〉》，吉林大学。

李莹：《活在语言里的乡土——〈马桥词典〉的乡土之维》，黑龙江大学。

刘静：《韩少功〈日夜书〉中的排比研究》，湘潭大学。

其他：

2007 年

王凤：《从阐释学角度看〈马桥词典〉文化因素的英译》，北京航空航天大学。

2010 年

刘惠娟：《从改写视角探讨韩少功对〈生命中不能承受之轻〉的翻译》，河南师范大学。

2011 年

夏莉萍：《翻译文学文本杂合的必然性及影响要素研究——以〈马桥词典〉的英译为例》，四川外语学院。

2013 年

向勇燕（导师：韩少功、李作霖）：《当下"草根写作"话语研究——以〈天涯〉杂志"民间语文"栏目为例》，湖南师范大学。

2014 年

李恩珍：《韩少功小说〈马桥词典〉的韩译本误译分析》，对外经济贸易大学。

2015 年

辛艳琴（导师：韩少功）：《毛泽东讲话稿的写作艺术》，湖南师范大学。

参考文献

一　作品类

韩少功：《同志时代》《归去来》《报告政府》《人在江湖》《在后台的后台》《大题小作》《马桥词典》《暗示》《山南水北》，人民文学出版社 2008 年版。

韩少功：《马桥词典》《西望茅草地》《归去来》《爸爸爸》《梦案》《然后》《文学的根》《性而上的迷失》《在小说的后台》，山东文艺出版社 2001 年版。

韩少功、甘征文：《任弼时》，湖南人民出版社 1979 年版。

韩少功：《日夜书》，上海文艺出版社 2013 年版。

韩少功：《日夜书》（台湾版），联经出版事业公司 2013 年版。

韩少功：《革命后记》，牛津大学出版社 2013 年版。

韩少功：《为语言招魂——韩少功序跋选编》，河南文艺出版社 2015 年版。

Han Shaogong, Julia Lovell：*A Dictionary of Maqiao*，Dial Press，2005.

二　著述类

上海文艺出版社编：《探索小说集》，上海文艺出版社 1986 年版。

天岛、南薇：《文人的断桥——〈马桥词典〉诉讼纪实》，光明日报出版社 1997 年版。

王尧：《迟到的批判》，大象出版社 2000 年版。

韩少功、王尧：《韩少功　王尧对话录》，苏州大学出版社 2003 年版。

廖述务：《仍有人仰望星空：韩少功创作研究》，新星出版社 2008

年版。

孔见：《韩少功评传》，河南文艺出版社 2008 年版。

华中科技大学中国当代写作研究中心编：《革命与游戏——2012 秋讲·韩少功　格非卷》，长江文艺出版社 2013 年版。

张柠、张健、张闳、张清华、蒋原伦、赵勇、王金城、袁勇麟等主编：《中国当代文学编年史》第 1—10 卷，山东文艺出版社 2012 年版。